율곡『격몽요결』의 도덕교육론

김병환 이송희 이슬희

교육과학사

머리말

배움의 본질을 찾아서

배움이란 무엇인가? 어떻게 배우고, 왜 배워야 하는가? 이는 시대를 초월하여 끊임없이 논의되어 온 철학적 질문이다. 조선 중기의 율곡 이이(栗谷 李珥, 1536~1584)는 『격몽요결(擊蒙要訣)』을 통해 이러한 근본적인 질문에 대한 해답을 제시하고자 했다. 『격몽요결』은 단순한 학습 방법론을 넘어, 배움이 삶의 일부이며, 인간됨을 실현하는 과정임을 강조한다. 이 책은 율곡이 42세(선조 10년, 1580)에 배움을 처음 시작하는 이들을 위한 길잡이로 집필한 서적이다. 그런데 『격몽요결』은 단순한 학습 지침서가 아니라, 인간이 배우고 질문하며 스스로 수양해 이를 기초로 사회를 바르게 이끄는 데 필요한 도덕적 · 철학적 가르침을 담고 있다.

율곡이 『격몽요결』을 저술한 배경에는 고려말에 유입된 성리학이 조선에 뿌리를 내려 형성한 사회 · 문화적 기풍이 있었다. 또한, 사화를 겪으면서 조성된 정치적 환경이 있다. 선조 대에 성리학의 근본이념으로 무장한 사림 세력이 조정에 재진출하는 발판을 마련하자, 이들은 성리학의 이론을 사회 전반에 적용하는 통치 체계를 만들고자 했다. 성리학의 토착화 현상이 뚜렷해진 이 시기 활발했던 사림의 정치적 활동은 후학들의 교육 교재를 만드는 일까지 이들로 하여금 관심을 갖게 하였다. 즉, 고양된 사림의 학문적 역량은 초학자용 교육 교재 집필에도 큰 영향을 미쳤다. 이 시기에 간행된 주요 교육 교재에는 우리에게 익숙한 『훈몽자회(訓蒙字會)』, 『동몽선습(童蒙先習)』이나 이보다 덜 알려진 『고사촬요(故事撮要)』, 『소아수지(小兒須知)』 등이 있다. 『격몽요결』 역시 이와 같은 시대적 조류하에서 탄생했다.

율곡에게 배움이란 단순한 지식의 축적이 아니라 삶 속에서 실천해야 할 일이다. 궁극적으로 그는 배움이란 '격물(格物), 치지(致知), 성의(誠意), 정심(正心)'하여 '수기(修己)와 제가(齊家), 치국(治國)을 통해 천하의 모든 사람이 자신의 밝은 덕을 밝히도록 하는[明明德於天下]' 유학적 수양의 길을 걷는 과정이라고 보았다. 이렇게 그는 배움이 단순한 성공이나 출세가 아니라, 참된 인간이 되는 일임을 강조한다. 또한, 그는 올바로 행하기 위해서 올바로 알아야 한다고 강조한다. 우리가 일상에서 마주하는 일들을 합당한 방식으로 처리하기 위해서는 공부를 통한 앎이 필요하다. 특히 『격몽요결』에서 그는 자신의 마음을 단속하고 몸가짐을 단정히 하며 일상에서 마주하는 사태[事]를 이치에 맞게 처리해야 함을 강조한다. 이는 '수기와 치인(治人)'이라는 유학의 전통 수양론 구조를 따르는 일이기도 하다. 그런데 『격몽요결』은 이처럼 전통 수양론의 큰 맥락을 따르는 동시에 율곡 수양론의 특성인 '실천[力行]' 측면을 강조하고 있다. 즉, 그는 앎과 실천의 합일이라는 도덕교육의 근본 특성을 강조하고 있다.

『격몽요결』은 오늘날의 교육 현장에서 활용할 가치가 충분하다. 특히 초등학교의 교육 목표는 일상과 학습에 필요한 기본 습관과 기초 능력의 배양과 바른 인성 함양에 중점을 둔다. 이는 율곡이 『격몽요결』을 통해 도달하고자 하는 목표와 아주 유사하다. 그러나 지금까지의 연구는 『격몽요결』의 몇 가지 특성을 선별하여 그 교육학적 의의를 탐구하는 방식에 한정되어 있었다. 그러다 보니 『격몽요결』의 바탕에 있는 율곡의 교육철학, 교육방법에 근거해 이를 학교 현장에 직접 적용할 수 있는 구체적 방안이 개발되지 못했다. 사실 율곡학뿐만 아니라 전통 철학은 풍부한 교육학적 내용을 담고 있는 귀한 자원이다. 이런 소중한 자료를 방치하고 있는 우리의 교육 현실은 우리 교육학계에서 되돌아봐야 할 아쉬운 부분이다. 본서는 이런 문제의식을 갖고 『격몽요결』이라는 텍스트 자체를 수업 현장에 바로 적용할 수 있도록 '『격몽요결』의 [도덕] 교육론적 활용 방법'으로 개발되었다. 본서 후반부에서는 『격몽요결』의 교육 이론을 바탕으로 현대 초·중등 교육에서 실질적으로 적용할 수 있는 교수법과 수업 과정안을 제시했다. 이를 위해 3장 후반부에 구체적 수업안을 다양하게 제시했다. 특히 '3) 수업의 실제' 부분은 『격몽요결』 각 장의 구성 순서에 따랐으며, 그 내용 요소를 충실히 반영하고자 했다. 현장 교사들은 수업에서 이를 바로 활용할 수 있다. 동시에 2022년 개정 도덕과 교육과정의 내용 요소도 함께 고려하여 '지식 · 이해', '과정 · 기능', '가치 · 태도'가 적절하게 반영될 수 있도록 하였다.

즉, 본서의 후반부에서는 『격몽요결』의 교육이론을 현대 교육에 어떻게 적용할 수 있을지 구체적으로 다룬다. 학생들이 배움을 단순한 성적 향상의 도구가 아닌, 삶을 가꾸는 과정으로 인식하도록 돕는 교수법과 수업 과정안을 제시했다. 특히, 초등교육 단계에서 자기 수양과 올바른 습관 형성을 강조하는 『격몽요결』의 핵심 개념들을 활용할 수 있도록 하였다. 이는 학생들이 학습에 대한 정서적 거부감을 줄이고, 보다 주체적인 학습 태도를 기르는 데 기여할 것이다.

오늘날 우리의 교육 현실은 경쟁과 성취 중심의 학습 환경 속에서 배움의 본질을 잊게 만들고 있다. 학생들은 지식을 암기하고 시험을 잘 보기 위해 공부하지만, 그것이 삶에 어떻게 연결되는지 고민할 기회는 많지 않다. 이러한 현실에서 『격몽요결』이 제시하는 학문관은 현대 교육에도 중요한 시사점을 제공한다. 학문이란 단순한 정보의 습득이 아니라, 올바른 인간으로 성장하기 위한 과정이며, 이를 실천하는 것이 진정한 배움이라는 점을 강조한다.

『격몽요결』은 단순한 유교 경전이 아니다. 그것은 시대를 초월하여 배움의 본질을 탐구하는 교육철학적 안내서이며, 올바른 삶을 실천하기 위한 실천적 지침서이다. 이 책을 통해 독자들이 배움의 의미를 다시금 성찰하고, 자신의 삶에서 실천할 수 있는 길을 찾기를 바란다. 배움과 수양을 통해 누구나 참된 사람이 될 수 있다는 율곡의 신념이 오늘날에도 유효함을 깨닫는 계기가 되기를 기대한다.

저자들을 대표하여
2024년 冬天 관악산 기슭 定心齋에서 大漠書

차례

1장
율곡의 심성 · 수양론

성리학은 우주의 운행 원리와 인간의 삶을 통합적으로 설명하는 이론 체계이다. 즉, 우주의 생성 원리, 하늘과 땅의 운행 법칙인 '원리[理]'가 인간의 본성[性]에도 자리하고 있다고 간주한다. 자연에는 순환하는 사계절과 반복되는 낮과 밤이 있다. 만물은 생명에의 의지[生意]로 충만하여 자손을 낳고 조화롭게 길러내는[化育] 일을 지속한다. 성리학자들은 우주와 자연의 이와 같은 모습들을 관찰한 뒤, 각각에 모두 '그럴만한' 이치[理]가 있고 이는 인간의 삶에도 그대로 구현된다고 결론 내렸다. 경험되지 않은 이치는 세계를 구성하는 재료적 요소[氣, 器][1]들에 기대어 자신을 드러낸다. 성리학에서 자주 언급되는 '리'와 '기'는 모두 이러한 맥락에서 사용되는 개념이다.

그런데 이들이 발견한 '그럴만한' 이치가 인간에게 있을 때는 '리' 대신 '본성[性]'이라 지칭한다. 성리학자들은 이 '본성'의 윤리적 측면에 보다 집중한다. 그들은 '성'을 논함으로써, '인간다운 인간'이 되기 위한 수양의 방법들을 개발하고자 했다. 이는 우주 자연의 법칙이자 원리 · 표준[理][2]을 도덕의 근거로 활용한 것이다.

---

1 '氣'는 본래 우주에 가득한 '생명 에너지(vital energy)'로서 일반적으로 '재료'에 가까운 개념으로 여겨진다. 器는 그 기운이 담겨서 형체를 이룬 것이다. 비유적으로 예를 들면, 氣가 흙이나 설탕 같은 재료 자체라면, 器는 이 재료로 만든 그릇이나 솜사탕처럼 보다 구체적인 것이다.

2 '理'에 담긴 '표준'의 의미에 대한 더 자세한 논의는 김병환, 『김병환 교수의 신유학 강의』, 휴먼북스, 2021, 213~217쪽 참고.

성리학자들은 생명을 탄생시키는 자연에서 만물을 소생시키는 사랑의 덕[仁]을 발견했다. 좀 더 이론적으로 말하자면, 유학의 주요 경전인 『주역』의 '원형이정(元亨利貞)'을 소개해야 한다. '원형이정'이란 하늘의 덕[天德]으로 만물의 생성과 성장, 성숙과 완성의 원리를 가리킨다. 이 하늘의 덕이 곧 인간됨을 이루는 이치·표준[理]이고 이는 본성[性]으로 구현된다. 정이천과 주희는 원형이정을 만물의 시작과 성숙, 완성에 이르는 변화의 네 단계이자, 사람의 본성을 이루는 '인의예지(仁義禮智)'의 네 가지 덕이라 여겼다.

인간이 존재하기 위해서는 그 형체와 기질을 담을 그릇[器]이 필요하다. 오직 선할 뿐인 하늘의 이치[天理]는 그릇 없이 홀로 존재할 수 없다. 성리학자들은 모든 인간이 이와 같은 선한 본성을 가지고 태어난다고 믿는다. 문제는 본성의 지시를 따르지 않는 기질과 생리적 욕구이다. 이 기질과 생리적 욕구는 인간의 감정과 사려[情], 행위에 영향을 끼친다. 본래 감정과 사려[情],[3] 행동은 하늘의 이치를 잘 담아 구현해야 한다. 그러나 훈련되지 않으면 종종

3 신유학 혹은 성리학에서 정(情) 개념은 본성이 발현하여 생기는 것[性發爲情]이다. 일반적으로 감정 혹은 정서로 풀이된다. 그런데 주희의 '심통성정(心統性情)'에서 보듯이 마음과 본성, 감정이 오늘날의 구분처럼 독립된 각각의 영역이나 기능으로 간주되지 않았다. 심, 성, 정은 개별적인 영역과 기능을 가지면서도 서로 중첩[兼]되는 면이 있기 때문이다. 정(情) 개념은 주로 정서적인 측면을 의미하지만, 사려함을 아우르는 경우가 적지 않다. 즉, 본성과 마음, 감정 등은 일정 부분 중첩되어 있다. 따라서 본서에서는 문장의 맥락에 따라 감정[情], 사려와 감정[情], 정(情)으로 표기하고, 문맥상 무리가 없으면 한자 없이 한자음이나 한글만 사용한다. 유사하게 性, 心, 意, 志, 誠에 대한 표기도 맥락에 따라 한자 표기와 한글 표기를 병용한다.

자기 멋대로 굴기 때문에 주의해야 한다. 그래서 성리학자들은 하나 같이 '수양'을 강조한다.

종종 우리는 학생들에 대해 한숨을 쉬며 "그래도 애는 착해." 라고 말할 때가 있다. 여기서 착한 건 본성[性]이고, 교사의 한숨을 유발한 건 본성을 가리게 되어 수양이 필요한 기질[氣]이다. 학생의 마음[心]에는 선한 본성뿐 아니라 그 본성을 외부로 드러내야 하는 감정과 사려[情]가 존재한다. 관리가 필요한 감정과 사려를 잘 다스려 본성을 온전히 드러내는 일이, 성리학에서 말하는 '사람다운 사람'이 되는 과정이다.

1) 율곡의 심성관 이해

율곡은 마음[心]이 본성[性]과 감정[情]을 포괄[兼]하며 주재[統]한다고 본다. 이러한 율곡의 마음과 본성, 감정에 관한 이해는 정주학 계열[4]의 논의를 따른 것이다. 성리학에서 마음·본성·감정에 관한 각 주장은 해당 학자의 철학 체계와 특징을 잘 보여준다. 물론 율곡은 주자학을 계승한다고 스스로 여긴다. 하지만 마음·본성·감정·의지[意]와 그 관계에 대해, 율곡 자신의 이해와 설명 방식을 보여주기도 한다. 이 장에서는 율곡이 강조하고자 했던 마음의 지각 작용과 하늘의 이치[天理]로서의 본성 그리고 그 본성이 인간에게 구현된 모습과 인간을 도덕적으로 행동하게 하는 감정의 의지 작용에 대해 알아본다. 또한, 마음·본성·감정의 관계를 설명한다.

---

4 주지하듯 송명 성리학은 크게 리학(理學)과 심학(心學)으로 구분된다. 이 중 리학은 정이천과 주자를 거치면서 체계화된다. 따라서 리학을 정주학(程朱學)이라 부르기도 한다. 율곡은 스스로 자신을 주자의 후학으로 여겼고, 전통적으로도 주자학 계열의 성리학을 연구한 학자로 여겨진다. 그러나 정원재(2001), 손영식(2005) 등은 율곡이 주자학자라는 설에 대한 반론을 제기한다. 정원재는 율곡이 나흠순의 주자 해석을 매개로 주자학에 내재된 지각설의 요소들을 다시 복원하고, 이를 토대로 주자학의 핵심 명제를 무력화하였다고 밝힌다. 또한, 손영식은 율곡이 리보다는 기를 내세웠다고 서술하며 그가 왜 성'리'학자인지에 대해 의문을 제기한다. 그러나 필자는 이런 주장에 동의하지 않는다. 율곡은 주자학의 틀을 충실히 계승하여 그의 철학을 발전시켰다. 이 논의는 본서의 주제와 거리가 있으므로 관련 논의는 다음 기회에 논하기로 한다. 정원재, 「지각설(知覺說)에 입각한 이이(李珥) 철학의 해석」, 서울대학교 박사학위논문, 2001; 손영식, 「율곡학이 주자학인가?」『오늘의 동양사상』 제13호, 예문동양사상연구원, 44~71쪽, 2005 참고.

1. 마음의 지각 작용: 심 · 성 · 정 · 의

유학자들에게 마음은 감정이나 욕망, 인식 능력의 근원, 도덕 주체로서의 역할 등 다면적 의미를 지닌 개념이다. 그래서 저자의 의도에 따라, 유학자들의 글에 등장하는 '마음'은 전달하고자 하는 의미가 다양하다. 율곡이 마음을 이해한 관점 또한 크게 네 가지로 나누어 볼 수 있다. 첫째, 마음은 본성과 감정을 포괄하며 한 몸[一身]을 주재한다. 둘째, 마음은 리와 기를 합한 것[合理氣]이자 기(氣) 자체[心是氣]이다. 셋째, 마음의 작용은 기가 발동[發][5]하여 리가 이를 타는[氣發理乘之] 것이다. 넷째, 마음은 지각(知覺) 작용의 주체이다.

> 천리(天理)가 사람에게 부여된 것을 본성이라 한다. 본성과 정(情)을 합하여 한 몸을 주재하는 것을 마음이라 부르며, 마음이 사물에 감응하여 외부에 발현된 것을 정이라고 부른다. 본성은 바로 마음의 본체요, 정은 바로 마음의 작용이며 미음은 바로 미발(未發) · 이발(已發)의 총명(總名)이다. 그러므로 심통성정(心統性情)이라고 부른다. 성의 조목이 다섯이 있으니 인의예지신(仁義禮智信)이요, 정의 조목이 일곱이 있으니 희노애구애오욕(喜怒哀懼愛惡欲)이다.[6]

---

5 고봉을 위시한 율곡학파의 경우 발은 발동의 의미로 사용된다. 반면에 퇴계학파는 발을 발동과 발현이라는 두 가지 의미로 사용하고 있다. 이에 대해서는 김병환, 『한국사상윤리』, 새문사, 2024, 210~218쪽 참고.

6 『栗全』 卷14 「人心道心圖說」 天理之賦於人者, 謂之性. 合性與氣而爲主宰於一身者, 謂之心, 心應事物而發於外者, 謂之情. 性是心之體, 情是心之用, 心是未發已發之摠名. 故曰心統性情. 性之目有五, 曰仁義禮智信, 情之目有七, 曰喜怒哀懼愛惡欲.

율곡에 의하면, 마음과 본성, 감정을 독립된 것으로 봐서는 안 된다. 그는 본성과 감정을 마음의 한 측면 또는 양태로 이해한다. 이처럼 '성'을 본성이 아직 발현하지 않은[未發] '심'의 미발 측면으로, '정'을 본성이 발현한[已發] 심의 이발 측면에 두어, 이 심이 성과 정을 총괄한다고 말한 것은 주자의 심통성정론에 대한 율곡의 해석이다. 여기에 의(意)를 더해서 그는 심 · 성 · 정 · 의(心 · 性 · 情 · 意)의 관계를 다음과 같이 설명한다.

> 대저 미발 상태는 성이고, 이발 상태는 정이며, 발하여 헤아리고 생각하는 상태는 의(意)이니, 심은 성과 정과 의의 주재가 된다. 그러므로 미발, 이발 상태와 헤아리는 상태를 모두 심이라 이를 수 있다.[7]

> 정, 지(志), 의는 모두 한 마음의 작용이다.[8]

미발의 성과 이발의 정 그리고 비교하고 헤아리는[計較 · 商量] 의는 모두 마음의 영역에 포함된다. 주지하듯 율곡은 심 · 성 · 정 · 의가 하나로 연관된 것이라 하여 '심성정의일로설(心性情意一路說)'[9]을 주장한다. 즉, 미발의 성과 이발의 정 · 의 · (지)는 분절되지

---

7 『栗全』 卷9 「答成浩原」 大抵未發則性也, 已發則情也, 發而計較商量則意也, 心爲性情意之主. 故未發已發及其計較, 皆可謂也心也.

8 『栗全』 卷14 「聖學輯要」 情志意皆是一心之用也.

9 『栗全』 卷14 「雜記」 何謂一路, 心之未發爲性, 已發爲情, 發後商量爲意, 此一路也.

않는다. 심 · 성 · 정 · 의(心 · 性 · 情 · 意)의 구분은 다만 각각의 경계가 있는 곳에서 생겨날 뿐이다.

> 성은 심의 이치요, 정은 심의 움직임이다. 정이 움직인 후 정에 비롯되어 계산하고 비교한 것이 의이다. … 모름지기 심 · 성 · 정 · 의(心 · 性 · 情 · 意)가 단지 한 길인데 각각 경계가 있음을 안 후에야 그릇됨이 없다 할 것이다. … 단지 한 마음인데 각각 경계가 있을 뿐이다.[10]

성 · 정 · 의를 주재하는 심은 무수한 이치가 온전히 갖춰져 있고[萬理全具], 그 본체는 깊고 비어 있는 듯하지만 밝다[湛然虛明].[11] 이는 주자의 의견과 유사하다. 그러나 율곡은 마음의 본모습이 텅 비고 신령한[虛靈] 원인을 단지 본성[性]의 순선함에만 두지 않았다. 그는 지극히 통하고 지극히 바른 기운이 응집되어 이루어진 기[12]에서도 마음의 근원을 찾았다. 리와 기를 동등한 존재론적 위상에서 파악하기 때문이다. 같은 맥락에서 율곡은 마음을 기로[心是氣] 규정한다. 율곡의 이 명제는 당시에도 큰 논란이 되었다. 1650년 유직(柳稷, 1602～1662)은 이이의 학술을 가리켜 '기를 리로 인식[認氣爲理]'한 것이라 비판하는 상소를 올리기도 했다. 율곡이

---

10 『栗全』 卷14 「雜記」 性是心之理也, 情是心之動也. 情動後緣情言計較者爲意. … 須知心性情意, 只是一路, 各有境界, 然後可謂不差矣. … 只是一心, 各有境界.

11 『栗全』 卷21 「聖學輯要」 心之本體, 湛然虛明.

12 『栗全』 卷31 「語錄上」 心之虛靈, 不特有性而然也. 不特有性而然也, 至通至正之氣, 凝而爲. 故虛靈也.

마음을 기라고 언급하는 부분은 다음과 같다.

또 주자는 "마음의 허령한 지각[虛靈知覺]은 하나일 뿐인데 성명(性命)의 바른 데에 근원을 두기도 하고, 형기(形氣)의 사사로움에서 나오기도 한다"라고 하여 먼저 心 자 하나를 앞에 놓았으니, 마음은 기이다.[13]

율곡은 마음을 '지각'하는 것이라고 생각했기 때문에 마음 또한 기라고 말할 수 있었다. '성명의 바른 데에 근원을 두기도 하고, 형기의 사사로움에서 나오기도 하는' 일들은 모두 움직임이 있다. 즉, 유위(有爲)하다. 율곡은 주자의 말을 빌려 이 유위한 특성을 가진 바가 마음임을 주장한다. 유형(有形)·유위한 것은 기이고, 무형(無形)·무위(無爲)한 것은 리이다.

대저 유형유위하여 움직임과 고요함이 있는 것은 기요, 무형무위하여 움직임에도 있고 고요함에도 있는 것은 리이다. 리는 비록 무형무위하나 기는 리가 아니면 근본이 될 것이 없으므로 무형무위하여 유형유위의 주재가 되는 것은 리이고, 유형유위하여 무형무위한 것의 그릇[器]이 된 것은 기이다. 그러므로 성은 리요, 심은 기다.[14]

마음이 기가 되는 이유는 리와 기의 특징을 통해 알 수 있다. 기

---

13 『栗全』 卷10 「答成浩原」 且朱子曰, 心之虛靈知覺, 一而已矣, 或原於性命之正, 或生於形氣之私. 先下一心字在前, 則心是氣也.

14 『栗全』 卷12 「答安應休」 大抵, 有形有爲而有動有靜者, 氣也, 無形無爲而在動在靜者, 理也. 理雖無形無爲, 而氣非理則無所本, 故曰無形無爲而爲有形有爲之主者, 理也, 有形有爲而爲無形無爲之器者, 氣也. 是故性理也, 心氣也.

가 리의 의착처가 되듯, 성의 의착처이자 정 · 의로 발용하는 심은 유위하다. 이를 리와 기의 오묘한[理氣之妙] 관계에서 정리하면 심이란 본성으로서의 리와 그 본성을 담고[器] 발용하는 기의 묘합체라고 할 수 있다.

율곡의 마음에 관한 이해 중 가장 유의하여 살펴보아야 할 부분은 '지각 작용'에 관한 논의이다. 율곡은 마음의 핵심 기능이 '지각'에 있다고 생각한다. '지각'이란 외부 대상에 대해 반응하고 이 반응의 결과를 의식하는 능력이다.[15] 지각 작용을 강조하는 학자들은 율곡을 호상학파(湖湘學派)의 명맥을 계승한 '지각론자'라고 부르기도 한다. 그러나 지각설에 입각한 율곡 철학의 해석은 많은 쟁점과 논란을 불러일으켰다.[16]

---

15 정원재(2001), 앞의 글, 18쪽.

16 관련한 논의는 본 연구의 중점이 아니고, 필자는 이 관점을 온전히 지지하지 않기 때문에 율곡을 지각론자로 파악하는 관점을 채용하지 않는다. 이 관점을 따르면 율곡이 바라보는 인간은 도덕적 실천의 계기를 본성 안에 선험적으로 가지고 있지 않게 된다. 따라서 도덕적 정당성을 판별하기 위한 외적 기준이 중요해진다. 이 외적 기준이란 이미 인간 사회에 존재하는 규범의 체계, 즉 예를 가리킨다. 다른 말로 하면 인간의 행위에는 본래 선과 악이 결정되어 있지 않다. 선악은 단지 규범 체계에 합치하는 여부에 의해 결정될 뿐이다. 이는 곧 순자의 설과 맞닿는 부분이기도 하다. '지각론'을 주장하는 정원재는 율곡이 맹자의 성선설을 폄훼했으며 본성과 마음, 본체와 현상을 이분화하였다고 말한다. 필자는 율곡이 마음의 지각 작용을 강조하였고, 궁리를 통해 성현들의 규범을 수용하여 실천하는 일을 중요시했다는 점에 동의한다. 또한, 율곡이 현상 세계에서 기의 주도적인 역할에 주목하였다는 점도 동의한다. 그러나 율곡은 본성을 항상 선한 것으로 파악하였고, 리기지묘의 관점에서 본체와 현상을 분리시키지도 않았다. 나아가 율곡은 지각에 인, 의, 예, 지가 포함되어 있다고 말했다. 즉, 지각은 선하지도 악하지도 않은 것이 아니라 그 작용 내에 선한 본성을 품고 있다고 보아야 한다. 관련한 더 많은 논의가 필요하지만,

'지각론'에서 파생된 다양한 논쟁은 차치하고라도 율곡이 마음의 주요 기능을 '지각'이라 여겼다는 것 자체는 여러 저서를 통해 확인할 수 있다. 즉, 이이를 지각론자로 규정하지 않더라도 마음의 지각 작용이 율곡의 심성론에서 주요한 위치를 차지하고 있다는 점은 명백하다. '지각'의 관점을 주로 이야기하면 마음의 모든 활동을 외부로부터의 자극[感]과 이에 대한 반응[應]으로 정리할 수 있다. 이는 마치 거울이 사물을 비추는 모습과 같다.[17] 아무런 자극 없이 저절로 발하는 마음의 작용은 없다.[18]

'지각'의 범위는 어떠한가? 김진강(金振綱)과 율곡의 대화를 살펴보자.

> … 눈으로 보고 귀로 듣고, 사고하고 사려할 수 있는 것은 혼(魂)의 작용이다. 보고 분명하게 알 수 있고 듣고 이해하며 기억할 수 있는 것은 백(魄)의 작용이다. 대저 혼은 양(陽)의 신령함으로 지각의 명료함이 외부에 드러나고, 백은 음(陰)의 신령함으로 지각의 영묘함이 내부에 깃들어 있다. … 선생께서 말씀하시길 "대체로 그렇다. 그러나 보고 듣는 것은 백이고, 사고하고 사려하는 것은 혼이다. 눈으로 보고 귀로 듣는 것을 혼이라 하는 것은 옳지 않을 것이

필자는 결론적으로 이이를 지각론자로 보는 관점을 지양하고자 한다. 정원재(2001), 앞의 글 참고.

17 『栗全』 卷32 「語錄」 譬如鏡之照物也, 物來而照之也, 非鏡逐物而照管也.

18 『栗全』 卷10 「答成浩原」 雖聖人之心, 未嘗有無感 而自動者也. 必有感而動, 而所感皆外物也.

다."라고 하셨다.[19]

"지각이 지(智)의 한 부분에 속하는 것입니까?"라고 물었다. (답하기를) "지각은 곧 마음입니다. 이는 인, 의, 예, 지의 성품을 포함하고 있습니다. 그래서 사단(四端)의 감정이 상황에 따라 드러나는 것입니다. 이것이 마음의 지각입니다. 만약 지각을 지(智)의 한 부분으로만 본다면, 인과 의는 쓸모가 없어질 것입니다."[20]

지각에는 오감을 통해 얻어지는 감각 작용과 사고를 통한 판단 · 종합 · 추론과 같은 인지 작용이 포함된다. 나아가 정서 반응도 지각의 범위로 포섭되고 있다. 즉, 지각이란 단순한 인지적 과정을 넘어서 마음의 반응 전체를 수용한다.

지각 작용의 과정 중 외부 자극에 대한 반응인 '정'은 '자연스럽게' 발생하므로 사람은 그것이 발현하는 순간 자체를 통제할 수 없다.[21] 다만 발현한 뒤의 정을 어느 방향으로 끌고 갈 것인지에 관한 '선택'은 가능하다. 따라서 율곡의 공부론은 퇴계나 주자가 상대적으로 '미발'의 측면에 주목했던 것에 비해 '이발'을 중심으로 한다고

---

19 『栗全』 卷32 「語錄」… 目而視, 耳而聽, 能思慮者, 魂之所爲也. 視而能明, 聽而能聰, 能記憶者, 魄之所爲也. 大抵, 魂者, 陽之神, 知覺之明, 發於外, 魄者, 陰之神, 知覺之靈, 涵於中. … 先生曰, 大槪是也. 但視聽是魄也, 思慮是魂也. 以目視耳聽爲魂, 恐非.

20 『栗全』 卷32 「語錄」 知覺屬於智之間架耶? 曰知覺卽心也. 該載仁義禮智之性. 故四端之情, 隨所寓而發見. 此其心之知覺也. 若以知覺, 只屬於智之間架, 則仁義無所用矣. 지각의 성격에 관한 규정은 후에 이이의 제자들 사이에서 논쟁이 되며 호락논쟁(湖洛論爭)에서 재현된다.

21 주51 참고.

말할 수 있다.

'자연스럽게' 발생한 '정'은 어떤 수단을 통하여 도덕적 행위로 나아가는가? 율곡은 이에 대한 답으로 '의'라는 마음의 기능을 제시한다. 의를 통해 정을 살피고 견주어 볼 수 있다고 보는 것이다. '정'이 발현되는 순간 자체는 인간의 통제 내에 둘 수 없지만 발현된 정을 살핌으로써[省察, 識, 覺] 그 정이 도덕적 행위로 나아가는 분기를 만들어낼 수 있다. 따라서 율곡의 심성론에는 심 · 성 · 정 외에 의(意)의 위상이 부각되어 네 가지가 하나의 맥락으로 주어진다. 의를 통해 도덕적 행위를 '선택'하는 것이다. 이 '선택'의 행위란 인간의 의지 활동이다. 도덕적 행위를 '선택'하는 데에는 감각적 욕구를 누르고 도의를 좇는 노력이 필요하다. 곧 인간의 도덕적 행위란 의지에 의해 선택되고, 실천을 통해 획득되는 일이다.

즉, '지각'이란 감각 기능을 기초로 외물을 수용한 뒤 사려 기능이 연속하여 일어나는, 지각 주체와 외물 양자의 상호 협력 과정이다. 지각의 주체로서의 마음은 외부 자극에 의해 정을 발현시키고 발현된 정을 의로써 다시 성찰하는 과정을 통해 도덕적 행위로 나아간다.

율곡이 마음의 지각 작용을 중요하게 생각한 이유는 인간의 도덕성을 증명할 선험적 · 내재적 근거를 찾는 데에만 천착하지 않았기 때문이다. 그는 도덕적 실천의 가능성을 '어떻게' 현실화시킬 수 있는지와 관련한 논의에 보다 관심이 있었다. 즉, 순수하고 선한 리로서의 본연한 본성과 현실의 인간이 보여주는 기적(氣的) 측면의 괴리를 해소하고자 한 것이다. 이로써 공부는 현실을 떠나있는 것이 아니며 일상에서 이치에 맞게 사물을 대하는 것[22]이다.

2. 본성[性]의 개념: 본연지성과 기질지성

율곡은 동일한 '性' 한 자를 사용하면서도 때에 따라 지칭하는 대상을 달리 두었다. 율곡의 저서에서 '본성'은 '리' 한 글자만을 가리킬 때도 있고, '리와 기를 합한 것[合理氣]' 전체를 가리킬 때도 있다. 따라서 율곡이 '본성'을 말할 때는 맥락을 통해 그것이 의미하는 바를 정확하게 구분해야 한다.

'본성'이 두 가지 용법으로 활용된 일은 비단 율곡의 사례만은 아니다. 그것은 고래의 성리학자들이 논해온 심성관의 논리 구조에 기인한다. 우주의 법칙으로서 리는 만물과 사람을 관통한다. 이 리는 사람의 마음이라는 그릇[器][23]에 안착하여 본성으로 존재한다. 무형 · 무위한 리가 감각 · 지각할 수 있는 현상의 세계에 존재하려면 반드시 기라는 의착처가 필요하다. 그러므로 경험적 세계에서 '기가 배제된 리'는 단지 개념상 존재할 뿐이지 실재할 수 없다.

---

22 『栗全』 卷12 「擊蒙要訣」 所謂學問者 亦非異常別件物事也. … 皆於日用動靜之間 隨事各得其當而已.

23 『栗全』 卷9 「答成浩原」 心則盛貯性之器也.

사람의 본성에 내재하는 천리 또한 이와 같다. 천명으로 부여받은 본성[性]은 이치[理]와 표준으로서 순선하여 악함이 없지만 기질과 함께 존재할 수밖에 없으므로[理氣不相離] 그 나뉘어 유행(流行)하는 것[24]을 따르게 된다. 이러한 이유 때문에 율곡은 마음속의 순선한 리 하나만을 가리킬 때도 성을 말하고, 기질과 함께 존재하는 리의 현실태를 가리킬 때도 성을 사용했다.

그런데 비록 가리키는 바[所指]에 따라 본성이 두 가지 의미를 갖는다 할지라도, 율곡이 본성을 이해한 관점은 기본적으로 '합리기'의 함의를 벗어나지 않는다. 율곡의 '본성'은 리만을 가리키는 관념적 개념보다는 리기의 합이라는 관점을 전제하는 편이 더 적절하다.

물론 율곡은 '본성'을 마음의 이치[理]만을 가리키는 것[25]으로 서술하여 "사람의 본성은 인 · 의 · 예 · 지 · 신 다섯 가지가 있을 뿐"[26]이라고 말하거나, 마음이 아직 발하지 않은 상태[27]를 들어 본성이라 칭하기도 한다. "사람이 나서 고요한 것은 천지의 본성"[28]

24 『栗全』 卷10 「答成浩原」 是故乘氣流行, 參差不齊, 而其本然之妙, 無乎不在. 氣之偏則理亦偏.

25 『栗全』 卷9 「答成浩原」 性則心中之理也.

26 『栗全』 卷9 「答成浩原」 夫人之性, 有仁義禮智信五者而已.

27 『栗全』 卷14 「雜記」 心之未發爲性.

28 『栗全』 卷9 「答成浩原」 人生而靜, 天地性也.

이라는 어구나 "본성은 마음을 검속할 수 없다"[29]라는 말 또한 그러하다. 그러나 자세히 들여다보면, '천지의 본성'은 다시 '리기의 합'을 전제한다.[30] 즉, 미발의 본성 또한 바른 기를 얻은 온전한 천지의 본성과 같을 뿐으로 기를 완전히 배제한다고 할 수 없다. "리에서 발한다는 것은 성이 발하여 정이 된다고 하는 것과 같다."[31]라는 말 또한 같은 맥락이다. 이와 같은 율곡의 해설은 '본성'을 '오직' 리만 가리키는 데에 두지 않고, '기가 함께 있는 리'로서 그것이 현상세계에 존재하는 방식에 기반한 언술이라 할 수 있다. 즉, 의착처로서의 마음이나 기의 움직임을 '전제'한 본성의 발함이다.

리기지묘(理氣之妙)의 측면에서 기와 함께 존재하는 기질지성은 인간의 형질에 구현되어 실재한다.

> 본성은 리와 기가 합한 것이다. 리가 기 가운데에 있은 뒤에야 본성이 되니, 만약 형질 가운데에 있지 않다면 마땅히 리라고 하여야 하고 본성이라고 해서는 안 된다.[32]

본성이란 리가 기 가운데 있은 뒤에야 붙일 수 있는 말이다. 본연지성은 단지 기질지성 중에 나아가 순선한 리'만'을 가리킨 바

---

29 『栗全』 卷20 「聖學輯要 二」 性不能檢心.

30 『栗全』 卷9 「答成浩原」 推本則理氣爲天地之父母, 而天地又爲人物之父母矣.

31 『栗全』 卷9 「答成浩原」 且所謂發於理者, 猶曰性發爲情也.

32 『栗全』 卷9 「答成浩原」 性者理氣之合也. 蓋理在氣中, 然後爲性, 若不在形質之中, 則當謂之理, 不當謂之性也.

[33]를 이름할 뿐이다. 기 없는 리란 존재할 수 없으며 천리가 형질에 의착하지 않고는 성이 될 수 없다는 리기지묘의 원리 때문이다. 즉, 율곡은 현실적 인간 존재 속에서 본성을 파악하여 관념적 한계를 극복한다.

인간이 회복해야 하는 '순선한 이치로서의 본성'은 현실 속 어떤 모습에 상응하는가? 그것은 '기'가 오르내리는[升降飛揚] 과정이 '리'의 순선함을 엄폐하지 않는 상태이다. '기'의 속성이자 고유한 기능은 운동 · 변화이다. '기'는 한시도 변하지 않은 적이 없다. 그런데 '기'의 운동 · 변화에는 그 근거가 되는 '리'가 필요하다. 즉, '기'의 움직임을 이치에 맞게 해주는 소이(所以)다. '기'는 시공간에 존재하며 '리'를 실현한다.

문제는 '기'가 '리'의 주재를 벗어났을 때이다. '리'에 맞지 않는 '기'의 운동 · 변화는 원리 · 표준이 되는 '리'의 순선함을 가린다. 인간의 본성인 사덕을 드러내지 못하게 막는 성품 · 기질의 차이가 바로 이것이다. '기'는 '리'의 주재를 받아야 질서에 어긋나지 않는다. 따라서 율곡은 '리'의 주재를 받을 수 있는 '기'의 본연한 모습이 있다고 보았다. 인간의 성에서 보자면, 본연지리를 드러낼 수 있는

33 그러나 율곡은 실제로 본연지성이란 리이지 성이라 부를 수 없다는 관점을 취하였다. 이는 그가 성을 오직 리기합의 관점에서만 보았기 때문으로 기질, 형질을 떠난 본연지성은 성으로 존재할 수 없고 단지 리일 뿐이라는 의미이다. 따라서 율곡은 본연지성과 기질지성을 대별하여 파악하는 퇴계의 주장에 동의하지 않는다.

본연지기 또는 '맑고 깊어 비어 있는 듯하지만 만물의 근원이 되는 기[湛一淸虛之氣]'라고 할 수 있다. 즉, 인간이 회복해야 하는 '순선한 이치로서의 본성'은 본연의 기[本然之氣]를 통해 본연의 리[本然之理]가 온전히 드러난 상태이다.[34]

그렇다면 본성과 리 · 기의 관계는 어떠한가? 율곡은 '리와 기가 서로 떨어지지 않는다[理氣不相離]'와 '리와 기가 서로 섞이지 않는다[理氣不相雜]'라는 대전제 위에 자신의 리기론을 전개한다. 그러나 율곡이 어떤 경우에도 '리와 기가 서로 떨어질 수 없다'라는 명제를 사수하려 했다는 점을 염두에 두어야 한다. 그는 '리기'를 '리와 기 두 가지[理氣二物]'보다 '리기의 하나됨[理氣一]'으로, 정확하게는 '하나이면서 둘이요, 둘이면서 하나인[一而二, 二而一]' 시각에서 이해했다. 이 지점은 '리기지묘'를 이해하는 실마리가 된다. 여기에는 존재하는 것은 체험할 수 있는 사실이라는 경험론적 사유가 반영되어 있다.

리기론에 내재된 또 다른 특징적 요소는 '리무위기유위(理無爲氣有爲)', 곧 '리는 무형 · 무위하고 기는 유형 · 유위'하다는 명제이다. 현상세계에서 무형 · 무위한 리는 유형 · 유위한 기를 통해 자신을 드러낸다. 홀로 존재하는 리란 있을 수 없다. 율곡은 이를 통해 리

34 본연한 기의 측면에서 말하자면, 수행자는 이 본연지기를 회복해야 한다. 이를 '복기기(復其氣)'라고 말한다. 김병환, 『한국윤리사상』, 새문사, 2024, 260쪽 참고.

가 기를 초월하여 독립 · 실재할 수 없다는 점, 그렇기 때문에 '리는 통하고 기는 국한하는[理通氣局]'[35] 현상이 발생하고 여기서 천지의 선악 문제가 발생한다고 주장한다.

전술한 '리기불상리'와 '리무위기유위'의 원리는 '기발리승일도(氣發理乘一途)'로 종합할 수 있다. 발하는 것은 유형 · 유위한 기일 뿐이며 리는 발한 기 중에[理在氣中] 타서[乘] 기의 동정작용을 주재하는 근저가 된다. 이 둘은 혼란스럽게 뒤섞이[渾淪]지도 않으나, 서로 분리되어 간격을 두고 있지도 않다[無間]. 존재하는 모든 현상은 본원에 있어서나 자연 현상에 있어서나 심정 현상에 있어서나 모두 기발리승일도가 있을 뿐이다.[36]

리기에 관한 율곡의 이해는 본성의 구조에도 그대로 적용된다. 본성에 관한 관점은 리만을 가리키는 본연지성과 리기의 합[理氣

---

35 리통기국이란, 리와 기의 상호작용으로 말미암아 사물이 보편성[通]과 개별성 · 특수성[局]을 함께 가지고 있음을 뜻한다. 처음과 끝[本末]이 없는 리의 본래적 특성은 만물이 하나의 동일한 리를 공유[理通]하는 원인이다. 반면, 처음과 끝[本末]을 가진 기는 만 가지로 '가지런하지 않다[參差不齊]'. 즉, 그 모습이 천차만별이다. 여기서 하나의 동일한 리는 특수한 리로 나뉘게 된다[理一分殊]. 리는 만 가지로 '가지런하지 않은[參差不齊]' 기, 즉 서로 다른 모양과 성질을 지닌 사물들에 올라탄다. 마치 물이 여러 가지 모양의 그릇에 담겨 그 모양이 달라지는 것과 유사하다. 하지만 물의 속성은 변하지 않는다. 리통기국은 이와 비슷한 원리이다. 인간과 만물은 모두 하나의 리[理通]를 공유한다. 그러나 동시에 차이점[氣局]도 갖는다. 만 가지로 다른 기의 특성과 그 기에 올라타 영향을 받은 리의 특수성 때문이다. 더 자세한 논의는 김병환, 『한국윤리사상』, 새문사, 2024, 253~260쪽 참고.

36 김종문, 「율곡의 리기 철학 체계에 대한 연구」『한국의 사상가 10人, 율곡 이이』, 예문서원, 2002, 232쪽.

合]을 가리키는 기질지성으로 나뉜다. 기질지성은 리가 기 가운데 있은 연후에 현실로 존재하는 인간의 본성이다. 단적으로 말하자면 율곡은 기질지성 하나만을 성으로 인정했다고도 볼 수 있다. 본연지성은 형질 중에 리만을 가리켜 부르는 이름으로 기가 배제된 것이며 이론상 존재하는 개념이다.

> 리는 무엇인가? 인 · 의 · 예 · 지가 그것이다. 천도(天道)로 말하자면 원(元) · 형(亨) · 이(利) · 정(貞)이라고 하는데, 실제로는 한 가지이다. 사람은 천지와 더불어 본래 하나요 둘이 아닌데, 달라지는 이유는 하늘과 땅은 무심(無心)한데 사람은 욕심이 있기 때문이다.[37]

> 신이 생각건대, 사람의 한 마음에는 온갖 이치가 전부 갖추어져 있으니, 요 · 순(堯 · 舜)의 인과 탕 · 무(湯 · 武)의 의와 공 · 맹(孔 · 孟)의 도는 본래 가지고 있던 본성입니다. … 본래부터 갖추고 있는 리는 그대로 공명하고 정대합니다.[38]

본래 사람의 마음에 갖추어져 있는 본연지성이란 사단의 근원인 인 · 의 · 예 · 지로 하늘의 도인 원 · 형 · 이 · 정과 같다. 하늘과 사람이 둘이 아닌 이유는 이 본연지성 때문이다. 그러나 천지의 무심함과는 다르게 사람은 사사로운 욕심[私欲]이 있어 둘의 다름이 생긴다. 사람의 사욕은 기질지성에서 비롯된다. 본연지성은 기질

---

37 『栗全』 卷20 「聖學輯要 二」 理者何? 仁義禮智, 是也, 自天道而言, 則曰元亨利貞, 其實一而已. 人與天地, 本一無二, 而其所以異者, 天地無心, 而人有欲.

38 『栗全』 卷20 「聖學輯要 二」 臣按, 人之一心, 萬理全具, 堯舜之仁, 湯武之義, 孔孟之道, 皆性分之所固有也. … 而本具之理, 則其明自如, 其正自如.

지성 가운데 존재하기 때문에 타고난 기질의 순수하거나 섞인 것[純駁], 치우치거나 바른 것[偏正]에 구애된다. 따라서 같은 천리를 받았음에도 사람마다 성품의 차이를 갖게 된다.

> 주자가 "기질지성은 다만 이 본성(이 본성은 본연지성이다.)이 기질 가운데 서로 떨어져 있으므로 기질을 따라 따로 하나의 본성(이 본성은 기질지성이다.)이 되었다."라고 말하지 않았는가. 정자(程子)는 "본성이 곧 기이고 기가 곧 본성이니, 생(生)하는 것을 이른다."라고 하였다. 이것으로 본다면 기질지성과 본연지성이 결코 두 개의 본성이 아니다. 다만 기질상에 나아가 본성만을 가리킬 때에는 본연지성이라 하고, 리와 기를 합하여 명명(命名)할 때는 기질지성이라고 한 것이다. 본성이 하나라면 정이 어찌 두 갈래의 근원이 있겠는가.[39]

이와 같은 율곡의 해석은 정명도(程明道, 1032~1085)가 언급한 생지위성(生之謂性)의 영향을 받은 것이다. 그의 관점에서 본연지성은 리만을 가리킨 것이고, 기질지성은 리기를 합하여 일컫는 것이다. 이 때문에, 본연지성은 기질을 겸해 말할 수 없으나 기질지성은 본연지성을 겸할 수 있다. 다른 말로 하면, 본성과 기는 처음부터 떨어질 수 없는 하나의 관계로 양자를 둘로 나누어 볼 수 없다[40]는 것이다. 그러나 중요한 것은 실재하는 본성의 모습이다. 논

---

39 『栗全』 卷10 「答成浩原」 朱子不云乎? 氣質之性, 只是此性,(此性字. 本然之性也.) 墮在氣質之中, 故隨氣質而自爲一性.(此性字, 氣質之性.) 程子曰, 性卽氣, 氣卽性, 生之謂也. 以此觀之, 氣質之性, 本然之性, 決非二性. 特就氣質上, 單指其理曰, 本然之性, 合理氣而命之曰, 氣質之性耳. 性旣一則情豈二源乎?

40 『栗全』 卷23 「聖學輯要 二」 又曰, 論性不論氣, 不備. 論氣不論性, 不明. 二之則

리적 · 관념적으로만 명명되는 본연지성은 인간의 현 모습을 온전히 설명할 수 없다.

본연지성이 모두가 똑같이 물려받은 천리로서의 순선함이라면, 기질지성은 타고난 바에 따라 사람 간의 차이를 만들어낸다. 이 기질의 차이는 인간이 가진 본연의 순선한 본성을 엄폐하기도 드러내기도 한다. 퇴계나 주희는 상대적으로 '리'를 강조했던 반면, 율곡은 '기'를 강조했다고 평가받기도 한다. 율곡에게 있어 인간의 본성이란 기질지성을 가리키는 것이고 이 기질지성을 통해서만 그 본래성의 회복, 즉 본연지성의 발현 또한 가능하다고 여겼기 때문이다. 그러나 다시 이와 같은 기의 가변적이고 유위한 성질은 인간의 변화 가능성, 즉 수양을 가능하게 하는 주요 근거로 작용한다.[41]

다만 '상대적으로 기의 측면을 강조했다'라는 평가가 율곡이 리의 가치나 역할을 폄하하고 부정했다는 의미는 아님에 유의해야 한다. 다음은 율곡이 리를 이해하는 방식을 보여준다.

不是.

41 보다 근본적 원인은 인간이 바르고[正] 통하는[通] 기를 얻어서 통하는 리를 얻고 태어났기 때문이다. 인간만이 수양을 통해 본연지성을 회복할 수 있는 이유는, 수양 자체가 잃어버린 본래의 기[本然之氣]를 되찾는 여정이기 때문이다. 이에 반해, 사물은 처음부터 치우치고[偏] 막힌[塞] 기를 얻었으므로 수양을 통해 본연지성을 회복하는 데 한계가 있다. 『朱子語類』 卷4 「性理一」 人物皆受是氣而生, 自精粗而言, 則人得其氣之正且通者, 物得其氣之偏且塞者, 惟人得其正, 故是理通而無所塞, 物得其偏, 故是理塞而無所知 참고.

본연의 리는 진실로 순수한 선이다.[42]

리에는 한 글자도 더할 수 없으며, 털끝만큼의 닦음도 더 할 수 없다. 리는 본래 선하니, 무슨 닦음이 필요하겠는가?[43]

리란 본래 완전하고 선한 것이므로 닦을 필요가 없다. 리는 시공간을 초월하여 변하지 않는다. 문제는 가변성이 있는 기이다. 율곡은 수양을 통해 공부가 필요한 곳은 이 기의 측면뿐이라 생각했다. 그러므로 기질의 치우치고 막힌 것[偏塞]을 걷어내어 밝은 덕[明德]의 발현을 원활하게 하는 것[44]이 수양 공부의 핵심이다.

3. 감정의 의지 작용: 인심 · 도심론

정(情)이란 마음이 움직여[45] 이미 발한 상태[46]이다. 체용(體用) 관계로 보자면 본성은 마음의 본체이고 정은 마음의 작용이 된다.[47] 다른 말로 하면 본성은 인 · 의 · 예 · 지 · 신이며 정은 다섯 가지 본

---

42 『栗全』 卷9 「答成浩原」 本然之理固純善.

43 『栗全』 卷9 「答成浩原」 夫理上, 不可加一字, 不可加一毫修爲之力. 理本善也, 何可修爲乎?

44 『栗全』 卷21 「聖學輯要」 惟人則雖有淸濁粹駁之不同, 而方寸虛明, 可以變化.

45 『栗全』 卷12 「答安應休」 心之動.

46 『栗全』 卷9 「答成浩原」 心之已發.

47 『栗全』 卷20 「聖學輯要」 性者, 心之理. 情者, 心之用.

성이 발한 희 · 노 · 애 · 구 · 애 · 오 · 욕이다.[48] 즉, 성은 심의 미발이며 정은 심의 이발[49]이라고 할 수 있다. 또한 정은 합리기이다. 기의 기틀[機]이 움직여 정이 되는데 그 기틀을 타고 있는 것이 리이기 때문이다.[50] 다른 말로 하면 '기발리승(氣發理乘)'이다. 그러므로 정은 (본연지)성인 리가 기에 올라타 함께 움직이는 것이며 이는 또한 '리기지묘'라 할 수 있다.

이 정은 사단과 칠정으로 대변되며 외물의 감응에 의해서만 발한다. 율곡은 성인의 마음이라 하더라도 외물의 감응 없이 일어나는 정은 없으며,[51] 만약 외물의 감응 없이 정이 발한다면 그것은 사람의 정이 아닌 마음의 병[52]이라고 단언할 정도였다. 이것은 율곡이 퇴계가 '사단을 리발(理發)'이라 해석한 일을 의식했기 때문이다. 퇴계는 마음 가운데 스스로 발하는 사단을 통해 사 · 칠의 분별을 두고자 했던 반면, 율곡은 외물의 감응을 통한 칠정의 발현 내에서 사단을 헤아려야 한다[七包四]고 보았다.

---

48 『栗全』 卷10 「答成浩原」 夫人之性, 有仁義禮智信五者而已. … 情有喜怒哀懼愛惡欲七者而已.

49 『栗全』 卷20 「聖學輯要」 … 該貫乎動靜, 以其未發而全體者, 言之則性也. 以其已發而妙用者, 言之則情也.

50 『栗全』 卷12 「答安應休」 情是心之動也. 氣機動而爲情. 乘其機者, 乃理也.

51 『栗全』 卷10 「答成浩原」 雖聖人之心, 未嘗有無感而自動者也, 必有感而動.

52 『栗全』 卷10 「答成浩原」 今以惻隱言之, 見孺子入井, 然後此心乃發. 所感者, 孺子也. 孺子非外物乎? 安有不見孺子之入井, 而自發惻隱者乎? 就令有之, 不過爲心病耳, 非人之情也.

율곡에 의하면 사단 · 칠정은 모두 (본연지)성에 의한 발동이다. 발동한 바[所發]는 정이지만 그 근거[所以]는 본성이다. 다른 말로 한다면, 마음[心]속에서 발한 정은 그 내부에 구현된 (본연지)성이 체현된 것이라고도 볼 수 있다. 그러나 정은 "그 느끼는 것이 바른 것이 있고 삿된 것이 있으며, 그 움직임이 중이 있고, 지나치거나 미치지 못하는 것이 있어" 선악을 낳는다.[53]

정은 마음이 느껴서 막 동한 것으로써 스스로 활동할 수 없다. 곧 정이 발하는 순간 자체는 사람이 통제할 수 없다[54]는 의미이다. 따라서 정이 발한 연후에 (사태를) 계산하고 헤아리는[計較][55] 의(意)의 작용이 필요하다. "정은 의를 운용할 수 없지만 의는 정을 운용할 수 있다."[56]는 말이 그것이다. 율곡은 외물의 감응에 의해서만 정이 발한다고 전제하였으며 이 정은 순간적으로 일어나는 감정이므로 개인이 통제하기 어렵다고 보았다. 그래서 의의 계산하고 헤아리는 장치가 필요하다. 만약 의가 정을 통해 사태를 인지하고 판단하지 않는다면, 인간의 선성은 '본연지성'이라는 관념적 사유에만 갇히게 될 따름이다. 즉, 율곡의 심성관에서 의가 차지하는 위

---

53 『栗全』 卷9 「答成浩原」 所感有正有邪, 其動中有過不及, 其有善惡之分耳. 〈心性情圖〉.

54 『栗全』 卷12 「答安應林」 情則不得自由, 驀地發動. ; 卷20 「聖學輯要 二」 情者, 心有所感而動者也. 纔動便是情, 有不得自由者.

55 『栗全』 卷14 「雜記」 情動後緣情計較者爲意.

56 『栗全』 卷20 「聖學輯要」 意能運情, 情不能運意.

상은 관념에만 머물 위험이 있는 순선한 '리'를 현실로 이끌어 내어 인간을 인간답게 해주는 역할을 한다.

지(志)란 의에서 한 걸음 더 나아간 것으로 의의 비교하고 헤아림이 결정된 후 마음의 갈 바가 정해진 것을 뜻한다. '마음의 갈 바'란 구체적으로 "시비(是非)를 명백하게 하여 선을 향하고 악을 등진다"[57]는 의미이다.

> 지란 의가 정해진 것이요. 의란 지가 아직 정해지지 않은 것이다.[58]

> 정이란 마음이 느껴서 움직이는 것이다. 막 움직인 것이 곧 정으로서 스스로 활동할 수 없는 것이다.[59]

> 의란 정을 반연(攀緣)해서 계교하는 것이니 정이 아니면 의는 반연할 것이 없다. … 마음이 느낀 바를 원인으로 실마리를 풀어 생각하는 것을 의라고 한다.[60]

의지(意志) 개념은 인심도심종시설(人心道心終始說)을 가능하게 해주는 근거가 된다. 인간의 마음은 의지를 겸한 까닭에 발출된 마

57 『栗全』 卷32 「語錄」 所謂志有定向者, 是非明白, 向善而背惡也.

58 『栗全』 卷20 「聖學輯要」 志者, 意之定者也. 意者, 志之未定者也. 그런데 율곡은 의와 지 사이의 선후 관계를 일률적으로 논할 수 없다고 하기도 하였다. 『栗全』 卷20 「聖學輯要」 似乎志在意後. 然或有志先立而意隨而思者. 或有意先經營而志隨而定者. 不可以一概論也. 참고.

59 『栗全』 卷20 「聖學輯要」 情者, 心有所感而動者也. 纔動便是情, 有不得自由者.

60 『栗全』 卷20 「聖學輯要」 意是緣情計較底, 非情則意無所緣. … 心之因所感而紬繹思量者謂之意.

음인 정을 헤아려 옳은 것을 택할 수 있다. 심은 성 · 정 · 의를 주재하는 주체[61]이다. 율곡은 횡거(橫渠, 1020~1077)와 주자의 논의에서 한 단계 나아가 의까지도 마음의 주재 아래 포섭한다. 이 마음은 또한 몸의 주체가 되며 몸은 마음의 그릇이 된다.[62] 다시 마음은 본성을 담는 그릇[63]이다. 즉, 율곡에게 마음은 본성의 의착처, 본성이 있는 곳이라는 뜻이다. 주자가 마음을 '리가 모이는 곳'[64]이라 본 것과 같은 의미이다. 마음에 담긴 본성은 아직 발하지 않아 고요하게 존재하다가 외부 자극이 오면 정으로 드러난다[性發爲情]. 의는 정이 드러난 후 헤아리는 작업, 즉 무엇이 옳은지 그른지 판단하고 계산한다.

율곡은 본성을 담은 마음이 발하여 정이 되었을 때, 그 드러난 바의 양상이 의리[理義]를 위한 것인지 입과 뼈[口體]로 상징되는 몸을 위한 것인지에 따라 도심과 인심으로 나뉠 수 있다고 보았다. 그는 도심과 인심을 연구하는 데 많은 시간을 할애했으며 만년(1582년)에 「인심도심도설(人心道心圖說)」을 지었을 정도로 인성론에 관한 관심이 두터웠다.

인심 · 도심이 성리학자들의 주요 관심사로 떠오른 것은 주자가

---

61 『栗全』 卷9 「答成浩原」 心爲性情意之主.

62 『栗全』 卷21 「聖學輯要」 心爲身主, 身爲心器.

63 『栗全』 卷9 「答成浩原」 心則盛貯之器也.

64 『朱子語類』 卷5 「性理」 心便是理之所會之也.

해석한『서경(書經)』의 문구 때문이었다.[65] 율곡은 천지의 이치가 인간에게 그대로 적용된다고 보는 천인일관(天人一貫)·천인일체(天人一體)의 관점을 견지했는데, 이는 그가 인심·도심을 해석할 때도 마찬가지였다. 따라서 인심·도심의 원리를 아는 것과 리·기의 원리를 아는 것은 둘이 아닌 하나이다.[66] 그는 이를 다음과 같은 말로 표현한다.

> 리기설과 인심도심설이 모두 일관되는 것으로, 만약 인심과 도심에 투철하지 못하면 리와 기에도 투철할 수 없다. 리와 기가 서로 떨어질 수 없음을 분명하게 안다면, 인심과 도심에 두 근원이 없음을 이로 미루어 알 수 있을 것이다.[67]

리기지묘의 원리를 인간에게 적용하면 어떠한가? 율곡은『서명』을 인용하여 "인간은 천지를 다스리는 것[帥]을 품수하여 본성

65『書經』「虞書·大禹謨」에는 "인심은 위태롭고 도심은 은미하니 오직 정신을 하나로 모아 그 중도를 잡으라." "人心惟危, 道心惟微, 惟精惟一, 允執厥中."라는 구절이 실려있다. 주자는『中庸章句』「中庸章句序」에서 이를 "마음의 허령과 지각은 하나일 뿐인데 인심과 도심의 다름이 있다고 한 것은 혹 형기의 사사로움에서 나오고 혹 성명의 올바름에서 근원하여 지각으로 삼은 것이 똑같지 않기 때문이다. 이 때문에 혹은 위태로워 편안하지 못하고 혹은 미묘하여 보기가 어렵다." "心之虛靈知覺, 一而已矣, 而以爲有人心道心之異者, 則以其或生於形氣之私, 或原於性命之正, 而所以爲知覺者, 不同. 是以, 或危殆而不安, 或微妙而難見耳."라고 풀이하였다.

66 황의동,『황의동의 율곡철학연구』, 책미래, 2022, 157쪽.

67『栗全』卷10「答成浩原」理氣之說, 與人心道心之說, 皆是一貫, 若人心道心未透, 則是於理氣未透也. 理氣之不相離者, 若已灼見, 則人心道心之無二原, 可以推此而知之耳.

으로 삼고 천지의 가득 채운 것[塞]을 나누어 형(形)으로 삼았다. 그러므로 내 마음의 작용이 곧 천지의 변화이다. 천지의 변화에 두 근본이 없으므로 내 마음의 작용에도 두 근원이 없다."라고 말했다.[68] 인간은 천지를 다스리는 리와 천지를 가득 채운 기를 품수한 존재로 리기의 묘합체이다. 그러나 실재하는 인간에게서 리와 기, 본성과 형질을 구분할 수는 없다. 이는 기가 아니면 리는 의착할 곳이 없으며 기의 동정 또한 그 근거가 되는 리가 아니면 불가능함을 설명하는 리기론의 명제와 같다. 요컨대, 인간의 마음은 '하나'이지만 나누어 들어가면 그것은 리기가 합한 상태로 천지의 이치와 동일하다.

도심과 인심 또한 본래 두 갈래의 마음이라 할 수 없다. 율곡은 인심 · 도심에 대한 주자의 해석 즉, "성명의 바른 데에 근원을 두기도 하고 형기의 사사로움에서 생기기도 한다."라는 문구를, 이미 발한 것인 정을 보고 이론을 세운 것[69]이라 풀이하였다.

> 발현되는 곳에 이 두 가지 단서가 있을 뿐이다. 그러므로 도심을 발현시키는 것은 기이다. 그러나 성명이 아니면 도심이 생기지 않는다. 인심을 근원으로 하는 것은 리이다. 그러나 형기(形氣)가 아니면 인심이 생기지 않는다. 이것이 성명에서 발현하는 것과 형기에서 생겨나는 것의 차이로, 공(公)과 사(私)가

---

68 『栗全』 卷10 「答成浩原」 夫人也, 稟天地之帥以爲性, 分天地之塞以爲形. 故吾心之用. 卽天地之化也. 天地之化無二本, 故吾心之發無二原矣.

69 『栗全』 卷10 「答成浩原」 其所謂或原或生者. 見其旣發而立論矣.

달라지는 이유이다.[70]

율곡은 자신의 설은 기발리승일도를 바탕으로 본원을 추구한 논리[推本之論]이며, 주자의 설은 그 지류를 따라 논한 것[沿流之論][71]으로 서로 다른 관점에서 논한 것일 뿐 양자가 상충하지 않음을 주장한다. 인심이나 도심을 서로 다른 근원에서 나온 것이라 해석하는 일은 주자의 주장을 올바로 이해하지 못한 것이다. 인심 · 도심은 하나의 마음의 두 가지 발현 양태이자 리 · 기의 합이다. 그것은 하나의 마음에서 나왔으나 어떤 것은 리의(理義)를 '위한 것'이 되고 어떤 것은 식색(食色)을 '위한 것'이 되기 때문에 그 발함에 따라 이름이 달라진다.[72] 이것이 주자의 혹생혹원(或生或原)에 대한 율곡의 해석이다.

사람이 태어나서 고요함은 천성 그대로이고 사물에 감동함은 성의 욕구[欲]이다.[73]

---

70 『栗全』 卷14 「人心道心圖說」 只於發處, 有此二端. 故發道心者, 氣也. 而非性命則道心不生. 原人心者, 理也. 而非形氣則人心不生. 此所以或原或生, 公私之異者也.

71 『栗全』 卷10 「答成浩原」 氣發理乘一途之說, 推本之論也. 或原或生, 人信馬足馬從人意之說, 沿流之論也.

72 『栗全』 卷10 「答成浩原」 其發也爲理義. 則推究其故. 何從而有此理義之心乎? 此由於性命在心. 故有此道心也. 其發也爲食色. 則推究其故. 何從而有此食色之念乎? 此由於血氣成形. 故有此人心也云爾.

73 『栗全』 卷10 「答成浩原」 人生而靜, 天之性也, 感於物而動, 性之欲也.

성인의 혈기(血氣)도 일반 사람들과 같다. 주릴 때에는 먹고 '싶으며', 목마를 때에는 마시고 '싶으며', 추울 때에는 옷을 입고 '싶으며', 가려울 때에는 긁고 '싶은 것'은 성인도 면할 수 없으므로, 성인도 인심이 없을 수 없다.[74]

정이 발하는 것은 도의를 '위하여' 발하는 게 있으니, 어버이에게 효도'하고자' 하고, … 반면에 구체(口體)를 '위해' 발하는 경우가 있으니, 배고플 때 '먹으려' 하는 것과 같다.[75]

인심과 도심은 기본적으로 욕(欲), 즉 '~하고 싶어 함'이라는 욕구와 관련된다. 따라서 인심 · 도심은 그 발원이 두 개일 수 없으며 외부 자극에 대한 반응 이상의 의미를 갖지 않는다. 도심과 인심은 모두 기가 발한 것[氣發]에 배속된다. 두 가지는 리의 차원에서 구분될 수 없다. 양자는 모두 리에 근거하여 발하기 때문이다. 그러나 도심은 발할 때(기를 떠나지 못하지만) 도의를 위한 것이므로 성명에 속하고, 인심도(리에서 나왔으나) 발할 때 몸을 위한 것이므로 형기에 속하는 것이다.[76] 즉, 정이 발한 시점에서 파악되는 마음의 일정한 방향성[定向]이 인심 · 도심의 분기를 이룬다고 볼 수 있다. 하나는 천리를 실현하므로 도심이며, 하나는 천리와 인욕이

---

74 『栗全』 卷10 「答成浩原」 聖人之血氣, 與人同耳. 飢欲食, 渴欲飮, 寒欲衣, 癢欲搔, 亦所不免, 故聖人不能無人心.

75 『栗全』 卷14 「人心道心圖說」 情之發也, 有爲道義而發者. 如欲孝其親, … 有爲口體而發者, 如飢欲食.

76 『栗全』 卷14 「人心道心圖說」 但道心雖不離乎氣, 而其發也爲道義, 故屬之性命. 人心雖亦本乎理, 而其發也爲口體, 故屬之形氣.

미분화된 상태인 인심이다.[77] '하나의' 마음이 발한 것이므로 두 개의 마음이 있는 것이 아니라 다만 발하는 곳에 도의를 위하거나 몸을 위하는 두 가지 단서가 있을 뿐[78]이다. 그러므로 주로 하는 바에 따라 두 이름이 있게 된다.[79] 리기지묘의 관점에서 인심 · 도심은 기를 떠날 수 없으나 또한 리를 떠날 수도 없다. 이는 다시 기발리승일도의 원리이다. 인심 · 도심을 구체적으로 표현하면 다음과 같다.

> 정이 발현할 때 도의를 위하여 발하는 게 있으니, 어버이에게 효도하고자 하고 임금에게 충성하는 것과 어린애가 우물에 빠지는 것을 볼 때 측은히 여기는 것, 의가 아닌 것을 볼 때 수오(羞惡)하는 것, 종묘에 지나갈 때 공경하는 것들이 이것이니 이것을 도심이라 하는 것입니다. 구체를 위하여 발현하는 게 있으니, 배고플 때 먹으려 하고 추울 때 입으려 하고 힘들 때 쉬고자 하고 정력이 왕성하면 색을 생각하는 것들이니, 이는 인심이라 하는 것입니다.[80]

위의 예를 통해 본다면 도심은 사단이라 할 수 있다. 사단은 리가 발현된 정이므로 순연한 성[本然之性]이다. 유의할 점은 율곡

---

77 김경호, 「심시기와 율곡철학의 성격 규정 문제」『한국철학논집』 제62집, 2019, 137쪽, 한국철학사연구회 참고.

78 『栗全』 卷14 「人心道心圖說」 方寸之中, 初無二心. 只於發處, 有此二端.

79 『栗全』 卷20 「聖學輯要 二」 心一也, 豈有二乎? 特以所主而發者, 有二名耳.

80 『栗全』 卷14 「人心道心圖說」 情之發也, 有爲道義而發者, 如欲孝其親, 欲忠其君, 見孺子入井而惻隱, 見非義而羞惡, 過宗廟而恭敬之類, 是也, 此則謂之道心. 有爲口體而發者, 如飢欲食, 寒欲衣, 勞欲休, 精盛思室之類, 是也, 此則謂之人心.

이 사단'만'을 도심이라 말하지 않았다는 데 있다. 도심과 인심은 각각 '성명'으로서의 도덕적 이성과 '형기'로서의 육체적 욕구로 구분할 수 있지만,[81] 육체적[形氣] 욕구와 관련된 인심 또한 중절(中節)하면 도심으로 볼 수 있다. 율곡은 사단칠정에 대해서도 같은 주장을 하는데 "칠정이란 인심 · 도심의 선악을 합하여 말한 것이며 맹자는 칠정 중 선한 부분만을 뽑아서 사단으로 본 것이니, 사단은 도심과 인심의 선한 부분이다."[82]라고 말하기도 한다.[83] 후술하겠지만 이는 율곡이 인심도심상위종시설(人心道心相爲終始說)을 주장한 이유이기도 하다. 다음의 대화는 율곡의 이러한 생각이 잘 드러난 기록이다.

[군주께서] 말씀하시길, "인심과 도심은 두 마음이 아니니, 단지 발현된 후에 그것이 도의와 관련되면 도심이라 하고, 식욕과 색욕과 관련되면 인심이라 한다. 그러나 식욕과 색욕도 중도를 지키면 도심이다." 이이가 대답하여 말하

---

81 『栗全』 卷9 「答成浩原」 心一也, 而謂之道, 謂之人者, 性命形氣之別也.

82 『栗全』 卷14 「人心道心圖說」(以此觀之) 則七情卽人心道心善惡之摠名也, 孟子就七情中, 剔出善一邊, 目之以四端, 四端卽道心及人心之善者也.

83 그러나 율곡은 사단 · 칠정의 문제와 인심 · 도심의 문제를 구분하여 사단 · 칠정이 '사단을 포함하는 칠정'의 구조를 갖는데 반해, 인심 · 도심은 서로 상대적이라 주장한다. 이를 설명하기 위해 율곡은 인심 · 도심을 '다만 정을 가리키는 것이 아니라 정과 의를 겸하여 말한 것'인 반면 '사단 · 칠정은 정만을 가리키는 것'이라 말한다. 『栗全』 卷9 「答成浩原」 蓋人心道心, 兼情意而言也, 不但指情也. 七情則統言人心之動, 有此七者. 四端則就七情中擇其善一邊而言也. 固不如人心道心之相對說下矣 참고.

길, "위 말씀은 참으로 옳습니다."[84]

다른 말로 하면, 기가 발하여 본연의 리에 잘 순응하면 기가 리의 명령을 듣는 것이므로[85] 도심이 되는데, 이 도심은 도덕적 욕구의 발현이기도 하고, 육체적 욕구의 중절함이기도 하다. 다만 중요한 바가 리에 있어 리를 주로 삼은 것[主理]으로 말할 수 있을 뿐이다. 반면 발한 기가 변질[變氣]되었다면 이미 리의 명령을 들을 수 없으므로 중요한 바는 기이기 때문에 인심은 기를 주로 삼은 것[主氣]이라 말할 수 있다.[86] 그렇기 때문에 인심과 도심은 한 묘맥에서 나왔다고 해도 서로 겸할 수 없는 상대적인 것이다.[87]

---

84 『栗全』 卷19, 「經筵日記」 [謂侍臣日], 人心道心, 不是二心. 只於發後, 見其爲道義, 則謂之道心, 爲食色, 則謂之人心. 食色之中節者, 亦是道心也. 李珥對日, 誠如上敎.

85 율곡은 본연의 리에 순한 기를 곧 본연의 기[本然之氣]로 보아 이를 도심으로 이해했다. 도심을 본연지기로 삼는 것은 율곡 철학의 특징이다.

86 필자는 율곡의 이와 같은 설명이 오해를 일으킨다고 생각한다. 율곡이 인심의 중절한 바를 선한 것, 즉 '도심'이라 인정했다면, 인심 그 자체를 '주기(主氣)'라 할 수는 없기 때문이다. 즉 인심 중 인욕만을 주기라고 말해야 한다. 실제로 율곡의 후학인 외암(巍巖) 이간(李柬, 1677~1727)은 '형기에 가려진 것이 인심'이라는 율곡의 표현을 수긍하기 어렵다고 비판한다. 율곡의 인심도심론이 이와 같은 비판을 받게 된 원인은 율곡이 '형기(形氣) · 기질(氣質) · 심기(心氣)' 등을 엄밀하게 구분하여 쓰지 않은 데 있다. 이상익, 「율곡의 인심도심설에 대한 재검토」, 2017, 289~292쪽; 황의동(2022), 앞의 책, 161쪽 참고.

87 필자는 율곡이 인심 · 도심을 상대적으로 바라보면서도 인심에 선악이 혼재한다는 논리가 모순을 일으킨다고 본다. 다만 인심 · 도심의 선악 판단 여부가 의의 과정에서 행해진다는 관점에서 살펴본다면, 인심 · 도심의 상대성이 곧 선 · 악의 상대성을 뜻하는 것은 아닐 수 있다는 가능성을 열어둔다. 율곡은 단지 도덕적 이성으로 볼 수 있는 도심의 영역을 지키고 싶은 의도에서 인심

인심과 도심의 상대성이라는 전제 위에 율곡은 인간의 자율성에 대한 신뢰를 드러낸다. 즉, 인심이라 할지라도 마음의 지각 작용인 의지(意志)로 인해 도심으로 변화시킬 수 있다는 것은[88] 인간의 마음을 고정된 것이 아닌 변화와 발전의 가능성을 지닌 것으로 보는 시각이 반영된 결과이다. '인심도심종시설'은 인간의 의지 작용에 근거를 두고 전개된 논의이다.

> 인심과 도심이 서로 끝이 되고 시작이 된다고 함은 무엇을 말하는가? 지금 우리의 마음이 처음에는 성명의 바름에서 바로 나오다가도 혹 [성명의 바름에] 순응할 수 없어 마침내 그사이에 사사로운 의[私意]가 섞이면 이것은 도심으로 시작해서 인심으로 끝마치게 되는 것이다. 혹은 형기에서 나왔으나 올바른 리에 어긋나지 않으면 진실로 도심에 틀리지 않는 것이다. 혹 바른 이치에 어긋나더라도 그릇된 줄 알고 고치어 욕심에 따르지 않으면 이것은 인심으로 시작해서 도심으로 끝나는 것이다.[89]

인심이든 도심이든 그 발현 양상은 기본적으로 '리기'의 이치를 떠날 수 없지만 양자 모두 '정'에서 비롯되는 이발의 마음이다. 따

과 도심의 상대성을 주장한 것일 수 있다. 이는 필자가 율곡 철학에서 사단 · 칠정론보다 인심 · 도심의 논설이 더 의미가 있다고 생각하는 이유이다. 곧 퇴계가 '리'를 실체화하면서까지 인간의 도덕성의 근거를 마련하고자 했던 의도와 같다.

88 물론 그 반대의 경우도 마찬가지이다.

89 『牛溪集』 4卷 簡牘一(答書－栗谷先生) 人心道心相爲終始者, 何謂也? 今人之心直出於性命之正, 而或不能順而遂之, 間之以私意, 則是始以道心而終以人心也. 或出於形氣, 而不拂乎正理, 則固不違於道心矣. 或拂乎正理, 而知非制伏, 不從其欲, 則是始以人心而終以道心也.

라서 '기'가 '리'의 명령에 따르는 여부는 인심과 도심의 분기를 이룬다. '기'가 '리'의 명령에 따르는 여부는 의에 달려있다. 이를 미루어 보아 율곡의 인심 · 도심은 정과 의가 합쳐진 작용이라 볼 수 있다. 의의 작용을 통해 리에 순응하는 바는 기의 '정찰(精察)' 여부에 달려있고, 또한 이는 '의'의 하는 바이기 때문에 자기 몸을 닦는 것은 의를 정성스레 하는 것[誠意]보다 우선할 것이 없다.[90] '성의'란 의식을 정성스레 하는 공부[91]이자 스스로를 속이지 않는 것[毋自欺][92]으로 인심 · 도심 수양론의 요체이다. 의는 마음의 반응을 살피는 바이므로 그 뜻을 정직하게 하지 않으면 언제든 사욕에 의해 그릇된 판단을 내릴 수 있다.

다시 말해, 인심과 도심은 이미 발현된 마음의 결과이지만 의를 겸하고 있기[93] 때문에 가변적이어서 인심의 도심화, 도심의 인심화가 가능하다. 이렇게 정과 의 개념은 율곡이 인심 · 도심을 정의하는 기본적인 해석의 틀을 제시한다. 본래 하나의 근원에서 나온 정은 외부 자극으로 인해(의지와 상관없이) 작동하므로, 발한 직후 의가 작용하여 인심과 도심의 분열을 일으킨다.

---

90 『栗全』 卷9 「答成浩原」 精察與否, 皆是意之所爲. 故自修莫先於誠意.

91 정원재, 『토픽맵에 기초한, 철학 고전 텍스트들의 체계적 분석 연구와 디지털 철학 지식지도 구축, 이이 『율곡전서』』 『철학사상』, 27쪽, 별책 제7권 제4호, 2006, 서울대학교 철학사상연구소.

92 『大學章句』 傳6章 所謂誠其意者, 毋自欺也.

93 『栗全』 卷9 「答成浩原」 人心道心通情意而言也.

정과 의의 맥락에서 논의되는 인심 · 도심은 율곡이 어째서 인심을 악한 것으로만 여기지 않았는지 알 수 있게 해준다. 그는 성인의 혈기는 보통 사람과 같을 뿐으로 성인이라 하여 인심이 없을 수 없다[94]고 하였다. 다만 인심은 그 지나침과 못미침[過不及]으로 말미암아 악으로 흐르기 쉬울 뿐,[95] 형색(形色)은 본래 천성으로 또한 불선할 수 없다[96]는 생각이다.

> 도심이 발하는 것은 마치 불이 처음 타오르는 것과 같고 물이 처음 솟아 나오는 것과 같아서 별안간에 보기 어려우므로 "도심은 미미하다"고 말한 것이요, 인심이 발하는 것은 마치 매[鷹]가 묶어 놓은 끈을 풀어 버리고 말이 굴레를 벗어난 것 같아서 날고뛰어 제재하기 어려우므로 "인심은 위태롭다"라고 말한 것이다.[97]

도심이 처음 발하는 순간 선의 단서를 포착할 수 있고 인심 또한 처음 발현한 순간 중절하지 않음[不中節]의 단서를 포착할 수 있다. 그러나 이것이 선악의 지속을 보장하지는 않는다. 마음은 가변적이기 때문이다. 즉, 인심이 발현한 그 자체로는 선도 악도 아니다. 단지 악으로 흐를 가능성이 높아 위태로울 뿐이므로 선악의

---

94 『栗全』 卷10 「答成浩原」 聖人之血氣, 與人同耳. … 故聖人不能無人心.

95 『栗全』 卷10 「答成浩原」 人心, [亦豈不善乎?] 由其有過有不及而流於惡耳.

96 『栗全』 卷10 「答成浩原」 夫形色, 天性也, 人心, 亦豈不善乎?

97 『栗全』 卷10 「答成浩原」 道心之發, 如火始燃, 如泉始達, 造次難見, 故曰微, 人心之發, 如鷹解韝, 如馬脫羈, 飛騰難制, 故曰危.

판별은 의가 개입된 이후의 과정이다.

이 지점은 율곡이 학습자의 윤리적 주체성을 강조했다고 말할 수 있는 근거이다. 율곡의 심성관에서 인간의 윤리적 주체성은 '도심의 인심에 대한 주재'에 달려있는데, 이는 의지 작용에 한하여 가능하기 때문이다. 즉, 앎과 실천의 연속성을 형성하는 결정적 역할이 의지에 부여되어 있으므로, 학습자가 정의 발현을 헤아리고 비교하여 행동과 정서의 방향을 결정하는 과정을 특히 주목하여 살펴보아야 한다.

이미 발한 인심은 그 자체로 불선은 아니지만 지나치거나 못 미칠 위험이 있으므로 의의 사려 작용을 통하여 도심의 주재를 받아 중절해야 한다. 율곡은 도심의 주재를 받아 형색(形色)으로 하여금 각각 그 법칙을 따르게 한다면 움직이고 고요하고 말하고 행동하는 것이 모두 성명의 본연이 아닌 것이 없을 것[98]이라 하였다. 인심은 도심의 주재 여하에 따라 선도 되고 불선도 될 수 있으므로 천리[99]와 인욕(人欲)을 겸하는[100] 것이다. 이러한 맥락에서 율곡은 인

98 『栗全』 卷10 「答成浩原」 若能充廣道心, 節制人心, 使形色各循其則, 則動靜云爲, 莫非性命之本然矣.

99 율곡이 말하는 인심에서의 천리는 도심의 측은, 수오, 사양, 시비의 마음과는 다른 것으로, 사람이 생명을 이어갈 수 있도록 하는 생리적 욕구의 적절한 충족 기준을 가리키는 것으로 보인다.

100 『栗全』 卷14 「人心道心圖說」 人心, 也有天理, 也有人欲, 故有善有惡.

심의 절제와 도심의 확충을 주장[101]한다.

> 마음 공부하는 자가 일념(一念)을 발할 때에 도심인 줄 알면 곧 확충시키고, 인심인 줄 알면 곧 정밀하게 살펴서 반드시 도심으로써 절제하여, 인심이 항상 도심의 명령을 듣게 되면 인심도 도심이 될 것입니다.[102]

공부하는 자는 마음의 발현을 인식한 후 의를 통해 도심인지 인심인지 판단하여 실천(도심이면 확충하고 인심이면 절제)해야 한다. 실천 단계에서 인심이 도심의 말을 듣는 것[聽命於道心]이 인심을 도심화시키는 방법이다. 이는 곧 인간이 생명을 영위하는 가운데 선을 보존하고 악을 멀리하기 위한 실천적인 논리 구조이다.[103]

율곡은 도심의 실현을 필생의 사명으로 파악하였는데, 그에게 있어 도심이란 인간을 인간적이게 할 수 있는 인간적 가치이자 인간의 마음에 본유된 보편적 덕이었다.[104]

---

101 『栗全』 卷31 「語錄」 大抵, 人心, 不可滋長, 而節約爲貴. 道心, 宜保養而推廣爲美也.

102 『栗全』 卷14 「人心道心圖說」 治心者, 於一念之發, 知其爲道心, 則擴而充之, 知其爲人心, 則精而察之, 必以道心節制, 而人心常聽命於道心, 則人心亦爲道心矣.

103 인심을 절제하고 도심을 확충하는 수양의 중요성은 다른 성리학자들도 공통적으로 강조한 주제이다. 그러나 율곡은 상대적으로 이발의 측면을 비중 있게 다루었다. 따라서 율곡 인심 · 도심론의 방점은 단순한 이론적 논의가 아닌, 실천적 측면에 있다고 할 수 있다.

104 김종문, 「율곡의 리기 철학 체계에 대한 연구」, 1976, 『한국의 사상가 10人, 율곡 이이』, 예문서원, 2002, 233쪽.

4. 심신(心身) 관계: 마음과 몸의 통합

서구의 전통 사상에서 몸은 인간의 정신과 엄격히 분리된 것으로, 양자는 종종 대립 구도를 통한 갈등 관계에 놓여있었다. 그리고 전자인 몸은 인간 영혼의 고결함을 훼손하는 장애물로서 극복의 대상으로 이해되었다. 반면 동양의 지적 전통에서 몸과 마음은 각각 형(形)과 신(神)이라는 개념으로 표기되지만, 이 둘은 독립된 게 아니다. 물론 설명을 위해 전자가 기가 엉겨서 모여[凝聚] 형성된 물질이라면 후자는 그 형체[形]에서 벌어지는 기능적 요소로 일종의 정신 작용을 가리키는 것으로 풀이하기도 한다. 그럼에도 동양의 사상에서 몸과 마음은 각각이 독립적으로 존재하는 별개의 '실체'로 여겨지지는 않는다. 인간의 정신과 의식은 몸 안의 생명활동이 드러나는 '현상'으로 이해되었다. 이런 맥락에서 마음은 '실체[體]'라기보다 '기능[用]'으로 간주되었다.[105]

다시 말해 동양의 전통 사상에서 마음의 작용은 '몸'과의 관련성 속에서 일어나는 '현상'으로 기를 통해 발현되는 것이다. 이러한 동양 수양론의 범주 내에서, 마음을 닦는 일이란 몸과의 상호의존 속에서 진행되는 과정으로 이해할 수 있다. 몸을 수양함으로써 마음에 영향을 미치고, 마음을 수양함으로써 몸에 영향을 미친다. 또한 양자의 변화는 동시에 일어난다.

---

105 이승환, 「몸, 신체, 육체」『우리말철학사전2』, 지식산업사, 2002, 13쪽.

성리학의 리기론은 우주의 생성과 만물의 작용, 인간의 육체적 · 인지적 · 정서적 작용을 일관되게 설명하는 이론 체계이다. 앞서와 동일한 맥락에서 성리학 수양론의 체계 또한 육체와 정신을 통합적으로 바라보는 관점을 취하며, 양자를 분리한 채 어느 한쪽을 배제하는 방식을 채택하지 않는다. 성리학의 수양론은 몸의 검속을 통한 정신의 변화, 정신의 수양을 통한 몸의 변화를 모두 긍정한다. 즉, 성리학이 주장하는 수양의 대상이란 몸과 마음 양자를 모두 지칭하며 그 지향은 정신과 육체의 상호균형적 발달이다. 실제로 성리학의 전통은 인간의 신체적 욕구나 감정을 무조건 악한 것으로 취급하지 않았다. 오히려 상황에 적절한[時中] 행동이나 감정의 표현을 격려하고 생리적 욕구의 적절한 충족을 통해 중절을 이루는 일을 도모하고자 했다. 이는 동양의 전통 사상이 몸과 마음을 하나의 범주에 배속하고 양자의 밀접한 상호 영향력을 심도 있게 이해하고 있었음을 보여주는 것이다. 주희의 "천지와 내 몸의 기가 둘이 아니다."[106]라는 말은 육체[形], 즉 생명이 있는 모든 존재에게 의식 혹은 정신[神]이 깃들어 있다는 의미이다. 곧 몸과 정신의 불가분성을 전제하는 성리학의 관점을 분명하게 보여주고 있다.

성리학의 수양론은 본성으로서의 천리를 회복하는 데 집중한다. 하늘로부터 부여받은 본연의 리를 확충함으로써 도를 실천하

106 『朱子語類』 卷52 天地吾身之氣, 非二.

는 사람이 되기 위함이다. 유학에서 성인지도(聖人之道)를 행하는 사람이란 '육체와 정신'을 가진 인간 자체를 대상으로 한다. 성리학의 전통을 이어받은 율곡 또한 심 · 신의 관계에 대해 동일한 견해를 지니고 있었다.

심기(心氣)와 신기(身氣)는 서로 표리(表裏)가 되는가? [이 둘의] 기는 하나이면서 둘이고, 둘이면서 하나이다. 심기는 신기 가운데 포함되어 있고, 신기는 심기 속에 뿌리 박고 있다.[107]

심기인 정신[神]과 신기인 육체[形]는 상호 연관 관계 속에 존재한다. 어느 하나가 다른 하나의 근원이나 원인이 되지 않는다. 『성학집요』에 등장하는 정자의 이야기는 율곡이 심 · 신의 관계를 어떻게 이해하고 있는지 잘 보여주는 예이다.

정자가 장사숙(張思叔)에게 말하기를, "나는 기를 매우 약하게 타고났는데, 30에 차차 성해지고, 4 · 50 이후에 완전하여졌다. 지금 나이 72세인데 한창 때와 근골(筋骨)을 비교해 보아도 손색이 없다." 하였다. 사숙이 청하여 말하기를, "선생께서는 아마도 기를 약하게 타고나셨기 때문에 생명을 잘 지키신 것이지요?" 하니, 정자는 가만히 말하기를, "나는 생을 잊고, 욕심을 따르는 것을 깊은 수치로 여겼다." 하였다. … 또 부주(涪州)에서 돌아왔을 때 용모나 기색이나 수염이 모두 그 전보다 월등하게 나아 보였다. 문인이 묻기를, "어떻게 하여 이와 같이 [건강]하실 수 있습니까." 하니, 답하기를, "학문의 힘이다." 하

107 『栗全』 卷31 「語錄」 曰, 心氣身氣相爲表裏耶? 曰, 其氣一而二, 二而一也. 心氣包於身氣之中, 身氣根於心氣之中矣.

였다.[108]

정자는 장사숙에게 본디 자신은 기를 약하게 타고났으나 학문의 힘[學之力]으로 노령이 되어서도 건강하게 지낼 수 있게 되었다고 말한다. 정자가 말하는 학문의 힘이란 무엇인가? 그것은 '생을 잊고, 욕심을 따르는 것을 수치로 아는 일'이다. 정자는 학문을 통해 진정한 삶의 가치를 깨닫고 사욕만을 좇던 자신의 내면을 되돌아본다. 이치를 깨달은 정신은 곧 육체[形]의 건강으로 이어진다. 수양 공부[學問]를 통해 얻어지는 천지의 이치는 심 · 신에 동일한 영향을 미친다.

다만 안으로 마음을 바르게 하기만 하면 되지, 꼭 외모에 연연할 것이 없다고 하는 사람 역시 도에는 들어갈 수 없으니, 끝내 세속에서 사람 좋은 사람이 되고 말 뿐이다.[109]

이것이 바로 마음을 바로잡은 후에도 몸을 단속하지 않을 수 없는 이유이다. 몸을 단속하지 않으면 마음도 반드시 바로잡을 수 없기 때문이다.[110]

---

108 『栗全』 卷21 「聖學輯要」 子謂張思叔曰, 吾受氣甚薄, 三十而浸盛, 四十五十而後完. 今生七十二年, 校其筋骨, 於盛年無損也. 思叔請曰, 先生豈以受氣之薄而厚爲保生耶? 程子默然曰, 吾以忘生徇欲爲深恥. … 又歸自涪州, 氣貌容色髭髮皆勝平昔. 門人問, 何以得此? 曰, 學之力也.

109 『栗全』 卷21 「聖學輯要」 以爲但當內正其心, 不必拘拘於外貌者, 亦不可入道, 終爲俗中好人而已.

110 『栗全』 卷21 「聖學輯要」 此所以旣正其, 又不可不檢其身也. 然彼身無檢束者, 心必不得其正故也.

어떤 사람이 묻기를 "사람이 한가하게 있을 때에 몸가짐은 게으르더라도 마음이 거만하지만 않으면 괜찮지 않습니까?" 하니, 정자가 대답하기를, "어찌 두 다리를 쭉 뻗고 앉은 자세에서 마음이 거만하지 않은 이가 있겠는가."[111]

위의 인용문에서 보듯이 마음을 기르는 일에는 몸의 검속이 반드시 필요하다. 양자는 상호 영향 아래 놓여있으며 결코 독립적으로 작용하지 않는다. 몸의 검속은 바른 마음을 드러내는 통로이다. 율곡은 마음과 몸의 수양 중 어느 하나를 소홀히 해서는 안 된다고 보았다. 이는 심 · 신의 중요성을 상호 동등하게 인정하는 것이자 인간을 '심 · 신'의 통합체로 바라보는 시각이다.

경(敬)을 말하는 이는 마음을 간직하면 자연히 이치에 맞을 것이라고만 말하고, 용모와 태도 · 말투[辭氣]에 대해서는 전혀 공부를 하지 않고는 한다. 설사 참으로 이렇게 해서 무언가를 얻는다 한들 또한 석가나 노자와 무엇이 다르겠는가.[112]

이처럼 마음을 기르는 것과 기를 기르는 것은 실로 한 가지 일[113]이다. 이이의 제자 김진강(金振綱, 1543~?)의 설명에 따르면, 허령한 마음의 기[心氣]는 몸을 이루는 기[身氣]와 본래부터 "하나이면서 둘이고, 둘이면서 하나이다. 마음의 기는 몸의 기 가운데 포

---

111 『栗全』 卷20 「聖學輯要」 問, 人之燕居, 形體怠惰, 心不慢可否? 程子曰, 安有箕踞而心不慢者?

112 『栗全』 卷20 「聖學輯要」 言敬者, 只說能存此心, 自然中理, 至於容貌辭氣, 往往全不加功. 設使眞能如此存得, 亦與釋, 老何異?

113 『栗全』 卷21 「聖學輯要」 然則養心養氣, 實是一事.

함되어 있고 몸의 기는 마음의 기 속에 근원"[114]한다.

> 예법과 음악은 잠시도 몸에서 떠날 수 없는 것이니 중심이 잠시라도 화평하지 않고, 즐겁지 않으면 야비하고 간사한 마음이 들어오며, 외모가 잠시라도 장엄하지 않고, 경건하지 않으면 태만한 마음이 들어온다.[115]

몸을 다스리는 일은 예를 삼가는 데서 시작할 수 있다. 몸가짐을 바르게 하고, 안색을 가다듬고, 말씨를 순하게 함은 '예'의 시초[116]이다. 공자는 "예법이 없으면 손발을 둘 데가 없고 귀와 눈을 더할 데가 없어서 나아가고 물러서고[進退] 인사하고 사양하는[揖讓] 데에 규칙이 없게 된다."라고 말했다.[117] 몸을 검속하지 않으면 방심한 사이에 불선한 마음이 들어오기[入] 때문이다. '들어온다'는 말은 외부의 유혹을 받아 휩쓸린다는 의미이다. 이러한 외부의 유혹을 이겨낼 수 있는 방법은 예를 삼가 몸을 단속하는 일이다. 몸이 예를 지키지 않으면 정신 또한 맑고 또랑또랑[惺惺]한 상태를 유지할 수 없다. 마음을 가다듬는 일[正心]과 몸을 검속하는 일[檢身]은 동시에 이루어진다.

---

114 『栗全』 卷31 「語錄」 其氣一而二, 二而一也. 心氣包於身氣之中, 身氣根於心氣之中矣.

115 『栗全』 卷21 「聖學輯要」 禮樂不可斯須去身, 中心斯須不和不樂, 而鄙詐之心入之矣, 外貌斯須不莊不敬, 而易慢之心入之矣.

116 『栗全』 卷21 「聖學輯要」 禮義之始, 在於正容體, 齊顔色, 順辭令.

117 『栗全』 卷21 「聖學輯要」 孔子曰, 無禮則手足無所錯, 耳目無所加, 進退揖讓無所制.

2) 율곡의 수양론 이해

성리학의 수양 목적은 성인이 되는 데 있지만 성인이 된 경지를 구체화하면 그 내용은 학자마다 다양하게 나타난다. 율곡이 바라본 성인의 경지는 무엇인가?

> 맹자가 말했다. 형상과 색은 천성이니, 오직 성인만이 그 몸을 온전히 실현할 수 있다.[118]

율곡은 『맹자』의 구절을 인용하여 성인을 '천형(踐形)', 즉 타고난 성품을 실천한 사람으로 이해했다. 이 성인은 사람 가운데 홀로 지극히 통하고 지극히 바르며, 지극히 정밀하고 지극히 순수한 기를 얻어 천지와 덕을 합한 자[119]이다. 성인의 경지에 이른 사람은 '치중화(致中和)'를 이룰 수 있다.

> 치중화의 공이 한 가정에 머물면 곧 한 가정의 천지가 안정되고, 만물이 생육하여 한 가정에서 명덕이 밝아질 것이고, 한 나라에 이르면 한 나라의 천지가 안정되고 만물이 생육하여 명덕이 한 나라에 밝아질 것이며, 천하에 미친다면 곧 천하의 천지가 안정되고 만물이 생육하여 명덕이 천하에 밝아질 것이다.[120]

---

118 『孟子』「盡心 · 上」13-39 孟子日, 形色, 天性也, 惟聖人, 然後可踐形.

119 『栗全』卷10「答成浩原」於人之中, 有聖人者, 獨得至通至正至淸至粹之氣, 而與天地合德.

120 『栗全』卷19「聖學輯要」致中和之功, 止於一家, 則一家之天地位萬物育, 而明

수양을 통해 중화를 이루게 되면 가정과 나라, 천지와 만물이 안정되어 명덕이 천하에 밝아진다. 수양의 공효가 가정과 사회, 국가라는 현실에 적용된다. 이는 의리와 실리의 조화를 추구하는 율곡의 경세론적 특징과도 연관이 있다.

율곡은 자기를 닦는(修己) 공부로 '앎[知]'과 '실천[行]' 두 가지 방식을 제시한다. '앎'이란 선을 밝히는 일이요, '행'이란 몸을 정성스럽게 하는 것이다.[121] '앎'은 '이치를 궁구하는[窮理] 것'이며 '행'은 '힘써 실천하는[力行] 일'이다. 그런데 율곡은 같은 장에서 "수기 공부는 궁리, 거경(居敬), 역행 세 가지에서 벗어나지 않는다."[122]고 밝히기도 한다.

'거경'은 무엇인가? '거경'은 공부에 임하는 마음 자세와 태도를 가리킨다. '거경'은 '궁리'의 과정에도 '역행'의 과정에도 함께 행해야 하는 일로 공부의 처음과 끝이다. 저술과 기록을 살펴보면 율곡이 '거경'을 소홀히 한 것은 아니었다. 그럼에도 『성학집요』 첫머리에 수기를 지와 행 두 가지로 종합한 것은 율곡이 퇴계와 같은 학자들에 비해 상대적으로 '이발'과 '행'의 문제를 강조했기 때문이다. 실제로 율곡은 역행을 거경 및 궁리와 맞먹는 중요한 항목으로 설

德明於一家, 止於一國, 則一國之天地位萬物育, 而明德明於一國, 及於天下, 則天下之天地位萬物育, 而明德明於天下矣.

121 『栗全』 卷20 「聖學輯要」 修己工夫, 有知有行, 知以明善, 行以誠身.

122 『栗全』 卷20 「聖學輯要」 修己之功, 不出於居敬窮理力行三者.

정한다.[123]

격치(格致)로써 '선을 밝히고' 성정(誠正)으로써 '몸을 닦아' 그 학문이 몸에 쌓이면 하늘의 덕이 되고 그것을 정사(政事)에 베풀면 왕도(王道)가 되는 것이다.[124]

지와 행은 비록 선후가 나뉘지만 실은 동시에 함께 진행되는 것이다. 그러므로 어떤 이는 지를 거쳐서 행에 도달하고 어떤 이는 행을 거쳐서 지에 도달한다.[125]

이처럼 율곡은 지적인 앎과 내적 수양, 실천의 과정 모두를 중시하였다. 격물치지(格物致知)와 성의정심(誠意正心)은 율곡이 수양공부를 통해 변화시켜야 한다고 본 두 가지 주요한 내용이다. 즉, 지와 행이다. 거경은 지와 행 양자에 일관되게 필요한 마음과 태도이다.

율곡의 수양론은 '궁리'와 같은 주지적 방법과 '역행'을 통한 극기복례를 선호한다. 이는 율곡이 (퇴계에 비해) 객관적이고 외재적인 수양을 강조하며 '치중화'라는 현실적인 공효를 지향하고 있음을 나타낸다. 그의 경세론이 세상을 바로잡고 사회의 유익이 되는

123 정원재(2006), 앞의 책, 28쪽.

124 『栗全』 雜著 卷15「東湖問答」[夫道學者] 格致以名乎善, 誠正以修其身, 蘊諸躬則爲天德, 施之政則爲王道.

125 『栗全』 卷22「聖學輯要 四」 知行雖分先後, 其實一時竝進. 故或由知而達於行, 或由行而達於知.

정치적 역할을 중시하는 것도 같은 맥락의 논의이다.

그러나 '행'을 강조하고자 한 의도에서 벗어난다면, 대개 수양의 방법은 '거경 · 궁리 · 역행'이다. 다만 수양의 순서에 있어 「만언봉사(萬言封事)」(1574)처럼 궁리 · 거경 · 역행을 따르는 경우도 있고, 『성학집요』(1575)의 예처럼 거경 · 궁리 · 역행의 순서를 따르는 경우도 있다. 정원재(2001: 139)는 율곡이 궁리 대신 거경을 앞세운 것은 '거경궁리설'에 근거한 윤현(尹晛, 1536~1597)의 비판을 염두에 두었기 때문이라 보았다.

거경 · 궁리 · 역행의 수양은 본래 중첩적이고 동시다발적으로 일어난다. 그럼에도 수양의 순서를 논하는 이유는 이를 통해 수양론 전체에 대한 율곡의 조망을 얻을 수 있기 때문이다. 문제가 되는 점은 율곡이 제시한 수양의 순서가 서적마다 조금씩 다르다는 것이다. 실제로 『격몽요결』(1576)은 크게 거경 · 궁리 · 역행의 순서를 따르고 있으나, "그러므로 도에 들어가기 위해서는 궁리보다 앞서는 것이 없고 궁리를 위해서는 독서보다 앞서는 것이 없다."[126]고 말하기도 한다.

율곡이 가장 중요시했던 수양이 무엇인지에 관한 논의는 차치하고라도 거경 · 궁리 · 역행의 수양은 어느 하나에 비중이 높게 부과될지언정, 대개는 동시다발적으로 이루어진다는 점을 염두에 두

126 『栗全』 卷27 「擊蒙要訣」 故入道莫先於窮理, 窮理莫先乎讀書.

고, 필자는 우선 『격몽요결』에서 제시된 거경 · 궁리 · 역행의 수양 순서를 따르고자 한다.

1. 마음과 태도: 거경(居敬)

『성학집요』에는 경(敬)을 학문의 시작과 끝에 두고 궁리의 근본[127]으로 삼는다는 구절이 나온다. 경을 통해서만이 학문에 들어갈 수 있고, 도를 알게 된 자라도 경이 없다면 그것을 지킬 수 없으므로[128] 학문의 시작과 끝을 함께 하는 수양을 경이라 지칭한다.

1.1. 수렴 · 함양 · 성찰(收斂 · 涵養 · 省察)

경은 대체로 수렴(收斂), 함양(涵養), 성찰(省察)로 나눌 수 있다. 이 중 수렴은 경의 시작[129]으로 『소학』 공부[小學之功]를 통해 도달해야 하는 주요 목표이다. 자연스럽게 『격몽요결』에 등장하는 거경에도 수렴 공부가 많은 비중을 차지한다. 그런데 어째서 율곡은 '수렴'을 공부의 시작으로 두었을까? 그것은 학문의 근본이 일상에서 이루어지는 일임을 전제하는 율곡의 공부관에서 기인한다. 수렴이란 공부를 위한 마음의 기본 자세이다. 다음 구절은 율곡이

---

127 『栗全』 卷20 「聖學輯要」 敬者, 聖學之始終也. 故朱子曰, 持敬是窮理之本.

128 『栗全』 卷20 「聖學輯要」 入道莫如敬, 未有能致知而不在敬者, 此言敬爲學之始也. 朱子曰, 已知者, 非敬無以守.

129 『栗全』 卷21 「聖學輯要」 收斂, 敬之始也.

‘수렴’의 의미를 어떻게 해석하고 있는지 보여준다.

> 구방심(求放心) 세 글자는 마치 깨달음이 다가오는 것과 같을 뿐이다. 만약 그렇다면 맹자는 “학문의 시작은 잃어버린 마음을 찾는 것”이라고만 말했을 것이며, 그것으로 충분했을 것이다.[130]

수렴의 구체적인 대상은 몸가짐[容止], 언어[言], 마음[心]이다. 율곡은 이 세 가지를 거두어 잡아 산만하지 않게 만들고 정신을 안정시켜야 함을 주장한다. 몸과 마음을 수렴시키는 구체적인 방법으로 구용(九容)이 있다. 『격몽요결』에도 등장하는 구용은 심 · 신의 밀접한 상호관계를 중시하는 율곡의 관점이 반영되어 있다. 나아가 『성학집요』에서는 몸과 마음을 수렴하는 공부로 「숙흥야매잠(夙興夜寐箴)」의 전문을 소개하기도 한다. 주지하듯 「숙흥야매잠」은 일찍 일어나 정신과 몸가짐을 가다듬는 데서부터 일에 밝게[明命] 응하고, 움직일 때나 고요할 때나 마음을 살피며, 취침 시 야기(夜氣)를 기르는 등 일상의 실제적인 행위와 태도에 대해 서술한 내용이다.

즉, ‘수렴’이 가진 주요한 특성은 ‘일상’과 깊게 연결되어 있다. 그리고 이 ‘일상’은 율곡이 강조하는 ‘공부’의 본령이다. 따라서 다음과 같은 율곡의 말은 경 공부 중에도 특히 ‘수렴’에 관한 일들에 관한 것이다.

---

130 『栗全』 卷9 「上退溪先生問目」 求放心三字, 若如來諭而已. 則孟子當言曰, 學問之始, 當求其放心, 足矣.

지금 사람들은 어려서부터 이런 공부[경]는 하지 않고 바로 이치를 궁구하고 몸을 닦는 공부에 종사하려 한다. 그러다 보니 마음이 혼란스러워지고 행동이 규범에 어긋나서, 그 공부가 있는 듯도 하고 없는 듯도 하여 결코 성공할 리가 없다.[131]

율곡은 어려서부터 경 공부를 하지 않는 세태로 인해 행동이 규범에 어긋나 일상에 제대로 대처하지 못하며, 공부가 있는 듯 없는 듯해 아무런 결과를 얻지 못한다고 비판한다. 마음을 다잡지 못하면 그 후의 일이 이루어지지 않는다. 이는 율곡이 『격몽요결』에서 '입지(立志)' 장의 순서를 가장 앞에 제시한 이유이기도 하다.

수렴 다음의 경 공부인 함양과 성찰은 율곡의 수양론 체계에서 어떤 위계를 차지하는가? '함양'은 미발 시의 수행이다. 미발은 희노애락이 아직 발하지 않은 상태를 지칭한다. 『중용』에서는 이를 중(中)이라 하며, 천하의 큰 근본[大本]이라 했다. 성리학의 수양론을 따라 율곡 또한 '미발'은 본성의 본래 상태로 중정(中正)한 것이며, 경을 통해 '함양'해야 한다고 말한다.[132]

경으로 함양한다는 것은 다른 방법이 있는 게 아니다. 다만 고요하게 생각[念慮]을 일으키지 않고 정신이 깨어 있으면서[惺惺] 조금도 혼매(昏昧)함이

131 『栗全』 卷20 「聖學輯要」 今者, 自少無此工夫, 徑欲從事於窮理修身. 則方寸昏擾, 擧止踰違, 其所用功, 若存若亡, 決無有成之理.

132 미발은 대상을 접하는 의식 활동이 아직 발생하지 않았지만, 지각은 깨어있는 상태이다. 이른바 미발체인(未發體認)은 경을 통한 함양을 필요로 한다.

> 없게 할 뿐이다.[133]
>
> 계신 · 공구(戒愼 · 恐懼)는 오직 사태가 발생하지 않았을 때 항상 경의 상태를 지켜 혼매해지지 않게 할 따름이다. 생각이 생겨나기 전에 지각이 어둡지 않은 것은 본성에 스스로 감출 수 없는 게 있기 때문이다.[134]

미발 시 생각이 일어나지 않게 한다는 말은 '부념(浮念)'을 없앤다는 뜻이다. '부념'이란 그 자체로는 선도 악도 아니지만 생각이 끊임없이 일어나는 현상[135]을 가리킨다. 끝없이 이어지는 생각의 고리를 끊으면 마음이 혼란(昏亂)하지 않게 된다. 사념이 없는 미발 상태를 일반인들이 지속할 수는 없다. 이를 위해서는 함양 공부가 필요하다.[136] 평상시 꾸준한 경 공부를 통해 안정된 마음 상태를 유지할 수 있는 것이다. 이는 마치 명상을 지속하기 위해 훈련이 필요한 점과 유사하다. 이런 맥락에서 거경 공부는 신유학의 명상 공

133 『栗全』 卷21 「聖學輯要」 所謂敬以涵養, 亦非他術. 只是寂寂不起念慮, 惺惺無少昏昧而已.

134 『栗全』 卷21 「聖學輯要」 戒愼恐懼, 只是事物未形之時, 常常持敬, 令不昏昧而已. 思慮未形, 而知覺不昧, 性之體段, 自有不可揜者.

135 『栗全』 卷21 「聖學輯要」 二日浮念, 謂掉擧散亂, 掉擧, 念起之貌, 相續不斷也,(此念非善非惡, 故謂之浮念).

136 『栗全』 卷21 「聖學輯要」 幸於須臾之頃, 不昏不亂, 則其未發之中, 亦與聖賢無別. ; 又問日, 常人之心, 固有未發時矣, 其中體亦與聖賢之未發無別耶, 臣答日, 常人, 無涵養省察工夫, 故其心不昏則亂, 中體不立, 幸於須臾之頃, 不昏不亂, 則其未發之中, 亦與聖賢無別, 但未久而或頹放, 或膠擾, 旋失其本體, 則霎時之中.

부라 할 수 있다.[137]

주지하다시피 율곡은 리와 기의 역할 또한 선명하게 구분하였다. 기질변화설의 원리는 본성론에서 리 · 기의 역할 구분을 기반으로 한다. 이를 통해 율곡은 미발 시 함양을 통해 본성이 외물에 감응한 현상적 상황에서의 도덕적 행위, 즉 이발 시 실천을 준비하고자 했다. 율곡은 마음이 외물을 아직 지각하지 않았을 때에도 지각은 깨어있는 또랑또랑한 상태를 마음의 미발로 해석한다. 그가 말하는 미발 시 함양이란 마음이 본래의 비고 밝아 통철한[虛明洞徹] 상태를 유지하여 본연지성과 점차로 합일되는 과정이다. 따라서 그가 "마음의 미발을 본성"이라 한 것 또한 마음의 기가 본연지성을 드러낼 수 있을 만한 본연한 기의 상태가 된다는 뜻이다. 즉, 미발 시 함양을 통해 기를 고르게 하는 과정을 거친다면, 일을 접해[已發] 이에 응할 때도 본연지성을 온전히 발현할 수 있다.

'성찰'은 이발 공부로서 이미 발한 정과 관련된다. 이는 인심 · 도심의 수양적 측면과 밀접한 연관이 있다. 그 시작은 선악이 발생하는 순간인 기미[幾]를 놓치지 않고 주의 깊게 살펴보는 일이다. 주지하듯, 인간은 정의 발현 순간을 제대로 통제할 수 없다. 물론 성인은 예외다. 성인은 저절로 발하는 정서도 모두 절도에

137 미발 함양의 거경 명상에 관한 보다 자세한 논의는, 김병환 · 이슬희, 『유가 명상의 이론과 교육방법』, 교육과학사, 2022, 92~117쪽 참고.

맞아 선하지 않은 바가 없으나, 보통 사람은 그렇지 않다.[138] 그런데 누구든 정이 발한 이후의 마음을 살펴[意], 천리인지 인욕인지 판단할 수 있는 성찰의 영역에서는 자신의 의지대로 행동할 수 있다. 그래서 율곡은 의를 마음의 본체에 있는 저울과 자[權度][139]로 표현했다.

또한, 성찰은 다른 사람은 모르고 나만이 아는 마음의 영역이다. 성찰이 올바로 행해지지 않으면 도심을 따르지 못해 인욕으로 흐르기도 하고, (속은 그렇지 않으면서) '구차하게 겉으로만 남을 위하는'[140] 위선을 저지르기도 한다. 참되고 참되지 않음은 나만 아는 바이다. 어떤 정념이 발출될 때, 그 기미를 살필 수 있는 사람은 자신 외에 없다.

1.2. 정성됨[誠]

誠 자는 '言' 자와 '成' 자로 구성되어 있다. 허신(許愼, 30~124)은 "誠 자는 믿음을 의미한다. 言 자는 뜻 부분[義符], 成 자는 소리 부분[聲符]을 구성한다"[141]고 하였다. 단옥재(段玉裁, 1735~1815)

---

138 『栗全』 卷14 「雜著」 聖人情無不中, 君子情或不中, 而意無不中, 常人或情中而意不中, 或情不中而意中.

139 『栗全』 卷21 「聖學輯要」 已發之處, 以心之本體權度, 審其心之所發. 恐有輕重長短之差耳.

140 『栗全』 卷21 「聖學輯要」 不可徒, 苟且以徇外而爲人也.

141 허신 저, 하영삼 역, 『하영삼 교수의 완역 설문해자1』 信也, 从言成聲, 2022,

또한 성을 신(信)이라 풀이한다.[142] 즉, 성신과 성은 상호 교환적으로 사용될 수 있다.[143] 문자학적으로 成 자는 무(戊) 자와 정(丁) 자의 결합으로, 말[言]이 이루어지고 성취되어 나아가는 과정을 의미한다.[144] '말한 바를 이룬다'는 허황되고 거짓된 언행을 삼간다는 뜻이다. 곧 사람의 표리가 일치함이다. 이는 거짓된 말[空言], 형식적 법문으로만 갖추어진 것[文具], 뜬 이름[浮名] 등에 대비되는 개념이다.[145] 이 성의 전체를 얻으면 성인이 되고, 부분을 얻으면 현자에 그친다.[146]

율곡 또한 주자의 말을 빌려 '자기를 속이지 않음[毋自欺]'이 '정성됨'임을 밝힌다.

> 스스로 속인다[自欺]는 것은 선을 행하고 악을 버려야 한다는 것을 알면서도 마음이 발할 때 참되지 못한 게 있는 것이다. … 스스로 수양하고자 하는 자가 선을 행해야 하고 악을 버려야 한다는 것을 안다면, 마땅히 그 힘을 다하여 스스로를 속이지 않아서 … 버릴 것은 모두 시원스레 버리도록 힘쓰고, 얻을 것은 반드시 얻어서 스스로 자기 마음에 흔쾌하고 만족스러워해야지 괜히 구차하게 겉으로만 남을 위하여서는 안 된다. 그러나 그 참되고 참되지 않은

658쪽.

142 段玉裁 注 誠字條. 『說文解字注』 臺灣:黎明, 1985, 93쪽; 김병환, 『김병환 교수의 동양윤리사상강의』, 새문사, 2017, 199쪽 재인용.

143 김병환(2017), 위의 책, 199쪽.

144 김병환(2017), 위의 책, 199쪽.

145 김병환(2024), 『한국윤리사상』, 275쪽.

146 김병환(2024), 위의 책, 276쪽.

것은 남이 알 수가 없는 바요, 나만이 홀로 아는 것이다.[147]

자기 마음에 자그마한 악의 찌꺼기라도 남아있다면,[148] 이는 스스로를 속이는 일이다. 악을 버리고 선을 택할 때 그 마음이 유쾌하고 만족스럽지 못하다면, 이 또한 자신을 속이는 일이다. 정성됨은 자신에게 정직함에서 시작된다. 그러나 이 정직함은 순간적인 성찰이나 반성이 아니다. 뜻을 돈독하게 하여 끝내 선을 행하도록 이끄는 지속적인 힘이다. 따라서 율곡은 "성실을 몸소 행함[躬行]의 근본"[149]이라 여겼다. 율곡이 관련하여 인용한 문구와 예시를 살펴보건대 '성 · 실'은 비양심, 위선, 이기심을 경계하는 마음이기도 하다. 비양심, 위선, 이기심은 남들이 모르는 내면의 일이다. 그럴듯하게 꾸밀 수는 있다. 그러나 이런 마음을 가지고는 어떤 일도 이룰 수 없다. "효도를 하되 정성됨이 없으면 효가 없고, 공경[弟]하되 정성됨이 없으면 공경이 없는 것"[150]이다. 율곡은 선조에게 올리는 글에서 사람들이 선을 알면서도 행하지 않는 원인이 정성스럽지 못한 마음에 있다고 진단한다. 참되지 못한 마음은 배움을 거짓

---

147 『栗全』 卷21 「聖學輯要」 自欺云者, 知爲善以去惡, 而心之所發有未實也. … 言欲自修者, 知爲善以去其惡, 則當實用其力而禁止其自欺, … 皆務決去, 而求必得之, 以自快足於己, 不可徒, 苟且以徇外而爲人也. 然其實與不實, 蓋有他人所不及知, 而己獨知之者.

148 『栗全』 卷21 「聖學輯要」 如有九分義理, 雜了一分私意, 便是自欺.

149 『栗全』 卷21 「聖學輯要」 [必有實心, 然後乃下實功,] 故誠實爲躬行之本.

150 『栗全』 卷21 「聖學輯要」 孝而不誠則無孝, 弟而不誠則無弟.

되게 만든다. 어쩌다 실천으로 옮겼다 하더라도 마음이 진실하지 않으면 그 행위 또한 거짓이다.

『중용』에서 성은 천지 만물의 존재 근거로서 사물의 처음과 끝,[151] 즉 천리로 정의된다. 정성되고자 하는 일[誠之]은 천리를 본받아 실천해야 하는 인간의 일이다. 이는 선함[善]을 가려내어 굳게 지키는 일[152]이다. 그러므로 『중용장구상설(中庸章句詳說)』에서 "마음의 정성됨을 근본으로 삼아 도를 행해야 한다"[153]고 했다. '마음의 근본으로 삼는다'는 것은 사람이 동일하게 물려받은 본성[性]의 회복, 즉 천리를 이루기 위해 힘쓰는 일이다. 율곡도 『중용』의 내용을 계승하여 성을 실리(實理)이자 마음의 본모습인 실심(實心)이라고 하였다.[154]

율곡은 특히 그의 인심도심론을 통해 뜻을 정성스럽게 하는 '성의'를 강조하였다. 기미를 포착하여 도심의 여부를 판단하는 과정은 자신만이 아는 일이므로 스스로를 속이지 않는 정직함이 필요하다. 또한, 그 기미를 정확히 판단해야 하므로 예리한 지각 능력이 함께 요구된다. 따라서 율곡은 '성의'에 대해 "격물치지하여 이

151 『中庸』 25章 誠者, 物之始終.

152 『中庸』 20章 誠之者, 擇善而固執之者也.; 『栗全』 卷21, 「聖學輯要 三」 未至於聖人, 必擇善而後能明是善, 必固執, 然後能實是善, 此人事當然, 卽人之道也.

153 『中庸章句詳說』 25章 以心之誠爲本, 而道之行爲用.

154 『栗全』 卷21 「聖學輯要」 臣按, 誠者, 天之實理, 心之本體.

치가 밝고 마음이 열려서 그 뜻을 정성되게 하는 것"[155]으로 "참으로 알지 못하면 참다운 성의에 이르기가 어려울 듯하다"[156]고 지적한다.

그렇다면 성을 확충하는 방법은 무엇인가? 그것은 '배움'과 '미루어 감'에 있다.

① 성(誠)으로 말미암아 밝아짐을 '성[性, 본성대로 함]'이라 이르고, 명(明)으로 말미암아 성해짐을 '교(敎)'라 이르니, 정성되면 밝아지고 밝아지면 정성될 수 있다.[157]

주자가 말하기를, "경서에 이르기를, '그 뜻을 정성되게 하고자 한다면, 먼저 그 지식을 투철히 해야 한다.' 하였고, 또 '지식이 투철해진 뒤에 뜻이 정성된다.' 하였다. 대개 마음의 본체에 대해 조금이라도 밝지 않은 바가 있으면 마음이 발할 적에 반드시 그 힘을 실제로 사용할 수 없어서 구차하게 스스로 속이는 일이 있게 된다. … 그 순서를 어길 수 없고, 노력을 쉴 수 없음이 이와 같다."라고 하였다.[158]

② 그다음은 한쪽을 지극히 함이니, 한쪽을 지극히 하면 능히 정성될 수 있다.[159]

오직 성인만이 그 성의 전체를 들어 다하는 것이요, 그다음은 반드시 선한 단서가 발현되는 한쪽으로부터 모두 미루어 지극히 하여 각각 그 지극함에 나

155 『栗全』 卷32 「語錄」 所謂眞誠意者, 格物致知, 理明心開, 而誠其意之謂.

156 『栗全』 卷32 「語錄」 未能眞知, 則恐難得到眞誠意也.

157 『中庸』 21章 自誠明, 謂之性, 自明誠, 爲之教, 誠則明矣, 明則誠矣.

158 『栗全』 卷21 「聖學輯要」 朱子曰, 經曰欲誠其意, 先致其知. 又曰, 知至而后, 意誠. 蓋心體之明, 有所未盡, 則其所發, 必有不能實用其力, 而苟焉以自欺者. … 其序不可亂, 而功不可闕如此.

159 『中庸』 23章 其次, 致曲, 曲能有誠.

아가는 것이다.[160]

①은 정성됨에 이르는 일을 설명한다. 정성됨으로 인해 본성을 다함[性]은 성인만이 가능한 일이다. '교'란 '배워서 알게 됨[學知]'[161]이란 뜻으로 보통 사람이 성하기 위한 방법이다. 정성되기 위해 애쓰는 자들은 본성을 밝히기 위해 가르침의 길에 들어가야 한다. 이는 배워서 알고 이롭게 여겨 행하는 '학지이행(學知利行)'[162]이다. 율곡이 인용한 주자의 말 또한 뜻을 정성되게 하기 위해 지식에 투철할 것을 강조한다. 배움에 조금이라도 미진한 부분이 있다면 그 힘을 실제로 사용할 수 없기 때문이다.

② 또한 일반인이 정성됨에 이르는 길을 설명하고 있다. 성인은 자신의 본성 전체를 다 들어 사용할 수 있지만 보통 사람들은 그렇지 못하다. 이들은 마음의 사단 중 하나가 드러나는 때를 잘 포착하여야 한다. 그 후 그 선한 단서를 통해 하나씩 미루어 밝음을 확충해 나가야 한다. 주자는 이와 같은 예로 증자(曾子)의 경우를 드는데, 하나를 지극히 하여 일관(一貫)한 증자는 효를 미루어 나가 온전한 성됨에 이르렀다.[163]

---

160 『中庸章句』 23章 惟聖人, 能擧其性之全體而盡之, 其次則必自其善端發見之偏, 而悉推致之.

161 『中庸章句詳說』 21章 朱子曰, [性, 是性之也], 教, 是學知也.

162 『中庸章句詳說』 21章 勿軒熊氏曰, … 明誠, 學知利行之事.

163 『中庸章句』 23章 朱子曰, 曾子却是致曲, 至一貫時, 則渾全矣. 按曾子, 以孝

2. 지식의 습득: 궁리(窮理)

수렴한 뒤에는 이치를 궁구하여 앎을 지극히 해야 한다. '궁리'란 곧 격물치지[164]이므로 일상에서 접하는 사물의 이치를 따지고 확인하는 일이다.

> 주자가 말하기를, "천도가 유행하자 [만물이] 탄생하고 발육되니, 소리와 형상을 가지고 천지간에 가득 차 있는 것이 다 사물이다. 이 사물이 있으면 이 사물이 있는 까닭이 있는 것이니, 모두가 각각 당연한 법칙을 가지고서 스스로 그만둘 수 없는 것이다."[165]

율곡은 주자의 말을 인용하여 풀 한 포기에도 이치가 갖추어져 있다고 생각했고, 이 이치는 모두 한 근원에서 나온 것이라 보았다. 따라서 우리는 천지의 이치를 탐구해야 하는데 그 시작은 '지극히 절실하고 가까운' 마음에서부터이다.

> 마음이란 것은 실로 사물을 주재하고 있는데 … 몸에 갖춘 바를 두고 말하자면 입 · 코 · 귀 · 눈 · 사지 등의 작용이 있다. 몸으로 접하는 바를 두고 말하자면 군신(君臣) · 부자(父子) · 장유(長幼) · 붕우(朋友) 등의 일반적인 관계가 있다. 이 모두에 반드시 당연한 법칙이 있어 스스로 그만둘 수 없는 것이 있으

推致.

164 『栗全』 卷5 「萬言封事」 窮理乃格物致知也.

165 『栗全』 卷20 「聖學輯要」 朱子曰, 天道流行, 造化發育, 凡有聲色貌象, 而盈於天地之間者, 皆物也. 旣有是物, 則其所以爲是物者, 莫不各有當然之則, 而自不容已.

니, 이른바 이치이다.[166]

율곡은 '만물'의 이치를 탐구하는 궁리 또한 필요하다고 여겼지만 막연히 거기에만 매몰되면, 그러한 궁리는 '대군의 기병이 너무 멀리 나아가서 돌아올 줄 알지 못하는 것처럼'[167] 될 위험이 있다고 보았다. '만물'의 이치도 중요하지만 궁리는 나의 마음과 주변 사람들과의 관계에 담긴 이치를 찾는 일부터 시작해야 하는 것이다.

즉, 궁리를 통한 치지(致知)의 궁극적인 목적은 지극한 선[至善]이 어디에 있는지 아는 데에[168] 있다. 이는 '아비된 자는 [자녀] 사랑에 머물고, 자식된 자는 [부모에게] 효도하는 것에 머무는 일과 같은 것'[169]으로 관계 속에서 자신의 합당한 역할을 다하는 일로부터 발전해 간다.

율곡은 '수렴'을 『소학』의 과정에 배속한 뒤 다음 단계에 바로 궁리를 논한다. 이처럼 그는 본격적인 학문의 시작으로 '앎'의 과정을 중요하게 여겼다.

---

166 『栗全』 卷20 「聖學輯要」 心之爲物, 實主於身, … 次而及於身之所具, 則有口鼻耳目四肢之用. 又次而及於身之所接, 則有君臣父子夫婦長幼朋友之常. 是皆必有當然之則, 而自不容已, 所謂理也.

167 『栗全』 卷20 「聖學輯要」 若不務此, 而徒欲汎然以觀萬物之理, (則吾恐)如大軍之遊騎出太遠而無所歸也.

168 『栗全』 卷20 「聖學輯要」 致知之要, 當知至善之所在.

169 『栗全』 卷20 「聖學輯要」 如父止於慈, 子止於孝之類.

반드시 이치를 궁구하여 선한 길을 밝히고 나서야 가야 할 길이 뚜렷이 나타나 나아갈 수 있게 된다. 그러므로 도에 들어가기 위해서는 먼저 이치를 추구하지 않으면 안 된다.[170]

『격몽요결』에서도 지신을 통해 마음을 안으로 수렴시킨 연후에 바로 독서 장을 배치하여 책을 읽는 방법과 태도를 제시한다. 『성학집요』 또한 "수렴 후에 이치를 궁구하여 앎을 지극히 해야 하기 때문에 궁리를 그다음에 두었다."라고 말한다.[171]

율곡은 심지어 '배움에 뜻을 둔 자'의 역량이 부족한 문제에 관한 질문에도 정자의 말을 인용하여 다음과 같이 답한다. "다만 앎을 지극히 해야 할 것이니 만약 지식이 밝아지면 역량(力量)이 저절로 진보한다."[172] 타고난 능력의 차이도 궁리를 통한 개인의 노력으로 극복할 수 있다고 보는 견해는, 율곡이 일관되게 주장하는 인간의 변화 가능성, 주체적 실천 의지에 대한 그의 믿음을 보여준다.

궁리에는 책을 읽어 의리를 해명하는 일, 고금의 인물을 논하여 시비를 분별하는 일, 사물에 응접하여 이치에 따라 처리하는 일이 있다.[173]

---

170 『栗全』 卷27 「擊蒙要訣」 必須窮理明善, 然後當行之道, 曉然在前, 可以進步. 故入道莫先於窮理.

171 『栗全』 卷20 「聖學輯要」 收斂之後, 須窮理以致知, 故窮理次之.

172 『栗全』 卷20 「聖學輯要」 只是致知, 若智識明, 則力量自進.

173 『栗全』 卷20 「聖學輯要」 窮理亦多端, 或讀書, 講明義理, 或論古今人物, 而別其是非, 或應接事物, 而處其當否, 皆窮理也.

「만언봉사(萬言封事)」에서는 궁리의 방향을 다음과 같이 안과 밖으로 나누어 제시한다.

> 궁리 또한 한 가지 방향만 있는 것이 아니다. 안으로는 내 몸속의 이치를 궁구하는 것으로서 보고 듣고 말하고 행동하는 데에 각기 그 법칙이 있고, 밖으로는 만물에 있는 이치를 궁구하는 것인데 초목과 금수에도 각기 합당한 법칙이 있다. 가정에 있어서는 부모에게 효도를 다하고 아내에게 모범이 되고 은혜를 두터이 하고 인륜을 올바르게 하는 이치를 잘 살펴야 하며, … 이는 반드시 책을 읽어서 밝히고[明] 옛일을 상고하여 증명하여야 하는데, 이것이 궁리의 요체이다.[174]

안으로는 내 몸속의 이치를 살피고 밖으로는 초목과 금수의 이치와 일상에서의 합당한 법칙을 살핀다. 이를 통해 사물을 분별하고 (감정이나 사려[情]가 일어나는) 기미를 예민하게 포착한다. 율곡은 여기에 책을 읽어 증명하는 단계를 덧붙여 자신이 밝힌 이치가 기준에 합당한지 확인하는 작업이 반드시 필요하다고 생각했다.

율곡은 왜 책을 통해 증명하고[驗] 밝히는[明] 과정이 필요하다고 보았는가? 그것은 도덕성에 대한 객관성 확보 때문이었다. 사람의 본성에 자리한 순선한 이치는 은미하여 기질의 치우치거나 막힘에 쉽게 영향을 받는다. 따라서 개인이 깨달은 이치의 판별은 이미 검증되어 권위를 지닌 성현들의 책에 의존해야 한다.

---

174 『栗全』卷5「萬言封事」窮理亦非一端. 內而窮在身之理, 視聽言動, 各有其則, 外而窮在物之理, 草木鳥獸, 各有攸宜. 居家則孝親刑妻, 篤恩正倫之理, … 必讀書以明之, 稽古以驗之, 此是窮理之要也.

그러므로 천지는 성인의 준칙이고, 성인은 보통 사람의 준칙이다. 이른바 수양하는 방법이란 성인이 이미 이루어 놓은 모범을 살펴보는 것일 뿐이다.[175]

성인이 이미 이루어 놓은 모범이란 그들이 저술한 책 속에 담겨 있다. 수양을 도모하는 사람은 그들의 저서를 통해 본받을 만한 것들을 배울 수 있고 성현이 마음을 쓴 자취를 따라갈 수 있다. 이러한 과정에서 개인은 자신이 밝힌 이치가 객관성을 지니는지 판별 · 교정하는 기회를 가진다.

즉, 율곡은 개인의 주관적인 판단하에 이치에 맞지 않는 행위를 진리로 오해하여 아무런 검증 없이 실천으로 옮기는 일을 경계한다.

효도를 하려면 마땅히 효도하는 방법을 알아야 할 것이다. 어떻게 해야 봉양을 잘하는 것이며, 어떻게 해야 추울 때는 따뜻하게 하고 더울 때는 시원하게 하는 절도에 맞는지를 모두 궁구한 뒤에야 잘할 수 있는 것이니, 孝 한 자만을 지킨다고 해서 되는 것은 아니다.[176]

'효' 한 자만을 지킨다고 해서 되는 일이 아니라는 점은 효도하겠다는 마음만 가지고는 이치에 합당한 일을 행할 수 없다는 뜻이다. 율곡은 주희나 퇴계보다 상대적으로 행위의 결과를 강조하여

---

175 『栗全』 卷10 「答成浩原」 然則天地, 聖人之準則, 而聖人, 衆人之準則也. 其所謂修爲之術, 不過按聖人已成之規矩而已.

176 『栗全』 卷20 「聖學輯要」 如欲爲孝, 則當知所以爲孝之道. 如何而爲奉養之宜, 如何而爲溫凊之節, 莫不窮究, 然後能之, 非獨守夫孝之一字而可得也.

객관적인 '기준'을 중시하였다. 또한 이 '기준'은 책을 통해 밝히고 확인해야 한다. 이는 '어떤 것이 자기를 위한 것이고 어떤 것이 예를 위한 것인지를 알지 못하고 혹은 도리어 자신의 사사로운 욕심을 오히려 천리라고 하는 경우'[177]를 사전에 방지하는 일이다.

율곡이 강조하는 성현의 저서에 담긴 '객관적 기준'이란 구체적으로 무엇을 가리키는가? 율곡은 그의 저서를 통해 여러 번 '천리가 곧 예'임을 역설한다.

> 조금이라도 천리에 어긋나면 곧 예가 아니다.[178]
>
> 예는 절문(節文)의 이치이다.[179]
>
> 예란 천리의 절문이다.[180]

예란 곧 천리이다. 절문이란 (일을) 경우에 알맞게 끊고 고르는 바를 의미한다. 다시 말해, '경우에 알맞은' 이치[理]는 예를 통해 행할 수 있다. 율곡은 『효경(孝經)』의 「경대부(卿大夫)」를 인용하여 예를 따르는 일의 중요성을 강조한다.

---

177 『栗全』 卷29 「經筵日記」 則不知何者爲己, 何者爲禮, 或有反以己, 私爲天理者矣.

178 『栗全』 卷15 「雜著」 稍違天理, 則便是非禮.

179 『栗全』 卷20 「聖學輯要」 禮是節文之理.

180 『栗全』 卷14 「克己復禮」 禮者, 天理之節文.

선왕의 법복(法服)이 아니면 감히 따르지 말고, 선왕의 법언(法言)이 아니면 말하지 말며, 선왕의 덕행이 아니면 감히 행하지 말아야 한다.[181]

율곡이 보기에 '예'는 오랜 세월에 걸쳐 형성되어 그 권위를 인증 받은 성현의 법도가 담겨 있는 것이었다. 동일한 문구가 초학자를 위한 학습서인 『격몽요결』에도 등장하는 것으로 보아 율곡이 학문을 통해 선대의 예를 따르는 일을 얼마나 중요하게 여겼는지 알 수 있다. 그러므로 율곡은 『격몽요결』을 통해 이 '예'가 무엇인지 "처음부터 뚜렷하게 구분되지 않으므로 반드시 이치를 추구해서 그 문제를 밝히도록 해야 한다."[182]고 당부했다. 초학자들에게는 '예'를 아는 공부가 선행되어야, 올바른 실천의 공효가 나타나기 때문이다. 여기서 '이치를 추구'하여 '밝히는' 일이란 '궁리'를 가리킨다.

율곡은 자하(子夏)의 말을 인용하여 널리 배우고, 뜻을 돈독하게 하며, 절실히 묻고, 가까이서부터 생각[183]하는 궁리의 네 가지 방법에 대해 설명한다. 가깝게 생각한다는 것[近思]은 일상의 일을 통해 이치를 유추해 나가는 일이다. 절실히 묻는다는 것[切問]은 "실

---

181 『栗全』 卷23 「聖學輯要」 非先王之法服, 不敢服, 非先王之法言, 不敢道, 非先王之德行, 不敢行.; 卷27 「擊蒙要訣」 上同.

182 『栗全』 卷27 「擊蒙要訣」 禮與非禮, 初學難辨, 必須窮理而明之.

183 『論語』 「子張」 19-6 博學而篤志, 切問而近思, 仁在其中矣.

제로 공부하면 반드시 의문이 생겨날 것"[184]이므로 의리를 깊이 사색함을 뜻한다.

유의해 보아야 할 것은 율곡이 '널리 배우고 뜻을 돈독하게 하는' 궁리의 일을 '실천'과 밀접하게 연관지어 해석했다는 점이다. 율곡은 공자와 주자의 말을 빌려 널리 배우고 뜻을 돈독히 하는 일이 학문의 공효를 이루는 일이라고 설명한다. 뜻을 돈독하게 한다는 말은 어려움이 있더라도 학문을 중단함 없이 포기하지 않는다는 말이다.[185] 중단함이 없다는 것은 배움을 실천하는 일을 포기하지 않는다는 의미이기도 하다. 그러므로 학문의 공효란 앎이 체화되어 자신의 삶으로 드러나는 성과이다.

공자가 말하기를, "배우되 생각하지 아니하면 아는 것이 없고, 생각하되 배우지 아니하면 위태할 것이다."라고 하였다.[186]

"마음에서 구하지 아니하기 때문에 어두워서 얻는 것이 없고, 그 일을 익히지 아니하기 때문에 위태로워서 편안하지 못하다. 대개 학(學) 자는 행(行) 자의 뜻을 겸하였으니, 의리를 밝히는 것은 배움이고, 즉시 그 행위를 본받아 행하는 데 뜻이 있다."하였다.[187]

---

184 『栗全』 卷20 「聖學輯要」 … 旣實作, 則須有疑.

185 『栗全』 卷22 「聖學輯要」 猶慮其中道而廢, 故次之以敦篤.

186 『論語』「爲政」 2-15 子曰, 學而不思則罔, 思而不學則殆.

187 『栗全』 卷20 「聖學輯要」 不求諸心, 故昏而無得, 不習其事, 故危而不安. 凡學字便兼行字意思, 如講明義理, 學也, 纔效其所爲, 便有行意.

두 번째 인용문은 주자가 공자의 말을 배움과 실천의 관점으로 해석한 것이다. 율곡은 이를 인용하여 궁리를 통해 앎을 지극히 하고자 한다면 '실천을 통해 (배움이) 돌아가 머물 곳'[188]을 만들어야 한다고 말하고 있다. '앎을 지극히 하는' 성취는 실천을 통해 완성된다는 의미이다. 나아가 그는 '알고도 불선을 행하는 일'에 대해 다음과 같이 설명한다.

> 또 말하기를 "지금 사람들은 불선을 해서는 안 된다는 것을 알면서도 일을 당하면 또 하니, 이는 다만 앎이 지극하지 못하기 때문이다. 오훼(烏喙)[189]를 먹으면 사람이 죽는다는 것을 알고 끝내 절대로 먹지 않는 것, 이것이 참으로 아는 것이다. 불선을 알면 해서는 안 되는데, 그런데도 한다면 이것은 진실로 안다고 할 수 없다."라고 하였다.[190]

율곡은 생명을 보전하기 위해 독초를 먹지 않는 예를 통해 진정한 앎이란 실천이 뒷받침되어야 한다는 사실을 역설한다. 이러한 관점에서 보자면 궁리란 '올바른 역행'을 위한 사전 작업이라고 할 수 있다. 전술한 바 있듯 역행은 율곡의 수양 체계에 큰 비중을 차지하는 요소로 궁리와 불가분의 관계에 놓여있다.

---

188 『栗全』 卷20 「聖學輯要」 講了便將來踐履, 卽有歸宿.

189 바꽃의 덩이뿌리로서 독성이 강한 한약재이다.

190 『栗全』 卷20 「聖學輯要」 又曰, 今人有知不善之不當爲, 及臨事, 又爲之, 只是知之未至. 人知烏喙之殺人不可食, 斷然終於不食, 是眞知之也. 知不善不可爲, 而猶或爲之, 是特未能眞知也.

3. 앎의 실천: 역행(力行)

역행은 문자 그대로 (배움을) 실천하는 데 힘쓰는 일이다. 율곡은 당시의 선비들이 부박한 공명만 숭상하고 실행에 힘쓰지 않는 현실을 개탄하였다. 궁리와 역행의 순서는 정해져 있지 않다. 힘써 실천하는[力行] 가운데 이치를 궁구하는[窮理] 앎에 이르기도 하고, 이치를 궁구하는 앎으로 말미암아 힘써 실천함으로 향하기도 한다. 이렇게 앎과 행동이 역동적으로 상호작용하는 가운데, 아는 것을 실천할 수 있으면 비로소 참된 앎[眞知]을 얻는다.[191]

3.1. 교기질(矯氣質)

율곡은 기질 변화를 수양론의 핵심으로 삼았다. 리기지묘의 관점에서 본연한 리[本然之理]는 반드시 본연한 기[本然之氣]와 함께 존재하게 되는데, 기 자체의 현상성과 유위성은 기 본래의 '맑고 깊으며 비어있는[湛一淸虛]' 본연성을 잃게 만든다.[192] 이 변질된 기[所變之氣]는 본연의 리가 온전히 발현될 수 없게 한다. 따라서 율곡은 변질된 기를 고쳐 본래의 기로 회복시킬 것을 주장했다.

---

191 『栗全』 卷5 「答成胡源」 又能眞踐力行實其所知, 及其至也, 則親履其境. 身親其事, 不徒目見而已也, 如此然後方可謂之眞知也. 김병환, 『한국사상윤리』, 283쪽 참고.

192 『栗全』 卷21 「聖學輯要」 矯治固當克盡, 而保養不可不密, 蓋保養正氣, 乃所以矯治客氣也, 實非二事, 而言各有主, 故分爲二章, 一氣之源, 湛然淸虛, 惟其陽動陰靜, 或升或降, 飛揚紛擾, 合而爲質, 遂成不齊.

본래 사용되던 '기질을 바로 잡음[矯氣質]'이란 말에 더하여 '기를 단속하여 기의 본연을 회복[復其氣]'한다는 것은 율곡에게서 볼 수 있는 독특한 표현이다. 『맹자』에 "그 본심을 잃는다[失其本心]"라고 기록되어 있듯 본연지기를 잃은 기[所變之氣] 또한 그 본래의 모습을 회복해야 한다.[193]

> 기는 본래 선하니[194] 무슨 수양이 필요하겠는가? … 다만 사람들로 하여금 기를 단속하여 기의 본연을 회복하게 할 뿐이니, 기의 본연이란 호연지기(浩然之氣)이다. 호연지기가 천지에 가득 차면 본래 선한 리가 조금도 가리어짐이 없다.[195]

기의 본연[本然之氣]을 다른 말로 '호연지기'[196]라 부른다. 이 '호

---

193 『栗全』 卷9 「答成浩原」 以偏塞爲失其本然之氣者, 雖似不當, 但以孟子失其本心之語求之, 則恐不悖理. 本心不可失, 而猶謂之失, 則況湛一之變爲汚穢者, 不可謂之失乎.

194 본래 선한 기[本然之氣]란 '리기지묘'의 관점에서 양자의 '상자상수(相資相須)' 관계를 전제해야 가능하다. 리기가 묘합되어 있기에 본래 선한 리[本然之理]가 존재할 수 있으려면 본래 선한 기[本然之氣]의 존재가 필요하다.

195 『栗全』 卷10 「答成浩原」 理本善也 何可修爲乎? … 只使人檢束其氣, 使復其氣之本然而已氣之本然者, 浩然之氣也. 浩然之氣充塞天地, 則本善之理無少掩蔽.

196 '호연지기'에 대한 해석은 성리학자마다 조금씩 다르다. 주자는 호연지기를 일종의 '리화된 기'로 보는 입장이다. 도의에 마땅한 일을 행하려면 그에 합당한 호연지기가 필요하기 때문이다. 기는 본래 기이고 도의는 본래 도의이지만 둘을 연결하는 매개체가 있어야 그 도의도 드러날 수 있다. 주자는 이 매개체를 호연지기로 보았다. 주자에게 호연지기는 본래 기이지만 리를 기준으로 발동하여 리를 도울 수 있는 것이다. 「율곡 공부론 이해의 단초로서 호연지기」 『율곡학연구』 제32호, 2016, 38쪽 참고.

연지기'는 유형 · 유위한 기로 인해 발생하는 탁함이나 더러움 등이 제거된 상태이다. '호연지기'는 기이지만, 이 기는 본연한 리, 즉, 도의(道意)와의 관계 속에 존재한다. 호연지기는 기의 유형한 국한성에도 불구하고, 리와도 교통할 수 있는 능동성 내지 가변성을 지닌다.

기질 변화는 이렇게 본연을 잃은 기를 교정하여 본래의 담일청허한 기로 회복시키는 일을 뜻한다. 기가 본래의 담일청허함을 회복하면 기에 담긴 리[氣中之理]의 순선함을 막는 장애물이 사라지게 된다. 사람의 도심 · 본연지성 · 사단이 발휘되지 못하는 원인은 기질의 탁박함에 있기 때문이다. 실제로 율곡은 마음의 움직임이 겪는 장애로 '앎이 어두움[智昏]', '기가 어두움[氣昏]', '악한 생각[惡念]', '떠다니는 생각[浮念]' 네 가지를 꼽았다. 이 네 가지는 모두 본연을 잃은 기에 의해 생겨난 것으로, 기질을 닦아나감으로써[矯氣質] 극복될 수 있다.

교기질은 크게 두 단계로 나누어 설명할 수 있다. 하나는 기질을 바로잡아 자신을 다스리는 일이고, 다음 단계는 바르게 된 기운을 치밀하게 보존하고 기르는 일[養氣]이다.[197]

기질을 바로잡아 교정하는 데는 각 개인에 알맞은 접근이 필요하다. 사람마다 타고난 기질의 치우침[偏僻]이 다르기 때문이다.

---

197 『栗全』 卷21 「聖學輯要」 矯治固當克盡, 而保養不可不密. [… 實非二事, 而言各有主.]

율곡은 이를 『주서(周書)』 「홍범(洪範)」을 인용하여 세 가지 덕으로 설명한다.

> 세 가지 덕이란 첫째는 정직(正直)한 것이요, 둘째는 강경한 수단으로써 극복[剛克]하는 것이며, 셋째는 부드러운 수단으로써 극복[柔克]하는 것이다. 안정되고 건전한 자는 정직한 것으로 다스리고, 가라앉아 있고 숨어드는 자는 강경한 수단으로써 다스리며, 고명한 자는 부드러운 수단으로써 다스린다.[198]

이처럼 타고난 기질에 맞는 교정 수단이 필요하다. "학문을 하는 데는 그 기질에 따라 편벽된 것과 미진한 것을 살피되, 가장 절실한 것을 택하여 자기의 힘을 기울여야"[199] 한다. 이는 오늘날의 교육에서 개인의 타고난 특성을 관찰하고 이에 맞는 교구를 활용하는 일이나, 교수자가 학생의 기질에 맞게 가르침을 주는 일과 유사하다.

기질을 바로잡음이란 곧 극기(克己)이다. 율곡은 '극기'를 자기 한 몸의 사사로운 욕심을 극복하는 일로 해석한다. '사욕'은 무엇을 가리키는가? 그는 주자의 말을 빌려 극복해야 할 사욕의 대표적인 세 가지를 제시한다.

---

198 『栗全』 卷21 「聖學輯要」 三德, 一日正直, 二日剛克, 三日柔克. 平康, 正直, 沈潛, 剛克, 高明, 柔克.

199 『栗全』 卷21 「聖學輯要」 爲學, 須隨其氣質, 察其所偏與其所未至, 擇其最切者而用吾力焉.

주자가 말하기를 나의 사사로운 것이 세 가지가 있는데, 그 첫째는 본성의 기질이 편벽된 것이요, 둘째는 귀 · 눈 · 코 · 입의 욕망이요, 셋째는 남과 나 사이에 시기하거나 이기려 하는 사욕이다.[200]

본성의 기질이 편벽됨이란 자신의 기질 중 유난히 지나치거나 모자란 것들을 가리킨다. 색욕(色欲)이 지나치거나, 이욕(利欲)이 지나친 것[201]들이 그 예이다. 특히 분노[忿]는 기질을 바로잡는 일을 통해 반드시 버려야 할 정으로 다음과 같이 언급된다.

정자가 말하기를, 몸을 수양하는 도리에서 마땅히 버려야 할 것이 분노이다. … 또 말하기를 사람의 감정 중에 발하기는 쉬워도 제어하기가 어려운 것으로는 노여움이 가장 그러하다.[202]

기질의 치우치거나 막힘, 무언가를 보고 싶거나 듣고 싶은 욕구[耳目之欲], 남을 시기하는 마음, 노여움은 대표적인 사욕으로 극기를 통해 제거해야 한다.

그렇다면 교기질을 통해 보존해야 하는 기는 무엇을 말하는가? 율곡은 지기(志氣)와 혈기(血氣)를 각각 보존하여 길러내야 한다고

200 『栗全』 卷21 「聖學輯要」 朱子曰, 己之私有三, 性質之偏, 一也, 耳目鼻口之欲, 二也, 人我忌克之私, 三也.

201 『栗全』 卷21 「聖學輯要」 人色欲重, 則先節其色, 利欲重則先絕其利之類, 此是勇猛克己之要法.

202 『栗全』 卷21 「聖學輯要」 程子曰, 修己之道, 所當損者, 惟忿與慾. … 又曰, 人之情, 易發而難制者, 惟怒爲甚.

말한다. 지기란 호연지기로서 본래의 담일청허한 상태를 뜻한다. 호연지기란 도의에 배합하여 (옳은) 행동을 함에 주저하거나 꺼리는 바가 없도록 해준다.[203] 호연지기를 품은 마음의 상태는 '양심(良心)'이다.

> 주자가 말하기를, "양심이란 인간 본래의 착한 마음이니, 곧 인의의 마음이다. 이른 새벽의 기란 외물과 접촉하기 전의 청명한 기이다. … 사람이 비록 양심을 잃었다고 해도 밤낮으로 반드시 자라나는 것이 있다. 그러므로 날 샐 즈음 외물과 접촉하기 이전 기가 청명할 때에는 그래도 양심을 찾아볼 수 있다."[204]

모든 사람은 하늘이 명한 본연의 본성을 지니고 있기에 이와 분리될 수 없는 본연의 기 또한 밤낮으로 자라난다. 밤낮으로 자라난다는 말은 인간의 마음에 본연한 리가 '항상 존재[常存]'한다는 의미이다. 그것은 기의 치우치고 막힘으로 가리어질지언정 없앨 수 없는 천명이다. 따라서 사람은 기를 고르게 하여 마음의 본연한 리를 그대로 드러낼 수 있어야 한다.

호연지기를 기르기 위해서는 '과욕(寡欲)', 즉 욕심을 적게 해야

---

203 『栗全』 卷21 「聖學輯要」 言人能養成此氣, 則其氣合乎道義而爲之助, 使其行之勇決, 無所疑憚.

204 『栗全』 卷21 「聖學輯要」 朱子曰, 良心者, 本然之善心, 卽所謂仁義之心也. 平旦之氣, 謂未與物接之時淸明之氣也. … 雖已放失, 然其日夜之閒. 猶必有所生長. 故平旦未與物接, 其氣淸明之際, 良心猶必有發見者.

한다. '과욕'의 '욕(欲)'은 "이목구비나 사지의 욕구"[205]와 같이 "마음이 욕심내는 바를 통틀어 말하는 것"[206]으로 육체적 · 정신적 욕구이다. 이러한 욕구는 사람에게 필수적이지만 주의가 필요하다. "절제하지 않으면 본래의 마음을 잃을 수 있으므로"[207] 주의해야 한다.

혈기(血氣)를 기르는 일은 두 가지이다. 하나는 몸에서의 기인 진원지기(眞元之氣)[208]를 기른다는 의미이다. 이 진원지기는 사람이 형체를 이루는 초기의 순간, 어머니의 태중에 응집되는 기이다.[209] 진원의 기는 사람마다 똑같이 가지고 있으나 혈기에는 허(虛)와 실(實)이 있다.[210] 혈기란, "형체가 생존을 위해 의지하는 것"[211]으로 쉽게 말해, 육체의 생명을 유지해 주는 기운 혹은 작용이라 할 수 있다. 그런데 이 혈기에는 허와 실이 존재한다. 허한 혈기는 진원지기의 미진한 작용을 가린다. 진원지기의 작용이 원활하지 않으면 그 기운이 일찍 시들어 단명하거나 병이 들며, 천명대로 바로 서서 세상에 오래 살아갈 수 없게 된다. 율곡은 진원지기를 기른다면 혈기의 허(虛)를 실(實)로 바꿀 수 있어 하늘이(육체에) 명한 것을

205 『栗全』 卷21 「聖學輯要」 朱子曰, 如口鼻耳目四肢之欲.

206 『栗全』 卷21 「聖學輯要」 寡欲之欲, 泛指心所欲而言.

207 『栗全』 卷21 「聖學輯要」 然多而不節, 未有不失其本心者.

208 『栗全』 卷31 「語錄上」 [浩然之氣, 心上氣也.] 眞元之氣, 身上氣也.

209 『愚得錄』 「困齋先生愚得錄卷之一」 當其成形之初 … 蓋胎中所凝者, 眞元之氣.

210 『栗全』 卷21 「聖學輯要」 眞元之氣, 人所同有, 而血氣有虛實.

211 『栗全』 卷21 「聖學輯要」 血氣, 形之所待以生者.

온전하게 보존할 수 있다[212]고 말한다. 다른 하나는 혈기에 의해 움직이는 바가 되지 않는 것[213]이다. 곧 욕심을 절제하지 않아 사욕에 이끌리는 일에 대한 경계이다.

율곡은 이를 위해 "언어를 조심하고 음식을 절제하라"[214]는 『주역』의 문구를 인용한다. 언어를 조심하는 일은 덕을 기르기 위함이다. 그런데 왜 육체와 관련된 '혈기'를 논하면서도, 내면의 덕을 기르는 일이 함께 요구되는 것일까? 그것은 전술한 바 있듯 몸과 마음의 밀접한 상호작용 때문이다. 율곡에게 "양심을 해치는 것은 귀 · 눈 · 입 · 코와 사지의 욕망이고, 진기를 해치는 것도 이 욕망으로 인한 것"[215]이었다.

> 진원[지기]과 호연[지기]은 본래 두 기가 아니다. 도의로써 이를 기르면 호연지기가 되고 단지 혈기를 보양하면 진원지기가 된다.[216]

진원지기는 호연지기와 대응한다. 마음의 이치를 가리지 않는 호연지기를 통해 인간의 본성을 실현할 수 있듯, 진원지기를 통해

---

212 『栗全』 卷21 「聖學輯要」 善養眞元之氣, 則虛可實而保其命矣.

213 『栗全』 卷21 「聖學輯要」 范氏曰, 君子養其志氣, 故不爲血氣所動.

214 『周易』「頤卦 象辭」 愼言語, 節飮食.

215 『栗全』 卷21 「聖學輯要」 害良心者, 耳目口鼻四肢之欲, 而害眞氣者, 亦不出是欲焉.

216 『栗全』 卷31 「語錄」 眞元浩然, 本非二氣. 而以道義養之則爲浩然之氣, 只保養血氣則爲眞元之氣也.

하늘이 부여한 명을 보존할 수 있다. 즉, 하늘과 인간이 덕을 합하는 경지는 단순히 정신의 고양으로만 이를 수 없다. 탁월한 덕을 발현할 수 있는 그릇으로서의 육체가 필요하다. 곧 리기지묘의 원리이다. 율곡은 형서(邢恕, ?~?)의 말을 인용하여 "우리는 항상 정력(精力)을 애호하고 함양하지만, 정력이 조금만 부족해도 권태로워져서, 일에 힘을 쓰기는 하나 정성스러운 뜻이 없다."[217] 고 말한다.

> 진원의 기는 바깥의 기와 서로 섞이는 것이 아니요, 다만 바깥의 기로써 함양할 따름이다. … 사람이 천지의 기 가운데 있는 것이 물고기가 (물에서) 살 수 있는 것과 다를 것이 없으니, 음식으로 보양하는 것도 모두 이 바깥의 기로 함양하는 방법이다. 또, 움직이고 쉬는 것 계절에 따라 몸을 조심하는 것을 통해 생명을 기르고[養生] … [218]

진원의 기는 바깥의 기로서 함양해야 한다. 여기서 바깥의 기는 음식과 의복 같은 인간의 육체를 보존하고 기르는 수단이다. 이는 마치 물고기가 생명을 잇기 위해 물을 필요로 하듯, 혈기를 가진 인간이 형체를 보존하기 위해 필요한 것들이다.

율곡의 수양론은 유학의 전통적 수양법이 그러하듯, 선의 실천

217 『栗全』 卷21 「聖學輯要」 邢恕曰, 吾曹常須愛養精力, 精力稍不足則倦, 所臨事, 皆勉强而無誠意.

218 『栗全』 卷21 「聖學輯要」 眞元之氣, 不與外氣相雜, 但以外氣涵養而已. … 人居天地氣中, 與魚在水無異, 至於飮食之養, 皆是外氣涵養之道. 又曰, 動息節宣, 以養生也, …

가능성을 지닌 인간을 전제한다. 그는 이 가능성을 '기를 교정함'을 통해 실현하고자 하는 것이다. '기를 교정함'이란 다시 인간의 의지 작용과 연관된다.

> 인을 행하는 것은 자기로부터 말미암는 것이지, 다른 사람이 참여할 수 있는 게 아니라는 것은 그 동기가 나에게 있어서 [인을 행함에] 어려울 게 없다는 것을 보여주는 것이다.[219]

천리를 보존하고자 하는 일은 온전한 개인의 몫이다. 다른 사람이 개입될 수 없다. 즉, 학습자 개인의 주체성이 무엇보다 중시된다. 그러므로 교기질은 '자신'을 이기는 '극기(克己)'이며 '양심'을 보존하고 기르는 주체적 일이다.

3.2. 무실(務實)

율곡은 앞서 서술된 '성(誠)' 개념의 주된 내용을 '실(實)'로 이해한다. 그는 만물의 실리(實理)로서의 본성과 인간의 진실한 마음[實心]으로서의 본성을 말한다. 이는 율곡의 사상이 '실질에 힘씀[務實]'을 통해 '정성됨'을 이루는 특징을 띠고 있기 때문이다.

율곡의 '무실'은 그의 경장론(更張論)에 영향을 주어 시의에 맞는 적절한 제도 개혁을 도모하고 사회를 변화시키는 데 중점을 두도

---

219 『栗全』卷21「聖學輯要」又言爲仁由己，而非他人所能與，又見其機之在我而無難也.

록 하였다. 특히 경장론에 담긴 '실공(實功)'은 그 과정이 빈말로 끝나지 않고 반드시 성과를 이루어야 한다는 '성'의 의미와 상통한다. 실제로 율곡은 「만언봉사」를 통해 '무실(無實)'의 병폐를 고발[220]하고 '무실(務實)'로 나아가야 함을 역설한다.

수양의 관점에서 '무실'이란 다음과 같은 맥락에서 등장한다. 이는 마음의 정성됨[誠]과도 관련 깊다.

> 가만히 생각건대, 경전이 있고부터 선비로서 글을 읽지 않은 자가 누가 있겠는가마는, 참 유학자는 드물게 나왔고, 임금으로서 글을 읽지 않은 이가 누가 있겠는가마는 잘 다스린 자가 드물게 일어났으니, 이 무슨 까닭인가? 독서한 것이 단지 귀로 들어가고 입으로 나오는 자료가 되었을 뿐이요, 유용한 도구가 되지 못했기 때문이다.[221]

비판의 대상이 되는 것은 명예와 벼슬만을 구하고 행실에 힘쓰지 않는 선비들이다. 이들은 대체로 책을 읽고 그 의미만을 구했을 뿐 자신을 돌이켜 반성하는 태도를 갖지 않았다.[222]

---

220 율곡은 실공이 없는 일곱 가지 문제를 알린다. 1) 위아래가 서로 믿는 실상이 없는 것[上下無交孚之實], 2) 신하들이 일을 책임지지 않으려 하는 것[臣鄰無任事之實], 3) 경연에서 성취되는 실상이 없는 것[經筵無成就之實], 4) 현명한 사람을 거두어 쓰지 않는 것[招賢無收用之實], 5) 재변을 당해도 하늘의 뜻에 대응하는 실상이 없는 것[遇災無應天之實], 6) 정책에 백성을 구제하는 실상이 없는 것[羣策無救民之實], 7) 인심이 선을 지향하는 실상이 없는 것[人心無向善之實]이다. 『栗全』 卷5 「萬言封事」 참고.

221 『栗全』 卷21 「聖學輯要」 竊思自有經傳以來, 士子孰不讀書? 然而眞儒罕作, 人君孰不讀書? 然而善治鮮興, 其故何哉? 讀書, 只爲入耳出口之資, 不能爲有用之具故也.

222 『栗全』 卷6 「疏箚」 夫讀書而只求文義, 不反之身者, 乃科業之士所以求名求祿

옛날에는 공부를 하는 데 있어 많은 말을 하지 않고 극기복례를 실지로 수행하였기에 다만 이 네 글자만으로도 성인이 될 수 있었는데, 지금은 언어만 너무 많고 원래 실지의 공부가 없기 때문에 또한 실효가 없는 것이다.[223]

단지 경전을 읽고 뜻을 해석하는 데에만 급급했던 당시의 상황에서 마음의 정성됨[誠]은 실현되기 어려웠다. 학자들이 경전 공부에 열심이었던 이유는 그것이 출세를 위한 수단이었기 때문이다. 공부하는 자의 마음이 처음부터 정성되지 않았으므로 학문도 진실할 수 없다. '성인이 되겠다는' 입지(立志)가 제대로 이루어지지 않았으므로 실천으로 연속되는 의지가 존재하지 않는다. 곧 아무런 공효를 갖지 못하는 '무실(無實)'의 상황이다. 이와 같은 문제가 만연했던 사회에서 율곡은 '역행', 즉 '무실(務實)'을 강조하여 '실천'을 도모코자 했던 것이다. 실질에 힘쓰는 일은 율곡에게 있어 성, 즉 천리를 이루는 방법이기도 했다.

『학교모범(學校模範)』에서 율곡은 '실'에 힘쓰는 학문을 '경을 돈독히 함[篤敬]'이라 정의하는데 이는 '언 · 행의 공(功)'과 관련한다.

배우는 자가 덕에 나아가서 학업을 닦는 것은 오직 독경(篤敬)에 있다. 그렇지 않으면 다만 빈말일 뿐이다. 반드시 표리가 하나같고 조금도 그침이 없어야 한다. 말에는 본받을 만한 교훈이 있고 행동에는 법도가 있으며 …

者也.

223 『栗全』 卷6 「疏箚」 古者, 做功夫不多說, 克己復禮, 便去實做, 故只此四字可以作聖, 今者言語儘多, 而元無實功.

오직 날마다 쉬지 않고 힘쓰다 죽은 뒤에야 그만두는 것이니 이것이 실학(實學)이다.[224]

경을 돈독히 하여 표리를 일치시키는 일이 곧 언어[배움]를 헛되게 하지 않는 실학이다. 배우는 자는 언행을 삼가 자신의 본성을 기를 뿐이지 스스로를 꾸미는 데 급급해하지 않는다.

율곡의 '실' 개념이 가진 가장 중요한 의미는 '역행', 곧 깨달음을 실천으로 옮기는 힘에 있다. 진실한 마음은 실을 추구하는 기본 전제이자 처음과 끝이다. 언행을 삼가 실질을 추구하는 것이 소극적 의미의 역행이라면, 깨달음을 실천으로 옮기는 힘으로서의 실은 적극적 의미의 역행이다.

(과거의) 득실 때문에 자신이 지키는 지조를 잃어서는 안 되며 항상 자신을 바로 세우고 도를 행하여 임금에게 충성하고 나라의 은혜를 갚을 생각을 하고 … 진실로 도를 지향하여 게을리하지 않고, 일상으로 행하는 일이 도리대로 따르지 않음이 없어야 한다.[225]

반드시 예의에 관한 학문을 밝혀 윗사람을 높이고 어른을 공경하는 도리를 다해야 한다. 진실로 이와 같이 하면 충직하고 순후함과 기개와 절조를 다

224 『栗全』 卷15 「學校模範」 [(十四日)篤敬], 謂學者進德修業, 惟在篤敬. 不篤於敬. 則只是空言. 須是表裏如一, 無少閒斷. 言有敎, 動有法, … 惟日孜孜, 死而後已, 是乃實學.

225 『栗全』 卷15 「學校模範」 但不可以得失, 喪其所守, 且常懷立身行道忠 君報國之念, … 苟能志道不怠, 日用無非循理.

완전히 이룰 수 있을 것이다.[226]

물리치거나 받거나 가지거나 주거나에 있어서도 언제든지 그 당연한가 아닌가를 살피고, 이득이 되는 것을 보면 의리에 맞는가를 생각해야 하고 털끝만큼도 구차스럽게 지나쳐서는 안 된다.[227]

항상 자신을 바로 세워 일상의 모든 일이 '도리'에 맞지 않는 것이 없어야 한다. 예의에 관한 학문을 밝히는 이유도 '도리'를 다하고자 함이다. 율곡의 수양에서 '도리를 행하는 일'은 곧 실질을 이루는 일이었다.

---

226 『栗全』 卷15「學校模範」[近日士子之病如此, 良由禮學不明, 虛驕成習故也,] 必須講明禮學, 以盡尊上敬長之道. 苟如是, 則忠厚氣節, 兩得之矣.

227 『栗全』 卷15「學校模範」至於辭受取與, 審察當否, 見得思義, 不可一毫苟且放過.

2장
『격몽요결』의 교육이론

『격몽요결』은 선조 10년(1580) 율곡 이이가 42세 되던 해, '초학자들을 위한 올바른 공부 안내서'라는 목적으로 집필된 저서이다. 이 저서가 탄생한 배경에는 성리학적 사회 · 문화적 풍토와 기묘사화와 을사사화를 겪으며 변모한 정치적 환경이 자리 잡고 있다. 특히 선조 대에 이르러 사림파가 중앙 정계에 다시 진출할 수 있는 발판을 마련하면서, 이들은 성리학의 근본정신을 강조하고 그 원리를 사회에 직접 적용하려고 시도했다. 이로 인해 16세기 조선 성리학의 토착화 현상이 어느 시기보다 뚜렷하게 드러난다. 이 시기 활발하게 펼쳐진 사림들의 정치적 · 학문적 성과는 『격몽요결』과 같은 초학자용 교재 집필에도 영향을 미쳤다.[228] 당시 간행된 주요 초학용 교재로는 『훈몽자회(訓蒙字會)』, 『동몽선습(童蒙先習)』, 『고사촬요(故事撮要)』, 『소아수지(小兒須知)』 등이 있으며, 『격몽요결』 역시 이와 같은 흐름의 연장선에서 탄생했다.

율곡 이이라는 학자 개인의 사상적 기반 역시 『격몽요결』의 탄생에 주요 요인으로 작용했다. 그는 두 번의 사화를 겪으며 앎과

228 문미희, 「수용사의 관점에서 본 격몽요결의 탄생과 전승의 의미」, 부산대학교 박사학위논문, 2016 참고.

실천의 괴리라는 문제를 절감[229]하였고, 배움의 근본과 목적이 무엇인지에 대한 진지한 실존적 물음을 갖게 된다. 이러한 성찰과 반성의 시간을 통해 집필된 『격몽요결』은 무엇보다 학문의 본질과 목적을 뚜렷하게 제시하고 있다. 이는 초학자들이 선배 학자들처럼 위선과 병폐에 빠지지 않고, 진정한 도덕군자이자 학인(學人)으로서 거듭나길 바라는 염원의 결과였다. 이런 율곡의 바람은 책의 머리말에 명확히 언급되어 있다.

> 이 세상에 태어나 학문을 하지 않는다면 사람다운 사람이 될 수 없다. 소위 학문이란 게 특별하고 각별한 것이 아니다. … [학문이란] 모두 일상에서 응당 따라야 할 일들일 뿐이다. 현묘하고 기묘한 데에 힘을 써서 특별한 효과를 보려는 게 아니다.[230]

배움[學問]이란 특별한 게 아니다. 사람다운 사람이 되어 일상생활에 마땅히 해야 할 바를 올바로 행하는 일이다. 율곡 공부론의 특징은 올바로 행하기 위해서 올바로 알아야 함을 전제로 한다. 일상에서 마주하는 일들을 합당한 방식으로 처리하기 위해서는 공부를 통한 앎이 필요하다. 특히 초학자들을 위한 저서인 『격몽요결』

---

229 『栗全』 卷21 「聖學輯要」 有親者, 莫不知當孝, 而孝者鮮, 有兄者, 莫不知當弟, 而弟者寡, …又或强仁勉義, 外似可觀, 而中心所樂, 不在仁義. 참고.

230 『栗全』 卷27 「擊蒙要訣」 人生斯世, 非學問, 無以爲人. 所謂學問者, 亦非異常別件物事也. … 皆於日用動靜之間, 隨事各得其當而已. 非馳心玄妙, 希覬奇效者也.

은 자신의 마음을 검속하고 몸가짐을 단정히 하며 일상에서 마주하는 사태[事物]를 이치에 맞게 처리해야 함을 강조한다. 이는 '수기(修己)-치인(治人)-평천하(平天下)'로 그 범위를 확장하는 유학의 전통 수양론의 구조를 따르는 일이기도 하다. 『격몽요결』은 이처럼 전통 수양론의 큰 맥락을 따르는 동시에 자신의 수양론적 특성인 '실천[力行]'을 강조하고 있다. 율곡은 '실천[역행]'을 위한 전제로 '올바로 앎'을 강조하며, 이를 위한 보다 근본적인 물음으로 '배움'에 대한 관점을 재정립하고자 한 것이다. 곧 앎과 실천의 합일이라는 도덕교육의 본질을 강조하고 있다. 배움과 실천의 일치를 강조하는 『격몽요결』의 주장에 그의 절절한 '존재 사태' 경험이 자리잡고 있다.

율곡은 당시의 사대부들이 과거공부와 이를 통한 세속적 출세만을 위해 학문에 매진하는 모습에 염증을 느꼈다. 겉으로는 유교경전을 달달 외우며 진정한 학자인 척 하지만 그 실질은 비어있다[231]고 그는 강하게 비판한다. 율곡이 『격몽요결』을 통해 강조하는 배움의 본질과 근본 목적은 현대 교육의 맥락에도 중요한 통찰을 제공한다. 주지하듯, 오늘날 우리 교육은 지나치게 입시에 치우쳐 학생들에게 내적 수양이나 삶의 성찰 기회를 충분히 제공하지 못하는 병폐가 있다.

231 『栗全』卷27「擊蒙要訣」今之學者, 外雖矜持, 而內鮮篤實. 好以文辭 取譽於時.

이러한 현실에서 『격몽요결』이 제시하는 학문의 본질, 즉 배움을 삶의 일부로 보고 지속적인 자기 수양의 과정으로 삼는 관점은 시사하는 바가 크다. 특히 초등교육 단계에서 이러한 공부관을 일깨워 주는 일은 매우 중요하다. 초등학생들은 배움을 처음 접하며 평생 간직할 가치관을 형성해 나가기 시작한다. 이 시기에 공부를 단순히 성적이나 사회적 성공을 위한 도구로 이해하지 않고, 자기 수양과 올바른 삶의 기반으로 받아들이도록 지도하는 교육은 개인과 공동체의 미래를 위해 필수적이다. 『격몽요결』은 이러한 [초등] 교육의 목표에 부합하는 학문관을 제시한다. 이에 학생들이 올바른 가치를 성찰하고 주체적으로 선택하여 실천하는 데 기여할 수 있다. 나아가 『격몽요결』은 학문을 단순한 지식 축적이 아닌, 삶의 본질적 문제를 성찰하고 이를 실천하는 내성학(內聖學)적 교육의 의미를 재조명하게 한다.

이 장에서는 지금까지 논의한 율곡의 심성 · 수양론을 바탕으로 『격몽요결』의 구체적인 내용을 분석하고자 한다. 특히 율곡의 인간관과 세계관이 『격몽요결』에 어떻게 반영되어 있는지, 오늘날 교육에 활용할 수 있는 부분은 어떤 것이며 적합하지 않은 부분은 어떤 것인지를 구분하여 4장의 도덕과 교육방법 구상을 위한 논의의 발판을 만들고자 한다. 다음은 『격몽요결』의 구성적 특징과 내용을 독자의 편의를 위해 일목요연하게 도표로 정리한 것이다.

표 1. 『격몽요결』의 내용 체계

<table>
<tr><th>장(章)</th><th>내용</th><th>특징</th><th>영역</th></tr>
<tr><td>머리말(序)</td><td>공부의 의미, 목적</td><td>저술 동기</td><td></td></tr>
<tr><td>입지(立志)</td><td>공부에 뜻을 두기</td><td>학문의 시작</td><td rowspan="3">자신</td></tr>
<tr><td>혁구습(革舊習)</td><td>옛 습관을 버리기</td><td>학문을 위한 선결 조건</td></tr>
<tr><td>지신(持身)</td><td>몸과 마음을 검속하기</td><td rowspan="6">구체적인 공부 방법</td></tr>
<tr><td>독서(讀書)</td><td>책 읽는 방법과 태도</td><td rowspan="3">가정</td></tr>
<tr><td>사친(事親)</td><td>부모님을 섬기는 법</td></tr>
<tr><td>거가(居家)</td><td>가정 내의 생활</td></tr>
<tr><td>접인(接人)</td><td>사람들과 사귀는 법</td><td>사회</td></tr>
<tr><td>처세(處世)</td><td>위인지학(爲人之學)과
위기지학(爲己之學)</td><td>자신</td></tr>
</table>

이 도표에서 특이한 점은 처세(處世) 장의 영역이 '자신'으로 설정되어 있다는 것이다. 처세(處世)라 하면 보통 사회에 나가 자신의 입지를 다지는 일과 관련될 것이다. 그런데 『격몽요결』의 처세 장에서는 과거를 위한 학문 공부와 내성을 위한 학문 공부를 어떻게 조화시킬 것인지에 대한 논의가 전개된다. 이 장의 요지는 어떤 공부를 하든지 근본을 잃지 않고 사욕에 마음을 뺏기지 않아야 한다는 것이다. 또한, 출세를 위해 공부를 하더라도 그 목적이 자신의 영달만을 위해 애쓰는 것이어서는 안 된다. '처세' 장에 따르면 다른 사람에게 선이 되는 목적을 가져야 공부하는 자가 득실에 휩쓸리지 않는 마음을 유지할 수 있다. 그럼에도 율곡이 이 장을 '처세'라 지은 이유는 과거 공부가 입신을 위한 첫 단계이므로 세상에 나가기 전의 초학자들을 염두에 두었기 때문이다.

1) 공부에 뜻을 둠[立志]

初學先須立志, 必以聖人自期, 不可有一毫自小退託之念. 蓋衆人與聖人, 其本性則一也. 雖氣質不能無淸濁粹駁之異, 而苟能眞知實踐, 去其舊染, 而復其性初, 則不增毫末. 而萬善具足矣.

처음으로 공부를 하려는 사람은 반드시 어떻게 공부를 할 것인지 뜻을 먼저 세워야만[立志] 한다. 반드시 성인이 되겠다는 목표를 세우고, 한 터럭만큼도 자신을 낮게 보아 그 목표로부터 물러서거나 다른 일로 미루려는 생각을 지녀서는 안 된다. 일반인과 성인은 그 본성이 같다. 비록 기질의 맑고 탁함과 순수하고 잡다한 차이가 없을 수 없지만, 진정으로 알고 실천하여 과거에 물든 나쁜 습관을 버리고 본래의 본성을 회복한다면 털끝만큼도 보태지 않고서 온갖 선(善)이 넉넉히 갖추어질 것이다.

『격몽요결』 입지장제일

'입지'란 선현들의 뜻을 본받아 내면을 수양하고 성인으로 나아가기 위해 마음을 굳게 세우는 일이다. 삶의 목적을 정하고 배움을 위한 마음가짐의 토대를 마련하며, 이를 실행으로 옮길 수 있는 굳건한 의지를 다지는 과정이다.

맹자는 의지[志][232]가 기(氣)를 다스려야 한다고 여겨, 의지를 굳

232 율곡의 심성론에서 의(意)와 지(志)는 모두 '뜻'으로 번역되지만 그 의미는 다르다. 의가 특정 사태를 판단하고 계산하여 시비를 가리는 기능을 말한다면, 지는 그렇게 정해진 판단에 따라 의지를 발휘하는 일을 가리킨다. 본문에서는 이 구분을 명확히 하기 위해 지(志)를 '의지'로 표기한다.

게 세워 기를 잘 통솔해야 한다고 했다. 그는 『맹자』「공손추상」에서 다음과 같이 언급한다.

> 의지[志]는 기의 장수이며, 기는 몸에 가득 찬 것이다. 무릇 의지를 [세움이] 먼저이고 기가 그다음이다. 그러므로 그 의지를 잡아 기를 난폭하게 하지 말아야 한다.[233]

율곡은 맹자를 따라 의지[志]를 기의 장수라 보았다. 『율곡전서』「성학집요」에서는 다음과 같이 언급한다.

> 신이 생각건대, 의지[志]는 기의 장수입니다.[234]

율곡은 「자경문(自警文)」, 『성학집요(聖學輯要)』, 「만언봉사(萬言封事)」, 『동호문답(東湖問答)』, 「학교모범(學校模範)」 등의 많은 저서에서 공부의 첫걸음으로 '입지(立志)', 즉 뜻을 세움을 강조한다. 다른 유학자들이 입지를 일반적인 수준에서 언급하는 경향과 달리, 율곡은 어떤 중요한 말을 하거나 책을 지을 때 거의 매번 입지를 강조했다.[235]

율곡은 『성학집요』에서 "배움에는 뜻을 세우는 것보다 우선하는

---

233 『孟子』「公孫丑上」 夫志, 氣之帥也. 氣, 體之充也. 夫志至焉, 氣次焉. 故曰 : 持其志 無暴其氣.

234 『栗全』 卷20「聖學輯要」 臣按, 志者, 氣之帥也.

235 김병환, 『한국사상윤리』, 277쪽.

것이 없으니, 뜻이 서지 아니하고 성공한 이는 없습니다"라고 하며, 수기(修己) 과정에서 뜻을 세우는 일을 가장 먼저 실천해야 할 덕목으로 삼았다.[236] 그는 또한 주자와 진덕수의 말을 빌려 "의지[志]라는 것은 마음의 가는 바를 이르는 것이요, 도라는 것은 사람으로서 일상에서 마땅히 행해야 하는 바"[237]이자 "덕에 나아가는 기초"[238]라고 강조하였다. 율곡이 '입지'를 공부의 선결 조건으로 정하고 그 대상을 '도'에 두고 있음을 알 수 있다. 이 '도'란 일상에서 마땅히 해야 하는 바이자 덕을 갖추는 일로, 수양을 통한 올바른 삶의 영위를 말한다.

따라서 입지는 평범한 개인들이나 지도자 모두에게 가장 우선되어야 할 과정이다. 『격몽요결』에서 '뜻을 세움[立志]'이란 자신의 의지가 향하는 곳을 정하는 일이다. 율곡은 마음의 주요한 기능을 '지각 작용'에 두는데, '지각'에 포함된 다양한 활동 중 '자기 성찰 기능'은 인간의 행위와 정서를 도덕규범과 일치시키는 역할을 한다. 이 과정에서 '뜻[意]'를 매개로 한 '의지[志]'의 작용이 중요해진다. 이미 일어난 사려와 감정[情]에 대해 '뜻'이 심사숙고하는 과정을 거친 뒤, '의지'를 통해 도덕으로 나아가고자 하는 마음을 정

---

236 『栗全』 卷20 「聖學輯要」 [臣按] 學莫先於立志, 未有志不立而能成功者. 故修己條目, 以立志爲先.

237 『栗全』 卷20 「聖學輯要」 志者, 心之所之之謂, 道則人倫日用之閒, 所當行者是也.

238 『栗全』 卷20 「聖學輯要」 志者, 進德之基.

하게 된다. 다른 학자들에 비해 율곡은 인간의 마음 내에 '의지'가 맡는 역할을 특히 강조한다. 이러한 이유로 그는 공부에 있어서도 '의지'가 작용하는 '입지'의 단계를 가장 필수적이며 선결적인 과정으로 생각한다.

입지의 지향을 자세히 나누면 두 가지로 구분된다. 하나는 학문에 뜻을 두는 일이다. 율곡은 사람이 본래 지닌 선한 본성대로 살아갈 수 없는 이유는 기의 어두움[昏]과 어지러움[亂]에 있다.[239] 이 중 어두움[昏]이란 "게으르고 나태하여 잠잘 생각만 하는 것"[240]이다. 게으르고 나태하며 잠잘 생각만 하는 기의 양태가 사람이 공부에 착수하지 못하게 막는다. 기혼(氣昏)은 매우 익숙한 현상이다. 일상에서 해야 할 일을 뒤로 미루게 되는 이유의 대부분이 바로 이 게으름과 나태함 때문이지 않은가? 학생들의 경우도 마찬가지이다. 기혼은 학생들의 행동 변화를 막고 낡은 습관의 굴레에서 벗어나지 못하게 한다. 이러한 문제를 극복하는 방법으로 율곡은 '입지'를 선택한다. "의지[志]를 돈독히 하고 기를 이끌어"[241] "오직 한

---

239 『栗全』 卷21 「聖學輯要」 心之本體, 湛然虛明, 如鑑之空, 如衡之平, 而感物而動, 七情應焉者, 此是心之用也. 惟其氣拘而欲蔽, 本體不能立, 故其用或失其正, 其病在於昏與亂而已.

240 『栗全』 卷21 「聖學輯要」 二日氣昏, 謂怠惰放倒, 每有睡思也.

241 『栗全』 卷21 「聖學輯要」 [故窮理以明善], 篤志以帥氣, [涵養以存誠, 省察以去僞, 以治其昏亂].

곳으로 모으면[專一] 기가 움직이지 않음이 없다"[242]고 보았기 때문이다. 이렇듯 나태하고 게으른 기를 움직여 공부에 착수할 수 있게 만드는 방법은 '입지', 즉 의지를 굳세게 다지는 데 있다.

입지의 두 번째 대상은 '성인이 되고자 함'이다. 『격몽요결』의 '입지' 장 첫 구절은 다음과 같다.

> 처음으로 공부를 하려는 사람은 반드시 어떻게 공부를 한 것인지 뜻을 먼저 세워야만[立志] 한다. 반드시 스스로 성인이 되겠다는 목표를 세우고, 한 터럭만큼도 자신을 낮게 보아 그 목표로부터 물러서거나 다른 일로 미루려는 생각을 지녀서는 안 된다.[243]

공부를 하려는 사람은 반드시 목표를 세우고 중간에 포기하거나 물러서지 않겠다는 의지를 먼저 다져야 한다. 이는 일종의 '학문에 대한 마음가짐'이자 '수양을 향한 첫걸음'이기도 하다. 의지를 일으켜 도달해야 할 최종 목표는 성인이 되는 것이다. 율곡은 어째서 성인이 되는 데에 뜻을 두고 이 뜻에서 한 치도 물러서거나 회피해서는 안 된다고 말하는가? 그것은 모든 이가 성인이 될 가능을 갖고 있는, 즉 하늘의 이치[天理]를 부여받은 존재라고 보았기 때문이다. 물러서거나 회피하지만 않으면 모든 사람은 성인이 되려는 목표를 성취할 수 있다. 특히 만물 중 인간의 마음은 본래 텅

---

242 『栗全』 卷20 「聖學輯要」 志一則氣無不動.

243 『栗全』 卷27 「擊蒙要訣」 初學, 先須立志, 必以聖人自期, 不可有一毫自少退託之念.

비고 신령하여[虛靈] 어둡지 않으면서 모든 이치[衆理]를 갖추고 있다. 따라서 모든 일에 적절히 대응할 수 있다. 이 마음의 허령함은 사람마다 타고난 기질의 차이를 극복할 수 있게 해준다. 율곡은 이를 다음과 같이 표현한다.

> 사람은 오행 가운데에서 정밀하고 빼어난 것을 얻었으므로 그 마음이 허령하여 성인도 될 수 있고 현인도 될 수 있다.[244]

> 오직 심지(心志)만은 어리석은 것을 지혜롭게 고치고, 못난 자식을 어질게 고칠 수가 있다. 그것은 곧 마음은 텅 비었으면서도 작용은 영묘하여[虛靈] 타고난 기질에 구애받지 않기 때문이다.[245]

마음의 '허령'함은 지혜롭고 현명한 것을 알 수 있다. 이는 이치[理]를 자각하고 실천하도록 돕는 마음의 능력이다. 이 마음의 능력은 모두에게 갖추어져 있다. 타고난 기질은 사람마다 다르다. 우리가 만나는 학생들의 경우를 떠올려 보자. 어떤 학생은 타고난 성품이 느긋하고 여유로운 반면, 어떤 학생은 조급하게 움직이고 쉽게 초조해한다. 어떤 학생은 민감하고 섬세하지만, 어떤 학생은 무덤덤하고 둔하다. 사람마다 타고난 성품의 차이는 때로 선한 본성[性]을 가릴 수 있다. 느긋하고 여유로운 학생은 마음이 평안하고

---

244 『栗全』 卷32 「語錄」 人則五行之中, 得其精且秀者, 故其心虛靈, 可以爲聖爲賢也.

245 『栗全』 卷27 「擊蒙要訣」 惟有心志, 則可以變愚爲智, 變不肖爲賢, 此則心之虛靈, 不拘於稟受故也.

안정되어 있다. 하지만 변화보다는 현실에 머물기를 선호하는 경향을 보일 수 있다. 반면, 민감하고 섬세한 학생은 환경 변화에 예민하게 반응한다. 하지만 때로 지나치게 많은 자극을 받아 마음이 쉽게 피로해지고 불안정한 모습을 보이기도 한다. 이러한 기질의 차이가 본성을 회복해 나가는 과정에서 속도와 난이도의 차이를 야기할 수는 있다. 하지만 율곡은 궁극적으로 누구나 본래의 선성(善性)을 회복할 수 있다고 굳게 믿었다. 그러므로 "안연이 이르길 '순(舜)은 어떤 사람이며 나는 어떤 사람인가? 순처럼 행하면 순과 같은 사람이 될 수 있다' 하였는데, 우리도 안연이 순처럼 되기를 바란 것으로 법도를 삼아야 한다."[246]고 자신 있게 말할 수 있었다.

본연지성의 회복에 대한 율곡의 이와 같은 믿음에도 불구하고, 그는 사람들이 겪는 현실적 고충도 염두에 두었다. 그것은 기의 승강비약(乘降飛躍), 즉 끊임없이 변화하고 움직이는 특성으로 인해 본연의 기를 잃어버린 사람들이 '자연스럽고 쉽게' 순선한 리를 드러낼 수 없다[247]는 경험적 사실에 관한 것이다. 율곡은 이와 같은 현상을 "기질의 맑고 탁함과 순수하고 잡다한 차이가 없을 수 없"는[248] 것으로 받아들인다. 그러나 앞서 말했듯, 마음의 허령함은 차

---

246 『栗全』 卷27 「擊蒙要訣」 顏淵曰; 舜何人也, 予何人也, 有爲者亦若是. 我亦當以顏之希舜爲法.

247 율곡에 있어 본연의 성[本然之性]은 본연의 기[本然之氣]를 통해서만 드러난다.

248 『栗全』 卷27 「擊蒙要訣」 雖氣質不能無清濁粹駁之異.

이를 극복하는 가능성이 된다. 다만 의지[志]라는 마음의 작용이 없다면 본성을 회복하는 과정은 그 시작조차 불가능하다. 극복되지 못한 현실은 단지 "진실로 의지[志]를 세우지 못해 아는 것이 밝지 않고 행동이 착실하지 않기 때문"[249]이다. "의지[志]를 제대로 세우고 아는 것을 분명히 하고 행동을 착실하게 하는 일은 모두 나에게 달려있는 일"[250]일 뿐이다. 율곡은 이처럼 인간을 능동적인 주체로 바라보고 그 의지의 작용을 강조한다. 마음에서 발하는 이 의지 작용은 인간을 도덕적 성숙으로 나아가게 하는 힘이다.

또한 율곡이 바라보는 인간은 무엇보다도 욕구하는 존재[251]이다. 인간은 무엇을 욕구해야 하며 그것을 어떻게 실현할 수 있는가? 율곡의 관점에서 인간이 욕구해야 할 대상은 성인의 경지이며, 이는 '선을 향하고 악을 등지겠다'[252]는 의지[志]의 정향을 굳게 세운 뒤에야 다다를 수 있는 것이었다. 인간은 자신의 의지를 어떻게 정하느냐에 따라 성인이 될 수도 있고, 불선한 존재가 될 수도 있다. 실제로 사람이 학문에 뜻을 두지 않고 성인이 되겠다는 마음을 먹지 않으면, 즉 사려[意]를 통해 헤아린 마음을 의지[志]를 세워 결정하지 않는다면, 어떤 행동도 실현될 수 없다. 의지[志]의 정

249 『栗全』 卷27 「擊蒙要訣」 良由志不立 知不明 行不篤耳.

250 『栗全』 卷27 「擊蒙要訣」 志之立, 知之明, 行之篤, 皆在我耳.

251 정원재(2006), 앞의 책, 12쪽.

252 『栗全』 卷32 「雜著」 栗谷日, 所謂志有定向者, 是非明白, 向善而背惡也.

향성(定向性)은 수기, 교육, 치인의 처음 단계를 추동시키며 공부의 성패를 좌우한다.

하지만 현실에서 뜻을 세우는 일이 언제나 수월히 행해지는 것은 아니다. 실제로 학생들의 마음에 학업에 대한 의지나 올바른 삶을 살아가야겠다는 다짐을 불러일으키는 일은 교사의 많은 지도와 노력, 헌신이 필요하다. 율곡은 이와 같은 문제를 직시하였고, '입지'가 행해지지 않는 병통 세 가지를 말하였다. 그 첫째는 불신(不信)이다.

> 성현이 후학(後學)에게 밝게 알려 준 것이 명백하고도 친절하여 그 말에 따라 순서대로 나아가기만 하면 성인도 되고, 현인도 되는 일은 이치상 당연한 것입니다. … 그런데도 저 믿지 못하는 이는 성현의 말이 사람들에게 권유하기 위하여 만들어 놓은 것이라 생각하고, 다만 그 글을 음미만 할 뿐, 몸으로 실천하지는 않습니다. 그러다 보니 성현의 글을 읽으면서도 세속의 행위를 일삼고 있습니다.[253]

'믿지 않음[不信]'이란 성현의 글을 읽으며 그 말을 따른다면 누구든 '성인'이 될 수 있는 사실 자체를 신뢰하지 않는다는 의미이다. 사람이라면 누구나 어떤 일을 시작할 때 성공의 가능성을 가늠해 본다. 혹은 적어도 실패할 것이 분명한데 새로운 일에 착수하지는 않는다. 특수한 상황이 아니라면, '해봤자 될 일이 아닌데'도 시

---

253 『栗全』 卷13 「聖學輯要」 聖賢開示後學, 明白諄切, 苟因其言, 循序漸進, 則爲聖爲賢, 理所必至. … 彼不信者, 以聖賢之言, 爲誘人而設, 只玩其文, 不以身踐, 是故所誦者聖賢之書, 而所蹈者世俗之行也.

도하는 경우는 드물다. 실패에 민감한 학생의 경우 이러한 경향이 더 두드러지게 나타난다. 자신이 더 나은 사람이 될 수 있다고 믿지 않으며 실패가 불 보듯 뻔한 상황이라고 생각했을 때, 의지를 가지고 도전하기는 쉽지 않다. 따라서 학생들에게 자신의 도덕적 성장에 관한 믿음을 심어주는 일은 매우 중요하다. 이는 학생들의 긍정적인 자아상을 형성하는 일과도 맞닿아 있다.

입지를 방해하는 병통의 두 번째는 부지(不智)이다.

> 사람이 타고난 기품이 천차만별이지만 아는 데 힘쓰고 행하는 데 힘쓰면 성공하는 것은 다 같습니다. … 지혜롭지 못한 자들은 자기의 자질이 아름답지 않은 것을 당연하게 받아들이고 뒤로 물러나 한 걸음도 나아가지 못하니, 나아가면 성인도 되고 현인도 되지만, 뒤로 물러나면 어리석은 자가 되고 못난 자가 되는데, 이 모두가 자기가 행한 것임을 너무도 모릅니다. 그러므로 성현의 글을 읽으면서도 몸가짐은 기품에 구애되는 것입니다.[254]

'지혜롭지 않음[不智]'이란 자신이 타고난 기질을 그대로 받아들이고 이를 극복하려고 애쓰지 않음을 뜻한다. 즉, 자신의 선천적인 결점들만 생각하고, 후천적으로 노력하면 성현이 될 수 있다는 사실을 깨닫지 못한 채로 어리석음에 머무는 일이다.[255] 율곡은 초학

254 『栗全』 卷13 「聖學輯要」 人生氣稟, 有萬不齊, 而勉知勉行, 則成功一也. … 彼不智者, 自分資質之不美, 安於退託, 不進一步, 殊不知進則爲聖爲賢, 退則爲愚爲不肖. 皆所自爲也, 是故所讀者, 聖賢之書, 而所守者, 氣稟之拘也.

255 김병환, 『한국사상윤리』, 278쪽.

자들이 이러한 병통에 빠질 것을 경계한다. 사람마다 다른 기질은 배움을 시작하는 학생들의 기본 역량에 차이를 만든다. 실제로 누군가는 한 번에 학습 내용을 이해하기도 하지만, 누군가는 여러 번 반복해야 겨우 얼마큼을 습득하게 된다. 품성적 측면 또한 마찬가지인데, 어떤 학생은 친구를 도와주겠다는 마음을 먹은 뒤 그 일을 행하는 것에 그다지 어려움을 느끼지 않는다. 하지만 어떤 학생은 (자신의 처음 결심과 다르게) 타고난 기질이 성급하여 상대에게 쉽게 화를 내거나 피해를 끼치기도 한다. 이와 같은 상황은 상대적으로 고르지 못한 기질을 타고난 학생들에게 좌절감을 안겨줄 수 있다. 본격적인 배움을 시작도 하기 전에 좌절감을 느낀 학생은 쉽게 학문의 길을 포기하고 더 나아질 수 있다는 희망을 버릴 수 있다.

율곡 또한 자신의 문하생들을 가르치며 학생들마다 타고난 기질의 차이를 느꼈을 것이다. 유의할 점은 위 인용문의 부지(不智), 즉 '지혜롭지 않음'이 곧 기질의 차이를 의미하지 않는다는 점이다. 그것은 '기질의 차이를 극복하려는 시도조차 하지 않고 어리석음에 머무르는' 개인의 주체적 노력과 관계 있다. 타고난 기질은 "(선을) 진정으로 알고 실천"하는 분투를 통해 "과거에 물든 나쁜 습관을 버릴 때"[256] 극복될 수 있다.

---

256 과거의 (나쁜) 습관[舊習]은 타고난 기질로 인해 형성된 사고와 행동 패턴의 결과로 볼 수 있다.

세 번째 병통은 '불용(不勇)'이다.

이른바 '용감하지 못하다[不勇]'는 것은 사람들이 성현은 우리를 속이지 아니한다는 것과 기질을 변화시킬 수 있다는 것을 조금은 알면서도, 다만 하던 대로 안주해 버리고 분발(奮發)하고 진작(振作)하지 아니하기 때문에, 어제 한 일을 오늘 개혁하기 어렵게 여기고, 오늘 좋아하는 일을 내일 고치기를 꺼리는 것임을 의미합니다. 이같이 하던 대로 답습하면서 한 치를 나아가면 한 자씩 후퇴하니, 이것은 용감하지 못한 데서 오는 일입니다. 그러므로 성현의 글을 읽으면서도 전날의 습관에 젖어 있게 되는 것입니다.[257]

율곡이 말하는 '용감하지 않음[不勇]'이란 성현을 신뢰하며 기질을 변화시킬 수 있다는 사실을 알고 있음에도 태만하여 자신을 변화시키지 않으려는 구태의연한 습관을 말한다. 즉, 성현이 되고자 하는 노력을 실천하지 않으려는 용기의 부족이다. 율곡은 『격몽요결』 '입지' 장을 통해 이 점을 특히 강조하여 경계한다. "뭇사람들이 스스로 뜻을 세웠노라 말하면서도 즉시 공부에 힘쓰지 않고 미적거리며 뒷날을 기다리기만 하는 것은, 말로는 뜻을 세웠다고 하면서도 실은 공부를 하려는 정성이 없기 때문이다."[258] "뜻을 세운 사람에게 귀중한 일은 바로 공부에 힘쓰는 일이다. … 만약 뜻이 정

257 『栗全』 卷20 「聖學輯要」 所謂不勇者, 人或稍知聖賢之不我欺, 氣質之可變化, 而只是恬常滯故, 不能奮勵振發, 昨日所爲, 今日難革, 今日所好, 明日憚改 如是因循, 進寸退尺, 此不勇之所致. 是故所讀者聖賢之書, 而所安者舊日之習也.

258 『栗全』 卷27 「擊蒙要訣」 凡人自謂立志, 而不卽用功, 遲回等待者, 名爲立志, 而實無向學之誠故也.

성되고 착실하지 못해 구태를 따라 허송세월한다면 나이가 차 죽을 때가 된다 한들 어찌 이루는 것이 있겠는가?"[259] 즉, 율곡은 '뜻을 세움' 뒤에 '바로 공부에 착수'하는 실천적 요소를 덧붙인다. 만약 '뜻을 세움'만 이루어지고 그 뒤에 변화가 생기지 않는다면 진정한 '입지'가 아니다. 이는 율곡이 인간을 실제로 관찰한 뒤 내린 사실적이고 경험적인 진단이기도 하다.

종합하면, 율곡의 '입지'란 순간적인 마음의 동요나 쉽게 허물어질 가벼운 의지를 가리키는 게 아니다. 그것은 성인의 경지에 다다르고자 자신의 삶을 학문과 수양의 과정에 올려두고 종신토록 그 길을 따라가게 하는 동력이 되는 힘이다. 뜻을 돈독히 해야 하는 이유도 여기에 있다.

이를 위해 율곡은 『격몽요결』 '입지' 장을 읽는 초학자들에게 다음의 세 가지를 전달한다. 첫째, 먼저 자신이 성인이 되는 공부를 하겠다는 큰 뜻을 세울 것과 둘째, 뜻을 세운 뒤에는 조금도 물러서지 않고 온 힘을 다해야 한다는 점. 셋째, 게으르고 태만한 자세를 버리고 즉시 공부에 착수해야 한다는 점이다. 정원재(2001: 156)는 율곡의 입지를 매 순간 발생하는 도덕 판단을 위한 '의지의 격량'을 만드는 일이라 정의한다. 이로써 공부의 과정에서 '물러서지 않으려는' 실천의 힘이 생긴다는 것이다.

---

259 『栗全』 卷27 「擊蒙要訣」 所貴乎立志者, 卽下工夫. … 如或志不誠篤 因循度日, 則窮年沒世, 豈有所成就哉.

2) 공부의 조건: 나쁜 습관 버리기[革舊習]

人雖有志於學, 而不能勇往直前, 以有所成就者, 舊習有以沮敗之也. 舊習之目, 條列如左, 若非勵志痛絕, 則終無爲學之地矣. … 此習使人志不堅固, 行不篤實, 今日所爲, 明日難改, 朝悔其行, 暮已復然, 必須大奮勇猛之志, 如將一刀快斷根株, 淨洗心地, 無毫髮餘脈. 而時時每加猛省之功, 使此心無一點舊染之汚, 然後可以論進學之工夫矣.

비록 사람이 학문에 뜻[志]을 두어도 용맹하게 앞으로 나아가 성취하는 바가 없음은 구습이 그것을 가로막기 때문이다. 아래에 열거한 구습의 조목을 마음을 다하여 끊어내지 않는다면, 끝내 학문할 기반이 없게 될 것이다. … 이러한 습관은 사람의 의지를 견고하지 못하게 하고 행실도 독실하지 못하게 하여, 오늘 한 것도 내일 고치기 어렵게 하고 아침에 후회한 행동을 저녁에 이미 반복하게 하니, 반드시 용맹하고 굳센 마음을 크게 하여, 한칼에 뿌리와 줄기를 잘라내는 것처럼 하고, 마음을 깨끗이 씻어 한 터럭의 찌꺼기도 없게 해야 한다. 그리고 매 순간 통렬히 반성하여 마음에 한 점 오염된 것이 없게 한 뒤에야, 학문에 나아가 논할 수 있을 것이다.

『격몽요결』 혁구습장제이

'혁구습(革舊習)'에서 '구습(舊習)'이란 과거에 젖은 낡은 습관을 뜻한다. 『격몽요결』에서는 '공부에 뜻을 두었으나 곧장 앞으로 나아가 배움을 이루지 못하게 하는 방해 요소'를 가리킨다. 이 구습들을 끊어내는 일은 공부에 착수하기 위한 선결 조건[260]이자 지속적인 수양을 통해 경계해야 하는 '낡고 오염된 습성'[261]이다. 즉, 혁

---

260 『栗全』 卷27 「擊蒙要訣」 若非勵志痛絕, 則終無爲學之地矣.

261 『栗全』 卷27 「擊蒙要訣」 時時每加猛省之功, 使此心無一點舊染之汚.

구습은 공부를 위해 처리해야 할 선결 과제와 공부하는 사람이 학문을 통해 도달해야 할 경지를 함께 내포하고 있다. 구습들을 혁파하는 일은 '한칼로 잘라내는' '일차적 소탕' 뒤에 지속적인 성찰이 반드시 필요하다. 그러므로 공부의 과정에서 쉬지 않고 힘써야 하는 일들은 곧 혁구습의 조목들이 된다.

율곡은 '구습'에 관해 8가지 조목을 들고 있는데 고쳐야 하는 습관을 이렇게 나열한 것은 『소학』이나 『동몽선습』과 같은 초학자들을 위한 책과 비교해 보아도 『격몽요결』의 특이점이다. 이는 그가 본 텍스트를 격몽(擊蒙), 즉 어두움 · 어리석음[蒙]을 깨트리는 데[擊] 긴요한 방법[要訣]이라 지은 이유와 맞닿아 있다. 율곡은 강한 어조로 어두움과 어리석음을 격파할 것을 주장한다. 그가 이렇게 단호한 의지를 강조한 것은 당시 조선조 지식인들의 지나친 관념적 수양이나 허위 의식에 염증을 느꼈기 때문이다. 이와 같은 그의 문제의식은 '거가(居家)' 장 "지금의 학자들은 겉으로는 비록 점잖은 것 같지만 속까지 착실한 사람은 드물다."[262]라는 구절에도 잘 드러나 있다. 따라서 구습을 혁파하는 일은 『격몽요결』을 통해 달성하고자 하는 '실천적 공부'의 목적과 잘 조응한다. 이는 또한 당대의 사회 문제에 대한 율곡의 응답이기도 하다. 그는 초학자들이 선배 학자들의 실수를 답습하지 않고 진실로 자신이 세운 뜻에 도달하

262 『栗全』 卷27 「擊蒙要訣」 "今之學者 外雖矜持 而內鮮篤實".

여 성인이 될 수 있기를 바랐다.

율곡은 사람의 '기질'을 문제의 출발점으로 보았다. 그의 이러한 생각은 기질의 맑고 혼탁함, 순수함과 잡됨이 본연의 성을 발현하지 못하게 막는 결정적 요인이라고 인식한 데서 비롯된다. 이 점이 혁구습을 중시한 또 다른 이유이다. '기가 발하여 리가 탄다'고 하는 기발리승(氣發理乘)의 관점에서 '막혀서 통하지 않는' 기의 폐색(閉塞)은 리의 온전한 발현을 막는 장애물이다. 리는 반드시 기를 통해 드러난다는 기발리승의 원리에서 보자면, 만물에 통하는 리[理通]는 변함이 없고 순수하며 천지의 근본이 되지만, 기의 국한됨[氣局]에 의해 선악이 공존하는 유행의 리[流行之理]로 드러날 수밖에 없다. 따라서 사람은 기를 맑게 만들어 그 본래의 기[本然之氣]를 회복해야 선한 본성을 그대로 드러낼 수 있다. 율곡의 이와 같은 관점은 곧 기질을 다스려야 한다는 수양론과 연관된다. '구습' 장에 등장하는 '마음을 해치는 낡은 습관[習之害心者]'들은 곧 기질을 다스리기 위해 반드시 제거해야 하는 구체적인 항목들이다.

율곡이 제시한 구습의 8가지 조목을 궁리 · 역행 · 거경으로 구분하면 다음 표와 같다. 다만 거경 · 궁리 · 역행은 그 영역이 중첩되고 수양을 통해 동시에 행해지는 경우가 많다. 따라서 한 영역에 배속했다고 하여 관련한 특성만이 두드러지는 경우는 거의 없다. 특히 『격몽요결』의 내용이 일상생활과 긴밀히 연관되어 있다는 점을 고려한다면, 학습자에게 있어 '마음을 가다듬고-알고-행하는' 세 가지 일이 동시다발적으로 발생하는 현상은 자연스럽고 바람직한 일이다. 필자는 이러한 점을 감안하면서도 보다 두드러지는 영역을 중심으로 관련 내용을 분류하고자 했다.

표 2. 『격몽요결』 「혁구습」 장 내용 분석

궁리	거경	역행
• 문장 짓기만 좋아하여 시류에 편승함[好以文辭, 取譽於時] • 성현의 말을 함부로 인용하여 알맹이 없는 글을 쓰는 일[剽竊經傳, 以飾浮藻] • 편지쓰는 데나 공을 들임[工於筆札]	• 편안한 것만을 생각하고 구속받는 것을 몹시 싫어함[只思暇逸, 深厭拘束] • 자신과 같은 것을 좋아하고 다른 것을 싫어함[喜同惡異] • 수식(修飾)[260]하고자 하나 다른 사람들과 어긋날까 두려워함[稍欲修飭, 恐乖於衆] • 부귀를 좋아하고 빈천을 하찮게 여김[歆羨富貴, 厭薄貧賤] • 절제가 없음[嗜慾無節] • 재물, 이익, 음악, 여색을 좋아함[貨利聲色, 其味如蔗]	• 심지가 굳건하지 않고 거동과 몸가짐을 함부로 함[惰其心志, 放其儀形] • 항시 움직여서 고요히 지내지 못함[常思動作, 不能守靜] • 남의 말을 주고 받으며 허송세월함[打話度日] • 음주가무를 즐김[業於琴酒] • 놀이를 즐기고 남과 다투는 일에 몰두함[圍棋局戲, 資爭競]

263 닦고 꾸미다, 마음을 바로 잡고 행동을 바르게 하다.

이와 같은 구습들은 오늘날의 사람들에게서도 쉽게 찾아볼 수 있는 모습이다. 지적 영역의 구습들은 당시 학자들이 문장만을 화려하게 꾸미고 그 내용은 경시하는, 즉 학문을 함에 있어 겉으로만 그럴싸한 채로, 깊은 탐구의 길로 들어서지 않았던 시류를 지적한 것이다. '성(誠)'을 강조한 율곡의 입장에서 이러한 학문은 무실(無實)에 지나지 않는다. 율곡은 '성'을 통해 학문에 진실된 마음으로 임하며 자신을 속이지 않는[毋自欺] 정직한 자세를 요구했다. 그러나 당시의 학자들은 공부를 통해 진리를 탐구하고 내적인 수양을 이루려 한다기보다 시류에 편승하여 명예만을 취했다[取譽]. 자신의 사욕에 이끌린 학문은 결국 성현의 말을 함부로 표절(剽竊)하고도 부끄러워할 줄 모르는 도덕적 해이를 만든다. 김장생(金長生)의 기록에 따르면 율곡은 "늘 내용 없이 문사(文詞)만 꾸미는 폐단에 대해 탄식해 왔는데, 대제학을 맡게 되자 이 습관을 꼭 고치고자 선비를 뽑는 모든 시험에서 반드시 문장(文章)보다 이치를 더 중시하는 것에 주안을 두었다"[264]고 한다. '성(誠)'이란 인간의 도리이자 모든 일을 이루는 근간이었으므로 실[實, 誠]이 없는 문사를 그는 용납할 수 없었다.

거경 영역의 구습들을 오늘날의 관점에서 해석하면 '개방적이지

264 『栗全』 卷35 「附錄」 先生每嘆浮文之弊, 及典文衡, 痛革此習, 凡試取, 必以理勝爲主.

못한 태도[喜同惡異],[265]' '지나친 물질 중심주의[歆羨富貴, 厭薄貧賤],[266]' '절제하지 못함[嗜慾無節],[267]' '규칙 · 규율에 대한 불순응[只思暇逸, 深厭拘束]'[268] 등으로 이해할 수 있다.

역행이 두드러진 구습의 목록 또한 '집중하지 못함[常思動作, 不能守靜],[269]' '품행불량[惰其心志, 放其儀形],[270]' '지나친 음주가무[業於琴酒, 圍棋局戲, 資爭競],[271]' '친구 · 이웃 간의 불화[打話度日]'[272] 등의 의미를 지닌다. 이와 같은 구습들은 배움을 방해하는 요소로서 한 번에 끊어내지 않으면 계속하여 반복되는 특징이 있다. 따라서 율곡은 구습을 끊겠다는 굳센 의지로 결단을 내린 뒤, 수시로 자신을 돌아보고 반성하는 노력을 기울여야 한다고 강조한다.

이 장에서 율곡의 3가지 수양 조목 중 '역행'이 가장 많은 비중을 차지한다. 혁구습의 과정이 쉬운 일이 아님은 모두가 경험적으로 알고 있는 사실이다. 익숙함에서 벗어나 새로운 길로 나아가는 일

---

265 같음을 기뻐하고 다름을 미워함.

266 부귀를 부러워하고, 빈천을 싫어함.

267 욕망을 절제하지 못함.

268 오직 한가하고 편안함만을 생각하며, 구속을 싫어함.

269 항상 움직임을 생각하며 고요함을 지키지 못함.

270 마음과 뜻을 게으르게 하고, 몸가짐과 태도를 방종하게 함.

271 거문고와 술에 빠지고, 바둑과 놀이에 열중하며, 다툼과 경쟁을 일삼음.

272 (타인에 대한) 쓸데없는 말을 하여 세월을 보냄.

은 몸과 마음의 저항을 이겨내는 과정이다. 교사는 학생들이 구습을 끊기 위해 포기하지 말고 힘써 행하도록 독려해야 한다. "하던 대로 따른다면 학문에 진전이 없게 될 것"[273]이다. 단지 한두 번의 시도에 그쳐서는 안 된다. 이는 "환약 한 알, 가루약 한 봉으로 하루아침에 효과를 보기를 바라는"[274] 마음과 같은 것이니 경계하고 물리쳐야 한다. 끊임없는 반복을 통해 점진적으로 성취되는 혁구습의 과정은 또한 학생들에게 끈기와 인내라는 결실을 안겨줄 것이다.

혁구습은 율곡의 무실(務實)사상과도 연관된다. '무실'이란 실(實)을 힘쓴다는 의미로 황의동(2022: 245)은 이 '실'을 진실성, 실천성, 실용성으로 규정했다. 율곡은 힘써서 성취해야 하는 '실'을 빈말이 아닌 실공(實功)[275]으로 설명한다. '실공'이란 일을 하는 데 정성껏 하여 빈말에 힘쓰지 않음[276]으로 말만 번지르르한 게 아니라 실천이 수반되는 것이다. 이는 곧 율곡의 수양론이 '극기(克己)'를 강조하는 이유이다. 실제로 율곡은 42세 때인 1582년에 「극기복례설」을 지어 극기에 대한 자신의 생각을 논하였다. '극기'에 대한 논의는 '지신' 장에서 후술한다.

273 『栗全』 卷20 「聖學輯要」 學不進, 率由於因循.

274 『栗全』 卷20 「聖學輯要」 豈可責效於一丸一散一朝一夕之間, 而遽怪其不及乎人哉.

275 『栗全』 卷3 「陳弭災五策箚」 所謂恐懼修省者, 不在於言語, 而在於實功.

276 『栗全』 卷5 「萬言封事」 所謂實功者, 作事有誠, 不務空言之謂也.

3) 공부의 내용

율곡은 공부의 목적과 조건으로 입지와 혁구습을 언급했다. 성인이 되겠다는 뜻과 구습을 떨쳐버린 후에는 본격적으로 자신의 몸과 마음을 검속하고 기르는 수양에 들어가야 한다. 구체적인 수양 내용으로는 자신의 몸과 마음을 기르는 일뿐 아니라 일상생활에서 부모님과 사람을 대하는 방법, 경전을 읽는 순서, 책을 대하는 마음가짐과 태도 등 개인의 생활 전반에 관한 올바른 이치가 담겨 있다.

1. 지신(持身)

收斂身心, 莫切於九容, 進學益智, 莫切於九思.

몸과 마음을 가다듬는 데는 구용(九容)보다 더 절실한 게 없고, 지혜를 더하고 학문을 진취시키는 데는 구사(九思)보다 더 절실한 게 없다.

『격몽요결』 지신장제삼

지신을 문자 그대로 풀이하면 몸[身]을 잘 잡아야[持] 한다는 의미이다. 의역하자면 몸가짐을 올바르게 단속하는 방법으로 풀이

할 수 있다. 주의할 점은 유학의 몸[身]이 지닌 함의가 단순히 생리적 · 생물적 육체만을 가리키는 게 아니라는 데에 있다. 유학에서 '몸'이란 신체적 욕구, 지각 능력, 정서적 반응, 분별심, 도덕심 등을 총칭한다. 『격몽요결』에서의 '지신' 장 또한 공부에 임하는 마음가짐부터 생활 태도, 몸가짐, 정서 안정을 위한 자세, 반성적 태도 등을 망라하여 다룬다. 이는 심 · 신을 일원론적으로 바라보는 유학의 전통에 연유한다.

유학자들도 육체가 지닌 생리적 현상의 위태로움을 인지하고 있었다. 이들은 신체를 지닌 인간의 생물학적 욕구를 인심으로, 사리를 분별하고 도덕심을 발휘하는 마음을 도심이라 구분하였다. 율곡 또한 인심은 입과 뼈[口體]로 상징되는 몸을 위해 일어난 마음[277]으로 악으로 흐를 위험이 크므로 정밀히 살펴 도심으로써 절제해야 한다고 지적한다. 이렇게 본다면 유학의 전통에서 몸을 다스리는 일은 두 가지로 나누어 볼 수 있다. 첫째, 생리적 욕구를 지닌 육체를 다스리는 일과 둘째, 마음으로 대변되는 정신의 여러 작용들을 검속하는 일이다. 그러나 이 두 가지는 긴밀한 상호 작용을 이루고 있으므로 육체를 다스림을 통해 정신을 다스리고, 마음을 검속함으로써 몸 또한 그에 맞게 관리할 수 있다.

지신에서 다루고 있는 내용들도 마찬가지로, 유학의 수양적 전

277 『栗全』 卷14 「人心道心圖說」 有爲口體而發者 … 此則謂之人心.

통에 따라 육체를 다스리는 일과 정신을 다스리는 일로 구분할 수 있다. 그러나 주지하듯 양자가 서로 긴밀한 영향을 끼치고 있다. 예를 들어, 지신 장의 첫 번째 문구에서 "공부하는 사람은 반드시 정성스러운 마음으로 올바른 도로 나아가려고 해야 한다"는 '성실(誠實)', 즉 마음에 관한 일을 말하고 있다. 또한, 몸가짐을 바르게 하는 구용, 즉 신체에 관한 일을 경(敬)에 머물 수 있는 대표적인 방법으로 꼽는다는 점 등이 그것이다. 지신 장의 구체적 내용을 율곡의 수양론 체계에 맞추어 분류하면 다음 표와 같다.

표 3. 『격몽요결』「지신」 장 내용 분석

궁리	거경	역행
• 예를 알기 위해 이치를 탐구할 것[禮與非禮(初學難辨) 必須窮理而明之.] • 책을 읽는 이유[讀書者 欲明此理] • 성실하게 이치를 추구함[讀書則以誠窮理] • 이치를 궁구하여 선을 밝힘[窮理以明乎善]	• 충신과 신의를 위주로 공부할 것[主忠信] • 몸과 마음을 간수함[九容, 九思] • 말과 잡념을 수렴시킴[多言多慮 最害心術, 使寂寂無紛起之念] • 고요히 앉아 마음을 거두어들임[靜坐收斂此心] • 마음이 외물에 지배받지 않음[不可爲外物所勝] • 매일 자신을 점검함[每日頻自點檢]	• 예를 지키고 따를 것[四勿箴] • 극기 공부[克己工夫 最切於日用] • 선현의 예를 따름[非先王之法服 … 不敢行] • 말을 가려 간결하고 신중하게 함[擇言簡重] • 오락과 음주가무를 즐기지 않음[…不可使奸聲亂色 有干於我] • 이치에 따라 일을 처리함[有事則以理應事]

	• 내 마음을 살핌[必須檢察吾心] • 비뚤어짐과 공경하지 않음이 없음[思無邪無不敬] • 경에 거하여 근본을 세움[居敬以立其本]	• 신독(愼獨)[處幽如顯處獨如衆] • 의를 좇음[常以行一不義 … 不意低意思] • 이치에 맞지 않는 일을 끊어냄[若不合理 則一切痛斷]

'지신' 장에서 율곡은 궁리 · 거경 · 역행 세 가지를 평생에 걸쳐 힘써야 할 일이라고 주장한다.[278] '궁리'로 분류된 영역에서, 율곡은 책을 읽는 이유를 설명하고 성실하게 이치를 추구할 것을 강조한다. 전술한 바와 같이 '궁리'의 두 가지 방식 중 하나는 일상에서의 탐구이며 다른 하나는 독서를 통해 이를 증명하는 일이다. 『격몽요결』에도 궁리의 두 가지 방식이 모두 언급되어 있다. 즉, 일상에 잘 대처하기 위해 예(禮)의 시비를 분별할 것과 이를 위한 기준을 마련하기 위해 책을 읽어 이치를 세워야 함을 서술한다.

율곡은 '거경' 수양에서 수렴을 경의 시작[279]으로 여기고 이를 소학의 공부로 분류[280]한다. 『격몽요결』에서는 몸과 마음을 가다듬는

278 『栗全』 卷27 「擊蒙要訣」 居敬以立其本 窮理以明乎善 力行以踐其實三者 終身事業也.

279 『栗全』 卷21 「聖學輯要」 收斂 敬之始也.

280 『栗全』 卷20 「聖學輯要」 今取敬之爲學之始者 置于窮理之前 目之以收斂 以當小學之功.

데에 '구용'보다 더 절실한 것은 없다고[281] 밝힌다. 전술하였듯 유가 전통 사상에서 몸과 마음은 통합적이고 상호 영향 관계 아래 놓여 있다. 즉, 몸가짐을 단속함으로써 마음 또한 수렴될 수 있다. 몸과 마음의 수렴을 위한 아홉 가지 몸가짐은 다음과 같다.

① 발걸음을 무겁게 하고[足容重] ② 손을 공손하게 하며[手容恭] ③ 눈을 단정하게 하고[目容端] ④ 입의 움직임은 그치며[口容止] ⑤ 목소리는 고요해야 하며[聲容靜] ⑥ 머리는 곧아야 하고[頭容直] ⑦ 호흡을 엄숙하게 하고[氣容肅] ⑧ 서 있는 모습은 덕스러워야 하며[立容德] ⑨ 낯빛은 씩씩해야 한다[色容莊].[282]

이와 같은 아홉 가지 몸가짐은 일상에서 곧바로 실천할 수 있다. 지금 당장이라도 학습자는 구용을 행할 수 있다. 율곡이 즉시 행위로 전환될 수 있는 수렴 공부를 제시한 것은 "공부란 일상생활을 하며 일하는 중에 하게 되는 것"[283]이라는 자신의 공부관 때문이다.

같은 맥락에서 제시된 구사(九思) 또한 초학자가 일상생활에서 올바로 처신하기 위해 유념해야 할 생각들로 학문에 정진하고 지혜를 늘리기 위한 주요 방법으로 언급되는 일들이다. 일상에서 바

281 『栗全』 卷27 「擊蒙要訣」 收斂心身, 莫切於九容.

282 『栗全』 卷27 「擊蒙要訣」 足容重, 手容恭, 口容止, 聲容靜, 頭容直, 氣容肅, 立容德, 色容莊.

283 『栗全』 卷27 「擊蒙要訣」 爲學在於日用行事之間.

른 몸가짐과 바른 생각을 가지고 사물에 대응하는 일이 곧 공부이다. 구사의 목록은 다음과 같다.

① 밝게 볼 것(을 생각하고)[視思明] ② 분명하게 들을 것(을 생각하고)[聽思聰] ③ 얼굴빛을 따스하게 할 것(을 생각하고)[色思溫] ④ 용모와 거동을 공손하게 할 것(을 생각하며)[貌思恭] ⑤ 진심을 담아 말할 것(을 생각하며)[言思忠] ⑥ 일을 공경스럽게 처리할 것(을 생각하며)[事思敬] ⑦ 의문이 생기면 질문할 것(을 생각하고)[疑思問] ⑧ 화가 나면 그 이후를 생각하며[忿思難] ⑨ 이익을 얻을 때는 의로움을 생각해야 한다[見得思義].[284]

혹자는 구용과 구사가 거경, 즉 안정적이고 차분한 마음을 위한 수양법이라기보다, 용모와 행동거지를 단속하는 역행의 측면을 띠고 있는 것은 아닌지 의문을 제기할 수 있다. 실제로 경전에는 구용과 구사가 용모와 태도를 성찰하고 살피는 것이 아닌지 묻는 질문[285]이 기록되어 있다. 본디 구용과 구사는 각각 『예기』와 『논어』에서 언급된다. 이에 대해 주희는 '구용 · 구사가 바로 근본을 함양하는 것이며 [이를 통해] 보존하고 기르지 않으면 어디서 보존하고 기르겠는가?'[286]하고 반문한다. 율곡뿐 아니라 주희 또한 구용과 구

284 『栗全』 卷27 「擊蒙要訣」 視思明, 聽思聰, 色思溫, 貌思恭, 言思忠, 事思敬, 疑思問, 忿思難, 見得思義.

285 『朱子語類』 「禮四」 問, 禮記九容, 與論語九思, 一同本原之地, 固欲存養 ; 於容貌之間, 又欲隨事省察.

286 『朱子語類』 「禮四」 日, 即此便是涵養本原. 這裏不是存養, 更於甚處存養.

사를 함양의 방법으로 채택하고 있다. 이는 성리학의 전통적인 거경 방법이다.

『격몽요결』에는 거경 중 수렴이 두드러지게 언급되며 적은 분량이지만 성찰과 함양 또한 함께 언급되어 있다. 실제로 율곡은 이 저서를 통해 생각이 많은 것[多慮]을 마음에 가장 해가 되는 것 중 하나로 들고 있다. 이는 그가 함양을 통해 붕 뜬 생각[浮念]을 제거하여 마음을 안정시켜야 한다고 말한 맥락과 동일한 것이다. 또한 매일 자신을 점검[每日頻自點檢]하고 내 마음을 살피는[必須檢察吾心] 성찰을 행하고, 비뚤어짐과 공경하지 않음이 없는 마음[思無邪 無不敬]의 함양을 권유하기도 한다.

실천의 영역인 역행에는 예와 관련된 항목이 많이 등장한다. 이는 율곡이 역행을 통해 예를 수용하고 실천하는 일을 성인이 되는 일과 동일시했기 때문이다. 즉, 역행을 통해 공부의 최종 목적이 이루어지는 것이다. 그럼에도 율곡은 역행을 "자신이 좋아하는 것과 하늘의 이치가 합치하지 않는 것"[287]으로 그 과정이 지난한 극기(克己)의 연속임을 인정한다. 따라서 매일 스스로를 돌아보며 자신의 마음을 관찰해야 한다. 율곡의 수양론은 특히 이발(已發), 즉 사려나 감정이 이미 발한 뒤의 상황을 살피고 분별하는 데 중점을 둔다. 그는 극기의 과정에서 이미 발현된 자신의 호오(好惡)가 무엇을

287 『栗全』 卷27 「擊蒙要訣」 吾心所好, 不合天理之謂也.

향하고 있는지 면밀히 살필 것을 강조한다. 이러한 맥락에서 율곡은 떠들썩한 잔치 자리에 끼지 않고, 음주가무를 멀리하는 등 자신의 마음을 어지럽힐 만한 환경에서 벗어나야 한다고 강조한다.

2. 독서(讀書)

必須窮理明善, 然後當行之道, 曉然在前, 可以進步. 故入道莫先於窮理, 窮理莫先乎讀書, 以聖賢用心之迹及善惡之可效可戒者, 皆在於書故也. 凡讀書者, 必端拱危坐, 敬對方册, 專心致志, 精思涵泳. 深解義趣, 而每句必求踐履之方. 若讀而心不體身不行, 則書自書我自我, 何益之有. … 凡讀書, 必熟讀一册, 盡曉義趣, 貫通無疑, 然後乃改讀他書, 不可貪多務得, 忙迫涉獵也.

반드시 이치를 궁리하여 선을 밝힌 후에야 마땅히 행해야 할 도가 뚜렷하게 드러나 발전할 수 있게 된다. 그러므로 도에 들어가는 데 이치를 궁구하는 것보다 먼저 할 것이 없으며, 이치를 궁구하는 데 있어 독서를 하는 것보다 먼저 할 것이 없으니, 성현이 마음을 다한 흔적과 선악에 대해 본받을 점과 경계할 점이 모두 책에 담겨 있기 때문이다. 무릇 독서하는 자는 반드시 단정히 앉아 공손히 책을 마주하며, 마음을 집중하고 뜻을 다하며, 정밀히 생각하고 깊이 이해하되, 구절마다 반드시 그 실천할 방법을 찾아야 한다. 만일 입으로만 읽고 마음으로 체득하지 못하며 몸으로 행하지도 못한다면, 책은 책대로이며, 나는 나대로일 뿐이니 어떤 유익함이 있겠는가. … 독서를 할 때에는 반드시 책 하나를 숙독하여서 의미를 모두 알아 의심 없이 훤히 알게 된 후에 다른 책으로 바꿔 읽어야 하니, 많이 읽으려고 욕심을 내고 무언가 얻어낼 것을 찾는 데만 힘써 이것저것 바삐 넘겨서는 안 된다.

『격몽요결』 독서장제사

율곡은 독서 장을 통해 책을 읽어야 하는 이유, 책을 읽는 순서,

책을 읽는 방법과 태도를 설명하고 있다. 마음의 주요 기능을 '지각'으로 규정하는 그는 특히 외부 사물에 대한 앎을 중요시한다. 이는 이미 발생한 생각이나 감정 같은 '정'을 정밀하게 살피고 성찰하여 도심으로 향해가도록 만들어야 한다는 인심 · 도심론과도 연결된다. 마음의 사려[意] 기능이 도덕 실천의 핵심으로 작용한다는 점에서 옳음의 기준을 세우는 일은 무척 중요하기 때문이다. 무엇이 옳은지에 관한 앎이 없다면 사려가 올바로 작동할 수 없다. 율곡은 이 점을 염두에 두었기 때문에 책을 읽어야 할 이유를 다음과 같이 설명한다.

그러므로 도에 들어가기 위해서는 궁리보다 앞서는 게 없고, 궁리를 위해서는 독서보다 앞서는 게 없다. 성현이 애쓴 자취와 선악 가운데 본받고 경계할 만한 것들이 모두 책에 있기 때문이다.[288]

올바른 길에 들어서기 위해서는 이치를 추구[窮理]해야 하며 이치를 추구하기 위해서는 독서를 우선으로 해야 한다. 책에는 성현의 자취가 모두 담겨 있어 그것으로부터 본받고 경계해야 할 일들을 배울 수 있기 때문이다. 공부의 목적이 '성인이 되는 것'에 있기 때문에 성인들이 저술한 책을 통해 그 성과를 따라가는 일이 중요하다. 그러나 율곡이 성인의 자취를 따라가야 한다고 주장한 데에

288 『栗全』 卷27 「擊蒙要訣」 故入道莫先於窮理 窮理莫先乎讀書. 以聖賢用心之迹及善惡之可效可戒者, 皆在於書故也.

는 또 다른 이유가 있다. 『격몽요결』에서는 명확히 밝히지 않았으나 선조와의 경연 기록을 살펴보면 그 까닭이 분명해진다.

> 학문함이란 단지 바르게 앉아 종일 독서하는 것을 이르는 게 아니라 일상의 모든 일을 이치에 맞게 하는 일이다. 이치에 맞는지 맞지 않는지를 스스로 알 수 없기 때문에 책을 읽어 그 이치를 구하는 것이다.[289]

일관된 학문의 목적은 일상생활에서의 모든 일을 이치에 맞게 처리하는 데에 있다. 그러나 그 이치가 무엇인지 알 수 없다면, 즉 옳고 그름의 기준이 존재하지 않는다면 이치를 따라 행할 수 없다. 특히 이치의 합일 여부는 '스스로 알 수 없기' 때문에 오랜 세월에 걸쳐 인증되고 권위를 부여받은 성현의 저술에 의존해야 한다. 이는 전술한 '궁리'의 '밝힘[明]' 과정이다.

책을 읽는 태도와 마음가짐에 관해 율곡은 다음처럼 언급한다.

> 무릇 독서하는 자는 반드시 무릎을 꿇고 단정히 앉아 공손히 책을 마주하며, 마음을 집중하고 뜻을 다하며, 정밀히 생각하고 깊이 이해하되, 구절마다 반드시 그 실천할 방법을 찾아야 한다. 만일 입으로만 읽고 마음으로 체득하지 못하며 몸으로 행하지도 못한다면, 책은 책대로이며, 나는 나대로일 뿐이니 어떤 유익함이 있겠는가.[290]

---

289 『栗全』 卷29 「經筵日記」 學問非謂兀然端坐, 終日讀書也. 學問只是日用間處事一一合理之謂也. 惟其合理與否, 不能自知, 故讀書以求其理.

290 『栗全』 卷27 「擊蒙要訣」 凡讀書者, 必端拱危坐, 敬對方册, 專心致志, 精思涵泳. 深解義趣, 而每句必求踐履之方. 若口讀而心不體, 身不行, 則書自書, 我自我. 何益之有.

책을 읽는 사람은 반드시 단정한 자세로 앉아 집중하여 그 내용을 이해하고자 노력해야 한다. 또한 배운 바를 실천할 방법을 찾아야 하는데, 그렇지 않으면 앎과 행동의 분리가 일어나 독서의 유익함이 하나도 존재하지 않게 된다. 율곡은 궁리의 방법인 독서를 통해서도 거경의 자세와 실천하는 태도[力行]의 중요성을 지적한다. 특히 역행의 중요성을 강조하여 실천이 없다면 독서의 이익이 없다고 역설한다. 이는 반대로 궁리의 본질이 자신의 기질을 교정하여 삶을 변화시키는 일의 연속임을 잘 보여준다.

덧붙여 율곡은 책의 내용을 깊이 있게 습득하기 위한 구체적인 방법을 다음과 같이 설명한다.

> 독서를 할 때에는 반드시 책 하나를 숙독하여서 의미를 모두 알아 의심 없이 훤히 알게 된 후에 다른 책으로 바꿔 읽어야 하니, 많이 읽으려고 욕심을 내고 무언가 얻어낼 것을 찾는 데만 힘써 이것저것 바삐 넘겨서는 안 된다.[291]

독서의 방식에는 짧은 시간에 최대한 다양한 책을 읽는 방법과 하나의 책을 깊이 있게 숙독하여 그 취지와 함의를 온전히 깨닫는 방법이 있다. 상대적으로 입시나 시험공부를 위한 독서는 전자의 방법을 취하는 것이 적절할 것이다. 하지만 율곡은 경전의 독서 방법으로 책 하나하나를 공들여 깊이 생각하며 읽기를 추천한다. '의

---

291 『栗全』 卷27 「擊蒙要訣」 凡讀書, 必熟讀一册, 盡曉義趣, 貫通無疑, 然後乃改讀他書, 不可貪多務得, 忙迫涉獵也.

리(義理)'가 담긴 경전은 "모름지기 깊이 생각을 해야 비로소 나아감이 있기"[292] 때문이다. 율곡이 단순히 다독하는 일을 권하지 않은 이유는 공부의 목적이 성인, 즉 인심과 도심이 일치하는 경지에 이르는 사람이 되고자 하는 데 있기 때문이다. 성인이 되기 위해서는 천지의 이치를 통달하고 그 이치를 내 마음과 일치시켜 행동할 수 있어야 하며, 마음의 정이 발하는 기미를 예리하게 포착하여 올바른 이치[正理]를 선택할 수 있어야 한다.

우리는 경험적으로 앎이 실천에 옮겨지기까지 여러 번의 시행착오를 겪어야 한다는 사실을 알고 있다. 또한 기질을 교정하는 일이 마음처럼 수월하게 이루어지지 않는다는 점도 인지하고 있다. 이는 학문과 수양이 단기간의 결과에 집착하는 것이 아니라, 삶 전체에 걸친 노력이 되어야 함을 의미한다. 따라서 성인이 되기 위한 독서에는 단기간에 필요한 지식을 습득하여 시험에 응하거나 닥친 일을 처리하기 위한 책 읽기와는 다른 방식이 필요하다. 율곡에게 독서란 단순히 지식을 축적하는 데에 그치는 것이 아닌, 자신의 삶에 적용하는 실천의 과정이기 때문이다. 그는 이에 대한 방법으로 하나의 책을 깊이 있게 사색한 뒤, 책을 통해 얻은 교훈을 온전히 체화(體化)시키는 단계로 나아갈 것을 제시한다. 이를 통해 지와 행이 일치하는 진정한 도덕군자의 삶을 영위할 수 있다.

---

292 『栗全』 卷20 「聖學輯要」 義理之, 須深沈方有造.

율곡은 『소학』에서 시작하여 『대학』, 『대학혹문』, 『논어』, 『맹자』, 『중용』의 사서(四書)를 거쳐 『시경(時經)』, 『예경(禮經)』, 『서경(書經)』, 『역경(易經)』, 『춘추(春秋)』 오경(五經)에 이르는 독서의 순서를 제시한다. 특히 "일상생활의 도리와 몸가짐을 익히는 『소학』을 먼저 읽고 실천하기에 힘써야 한다"[293]는 점은 머리말[序]을 통해 드러난 율곡의 공부관과 일치한다. 또한 『격몽요결』이 『소학』을 대체할만한 조선의 독자적인 초학서라는 점에서, 두 책의 지향점이 동일함을 알 수 있다. 즉, 동양의 전통 사상에서 공부란 본래 일상으로부터 괴리된 특별한 행위가 아니었으며, 배움과 삶의 일치를 통해 도덕적으로 성숙한 인간이 되고자 하는 데서 출발한 것임을 보여준다.

---

293 『栗全』 卷27 「擊蒙要訣」 先讀小學, 於事親敬兄忠君弟長隆師親友之道, 一一詳玩而力行之.

3. 사친 · 거가(事親 · 居家)

凡人莫不知親之當孝, 而孝者甚鮮, 由不深知父母之恩故也. … 日月如流, 事親不可久也. 故爲子者須盡誠竭力, 如恐不及可也. 古人詩曰, 古人一日養, 不以三公換, 所謂愛日者如此.

사람이라면 누구든 어버이에게 효도를 다해야 한다는 것을 알지 못하는 이가 없다. 그런데도 효도를 [다]하는 사람이 매우 드문 것은 어버이의 은혜를 절실하게 깨닫지 못하고 있기 때문이다. … 세월은 흐르는 물과 같아 부모를 오래 섬길 수 없다. 그러므로 자식된 자는 모름지기 정성과 힘을 다하면서도 그것이 미치지 못할까 두려워하는 것처럼 해야 한다. 옛 사람의 시에, "하루의 부모 봉양은 삼공(三公)의 [부귀와도] 바꾸지 않겠다"고 하였으니, 소위 시간을 아낀다는 것이 이와 같다.

『격몽요결』 사친장제오

君子憂道, 不當憂貧. 但家貧無以資生, 則雖當思救窮之策, 亦只可免飢寒而已, 不可存居積豐足之念. 且不可以世間鄙事, 留滯于心胸之間. … 若有較利害計豐約之念, 則豈不爲心術之害哉, 學者要須以輕富貴守貧賤爲心.

군자는 도를 걱정해야지 가난을 걱정해서는 안 된다. 다만 집이 가난하여 생계를 유지할 수 없다면 구제할 방책을 생각해야 한다. 그 또한 단지 굶주림과 추위를 면하는 데 그쳐야지 풍족함을 쌓고자 하는 생각을 해서는 안 된다. 또 세속의 비천한 일에 관심을 갖고 머물러서는 안 된다. … 만약 이익과 손해를 따지고 풍족한 살림을 꾀하는 마음이 있다면 어찌 마음에 해가 되지 않겠는가. 학자는 반드시 부귀를 가볍게 여기고 빈천을 지키는 것으로 마음을 삼아야 한다.

『격몽요결』 거가장제팔

입지 · 혁구습 · 지신 · 독서 장은 수신의 영역에 해당하는 공부였다. 사친과 거가 장은 제가(齊家)의 영역에서 가정 내 올바른 생활에 관한 가르침이 담겨 있다. 다만 사친 · 거가 장의 내용이 오늘날의 상황과 정서에 그대로 적용되기 어려운 부분이 있어, 학교 현장에서 학생들을 교육할 때는 필요한 부분을 취하거나 재해석하여 활용하여야 한다. '사친'이란 어버이를 섬기는 법을 의미한다. 동양의 전통에서 '효'라는 덕목은 그 위상이 높다. 오늘날 개인주의 경향이 짙어지고 가족 구성원의 자율성이 높아지면서 '효'를 강조하는 일이 마치 구세대적 관습으로 느껴지기도 한다. 그러나 '효'란 단순히 부모님을 사랑하고 그 은혜에 보답하는 데 그치는 덕목이 아니다. 이는 사회와 세계로 확장되는 보편적 인류애의 기초가 된다. 유교의 윤리는 부모와 형제, 친척과 같은 가까운 관계에서부터 시작되어 천하 만민까지 인(仁)의 대상을 확장시킨다. 그 가운데 '효'는 인의 범위를 천하로 넓히는 발판이 된다는 점에서 매우 의미 있는 덕목이다.

주희와 같은 성리학자들은 인의예지와 같은 덕성들을 (인위적인 것이 아니라) 생의(生意)와 같이 자연스러운 인간 본성의 산물로 보았다.[294] '생의'란 만물을 낳고 낳는 자연의 생명력이자 만물이 갖는 생명에의 본능이다. 이러한 관점에서 '인'은 천지가 지닌 "만물을

294 김병환, 『생명공학과 유가윤리사상』, 새문사, 2017, 40쪽.

낳는 한없이 넓은 마음"인 '자연생명'이 "따뜻하게 사람을 사랑하고 만물을 이롭게 하는 마음"이라는 '도덕생명'으로 드러난 것이다. 이 '인'은 나와 타 존재를 하나로 맺어주는 통로이자, 타 존재를 살리는 '살림'의 가치이다.[295] 효는 이러한 인간의 생물학적 본성에 근간한 가장 기초적인 덕을 담고 있다. 성리학자들이 윤리적 덕목들을 자연의 본성과 연계한 것처럼, 효의 덕목 또한 인간의 자연스러운 본성에 뿌리를 두고 있다. 효는 인간에게 자연스럽게 유발되는 감정이며, 동시에 윤리적 덕목을 실천할 수 있는 기초적인 발판을 제공한다. 부모를 향한 사랑과 감사의 마음은 인위적으로 만들어지는 것이 아니라 생의에 기반한 자연스러운 본능에서 비롯된다. '인의예지'와 같은 윤리적 덕목을 생의라는 자연의 본질로 이해한 것처럼, 효는 윤리적 실천의 첫걸음이자 인간 본성을 발현하는 가장 기본적인 형태인 것이다.

이러한 '효'의 특성은 누구나 가장 쉽게 접하고 실천할 수 있는 윤리이다. 부모님에 대한 사랑의 마음은 동서양을 막론하고 인간이라면 갖게 되는 보편적 인정에 기초하기 때문이다. '효'는 가족애의 한 부분이다. 따라서 부모님의 마음을 아프게 하거나 나이 드신 부모님을 함부로 대해서는 안 된다는 명제는 당위성을 갖는다. 효에 대한 강조는 부모와 자식의 관계를 천륜(天倫)이라 여기는 동양

295 김병환(2017), 위의 책, 21~45쪽.

의 지적 전통에서 뚜렷하게 드러난다. 그럼에도 우리 사회에는 여전히 패륜적 범죄가 종식되지 않고 있다. 일 년에도 몇 번씩 자신의 부모님에게 반인륜적 범죄 행위를 저지른 사건이 보도된다. 이는 앎과 실천이 분리된 데서 기인한 일이다. 율곡 또한 '사친' 장에서 어버이의 은혜를 알고도 행하지 못하는 상황을 지적하며 그 원인을 다음과 같이 밝힌다.

> 사람이라면 누구든 어버이에게 효도를 다해야 한다는 것을 알지 못하는 이가 없다. 그런데도 효도를 [다]하는 사람이 매우 드문 것은 어버이의 은혜를 절실하게 깨닫지 못하고 있기 때문이다.[296]

효도를 하는 사람이 매우 드문 것은 어버이의 은혜가 얼마나 깊은지 제대로 알지 못하기 때문이다. 율곡은 나에게 생명을 물려주신 분이 부모님이라는 직관주의적 방식으로 효의 당위성을 말한다. 부모님, 나아가 선조(先祖)가 물려준 나의 육체는 기의 맥[氣脈]이 서로 통하고 있다. 오늘날의 관점에서 말하면 부모의 성격, 체질, 형상 등의 정보를 담은 DNA가 자신에게 유전되는 현상이다. 자식은 과거를 물려받아 미래를 여는 생명의 전달자 역할을 한다.[297] 동일한 맥락으로 『격몽요결』은 자신의 몸을 자기 것이라 멋

---

296 『栗全』 卷27 「擊蒙要訣」 凡人莫不知親之當孝. 而孝者甚鮮, 由不深知父母之恩故也.

297 김병환, 『생명공학과 유가윤리사상』, 71~72쪽.

대로 다루어서는 안 된다[298]는 점을 강조한다. 더 나아가, 부모님과 함께할 수 있는 시간은 한정되어 있으므로 자식이 된 이는 반드시 정성을 다해 세월을 아껴 부모님이 살아계신 시간을 소중히 여겨야 한다.

부모님을 모시는 구체적인 방법은 다음과 같다. ① 자기 멋대로 행동하지 않기 ② 아침저녁으로 문안드리고 낮 동안에 공경스럽게 모시기 ③ 집안 출입 시 부모님께 인사드리기 ④ 집안일 돕기 ⑤ 부모님을 기쁘게 해드리기 ⑥ 부모와 나 사이의 위계 존중하기 ⑦ 부모님과 갈등 발생 시 공경스러운 태도로 대하기 ⑧ 부모님께서 편찮으실 때 정성으로 간호하기 ⑨ 일상에서 부모님을 생각하여 함부로 행동하지 않기[299]이다.

'거가' 장에는 부부간의 예절, 형제간의 우애, 자식을 돌보는 법 등이 서술되어 있다. 특히 형제간의 우애에 대해 율곡은 같은 부모님의 핏줄을 이어받았기 때문에 서로 차별 없는 사이가 되어야 한다고 말하고 있다. 그러므로 서로가 자신의 몸처럼 상대를 위해주어야 한다. 만약 갈등이 생기거나 상대가 잘못된 길로 나아가려고 한다면 목소리를 부드럽게 하여 타이르도록 해야 한다. 나아가 형

---

298 『栗全』 卷27 「擊蒙要訣」 豈敢自有其身, 以不盡孝於父母乎.

299 『栗全』 卷27 「擊蒙要訣」 ① 一事一行, 毋敢自專. ② 每日未明而起~極盡其誠. ③ 出入, 必拜辭拜謁. ④ 必須躬幹家事. ⑤ 亦當周旋補助~則珍味亦必可得矣. ⑥ 當先意承順, 毫忽不可違. ⑦ 若其害理者, 則和氣怡色柔聲以諫. ⑧ 父母有疾, 只以問醫劑藥爲務. ⑨ 日用之間-皆是忘父母者也.

제의 자식 또한 자신의 자식처럼 대할 것을 당부하고 있다.

'거가' 장은 그 대상이 사람을 다스림에만 한정되어 있지 않다. 이 장에는 재물의 적절한 쓰임에 대해서도 언급한다. 『격몽요결』에 제시된 '공부하는 사람'은 굶주림과 헐벗음만을 면했다면 그것으로 만족하고 재물과 풍족한 삶에 마음을 두어서는 안 된다. 재물에 마음을 두기 시작하면 세속의 더러운 일을 생각하게 되고 도를 잃어버리는 결과를 초래하기 때문이다.[300] 이는 오늘날의 지나친 물질주의적 세태에 경종을 울리는 말이다. 소유가 곧 자신의 정체성이 되는 사회의 물질만능주의 사상은 청탁수박한 기질을 극복하고 '인간다움'이라는 도덕을 향해가는 인간의 숭고함을 저버리게 만든다. 그 자리에는 물질의 획득에 따른 쾌락과 물질에 자신의 정체성을 의탁하는 천박함만이 자리하게 되는 것이다. 물질의 소유가 그 사람의 정체성을 대변할 수 없다. 물건은 삶의 필요를 충족시키는 수단일 뿐이다. 오늘날 우리가 목도하듯이, 물질의 소유가 삶의 목적이 되는 순간 인간은 도덕적 성숙과 내적 성찰을 잃게 된다. 율곡은 소유와 존재를 분리시키고 눈앞의 이익에 매몰되어 자신의 인간됨을 훼손할 위험성을 경계한다.

혹자는 그의 이러한 지향이 '자본주의'라는 시대적 흐름에 뒤떨

---

300 『栗全』 卷27 「擊蒙要訣」 但家貧無以資生, 則雖當思救窮之策, 亦只可免飢寒而已, 不可存居積豐足之念. … 若有較利害計豐約之念, 則豈不爲心術之害哉.

어지는 사고라 말할 수도 있다. 그러나 율곡이 말한 '청빈(淸貧)'의 가치는 최소한의 인간적인 삶도 보장되지 않는 빈궁함을 추구하라는 의미가 아니다. 그 또한 물질의 빈궁함이 인간에게 끼치는 해악을 알고 있었다. 다만 물질적 풍요에만 치우쳐 도덕적 가치를 저버리는 삶의 자세를 경계하는 것이다. 율곡의 이러한 사유는 물질적 성공과 도덕적 책임 사이의 균형을 고민하는 데 중요한 통찰을 제공한다. 오늘날에도 재물을 좇다가 많은 사람들이 불법적인 행위를 저지르고 그들이 처음 품었던 뜻을 잃는 경우가 많다. 자신이 어떤 자리에 가더라도 '궁행지도(躬行之道)', 즉 도리를 따르는 실천의 중요성을 재물보다 무겁고 가치 있는 일로 생각해야 여러 유혹에서 벗어날 수 있게 된다.

주지하다시피 사친과 거가 장의 구체적인 내용은 오늘날의 상황과 정서에 적절하지 않은 면도 있다. 예를 들어 개인의 주체성이 강조되는 시대에서 반드시 부모님의 뜻을 따라야 한다는 식의 법도는 오늘날의 사람들에게 설득력을 갖지 못한다. 전통적인 부부의 역할 또한 사라지는 추세로 오늘날의 시각에서 본다면 거가 장의 지침은 고루한 성 관념에 기초한 것에 불과할 수 있다. 또한, 다양해진 가정 형태로 인해 혈연에 기초한 가족애만을 강조할 수 없다는 점도 그렇다. 그럼에도 사친과 거가 장에 담긴 기본 정신은 타당한 가치를 지닌다. 자연스러운 인정에 기초한 감정은 혈연을 떠나 가족 구성원으로서 반드시 필요한 정서이기 때문이다. 비록 그 모든 내용이 현대 사회에 그대로 적용될 수는 없더라도, '사친'과 '거가' 장의 몇몇 지침은 우리 사회에 여전히 필요한 교훈을 담고 있다. 예를 들어, 가족 구성원 간 필요한 위계를 어느 정도 유지하는 일은 지나치게 허용적이고 수용적인 오늘날의 자녀 양육 방식의 문제점을 예방할 수 있다. 스마트폰의 발달로 가족 간 대화가 사라지고 개인의 관심사에 몰두하는 경향이 강해지는 세태에서, 밤낮으로 부모님의 안부를 묻는 일은 서로의 안녕을 묻고 대화를 늘려가는 '가정 내 정서적 보살핌'의 유용한 방법이 될 수 있다. 형제간 우애를 강조하는 가르침 역시 가족 구성원이 서로를 자신의 몸처럼 아끼고 보듬어야 한다는 방식으로 현대적 삶에 맞게 확장하여 적용할 수 있다.

사회가 아무리 변화하고 기술이 발달하며 전통적인 가정의 역할이 사회로 이전되는 시대라 할지라도, 개인은 결코 가정이라는 공동체를 완전히 벗어날 수 없다. 오늘날 다양한 가정이 존재한다 하더라도, 한 개인의 물리적 기원이나 최초의 기억이 형성되는 바탕은 여전히 가정이라는 토대 위에 놓여있기 때문이다. 가정은 한 인간이 삶의 기초를 쌓는 기본 얼개이며, 이는 과거와 현재를 관통하는 본질적 가치이다.

4. 접인 · 처세(接人 · 處世)

常以溫恭慈愛惠人濟物爲心, 若其侵人害物之事, 則一毫不可留於心曲. 凡人欲利於己, 必至侵害人物, 故學者先絕利心, 然後可以學仁矣.

항상 온순하고 공손하며 자애로써 남을 이롭게 하고 일을 이루는 것을 마음으로 삼아야 할 것이니 남을 침노하고 일을 해치는 일일 경우에는 털끝만큼이라도 마음에 두지 말아야 한다. 대개 사람은 자기에게 이롭다면 반드시 남을 침해하기까지 하기 때문에 배우는 자는 먼저 이익을 좇는 욕구[利慾]를 버리고 나서야 인(仁)을 배울 수 있다.

『격몽요결』 접인장제구

只是做科業者, 例爲得失所動, 心常躁競, 反不若勞力之不害心術. 故先賢曰, 不患妨功, 惟患奪志. 若能爲其事而不喪其守, 則科業理學, 可以并行不悖矣.

다만 과거 공부를 하는 자는 이익과 손해에 따라 움직이며 마음이 늘 초조하고 경쟁하여, 도리어 수고롭게 일함이 마음을 수양하는 공부를 해치지 않는 것만 못하다. 그러므로 선현께서 말씀하시길, "일의 방해를 걱정하지 말고, 오직 뜻을 잃게 되는 것을 걱정하라"고 하셨다. 만약 자신의 일을 하면서도 뜻을 잃지 않을 수 있다면, 과거 공부와 마음 공부[理學]가 함께 실행되어 서로 어긋나지 않을 수 있다.

『격몽요결』 처세장제십

내적 수양에서 외적 수양으로의 확장은 사친 · 거가 · 접인 · 처세 순으로 이어진다. 『격몽요결』의 개인은 가정 내에서의 가장 가까운 관계를 대하는 것부터 시작하여 집 밖에 나가 사람을 대하고 사회생활을 영위하는 공간의 확대를 경험하고, 이를 통해 성인의 도[聖人之道]를 체화하는 사람이 된다.

접인 장은 연장자, 친구, 이웃, 연소자 등 가정 밖에서 만나는 사람들에 대한 올바른 처신과 마음가짐을 설명한다. 이 장은 몇몇 구절을 제외하고는 오늘날에도 적용될 만한 실용적인 지침들이 많이 등장한다. 이는 사람을 대함에 있어 고금을 막론하고 변하지 않는 규범과 기술들이 존재한다는 사실을 방증하는 것이기도 하다.

접인의 구체적인 내용으로는 ① 연장자에게 공손한 태도를 갖출 것 ② 바르고 훌륭한 벗을 사귈 것 ③ 이웃 중 선한 사람을 사귈 것 ④ 언제나 자신을 낮추고 남을 공경하는 예를 갖출 것 ⑤ 자성(自省)을 통해 개과(改過)를 이룰 것 ⑥ 사귐에 공 · 사를 구분할 줄 알 것[301] 등이 있다.

율곡은 연장자를 대할 때 나이 차이에 따라 상대를 다르게 대해야 한다고 설명하지만[302] 해당 구절만큼은 현대에 직접 적용하여 활용하기 어렵다. 다만 사람들을 사귈 때 부드럽고 공경스러운 자

---

301 『栗全』 卷27 「擊蒙要訣」 凡接人 當務和敬 … 擇友 必取好學, 好善, 方嚴, 直諒之人 … 鄕人之善者 則必須親近通情 … 則必反而自省 若我實有可毁之行 則自責內訟 不憚改過 … 居鄕之士 非公事禮見及不得已之故 則不可出入官府 邑宰雖至親 亦不可數數往見.

302 『栗全』 卷27 「擊蒙要訣」 年長以倍則父事之, 十年以長則兄事之, 五年以長. … 大抵父之執友則當拜, 洞內年長十五歲以上者當拜, 爵階堂上而長於我十年以上者當拜, 鄕人年長二十歲以上者當拜.

세를 갖기 위해 힘쓰며, 스스로 높은 체[自高]하지 않는 태도를 갖추는 일은 상대의 지위나 연령과는 상관없이 갖추어야 하는 성품이다. 또한, 율곡은 친구를 사귈 때 바르고 선한 이를 택하여 가까이 할 것을 당부한다. 아무리 스승에게 도를 전해 받는다 하더라도 이를 갈고 닦아 인을 이루도록 돕는 일은 벗에게 힘입는 것[303]이기 때문이다. 반대로 절제가 없고 노는 것만 좋아하는 자는 곁에 두지 않는 게 좋다고 덧붙인다. 이 구절에서 대부분의 교사는 또래 집단의 영향을 크게 받는 학생들의 모습을 떠올리게 된다. 교사만큼이나 친구의 영향이 큰 학생들의 특성을 고려해, 건강하고 협력적인 분위기의 교실 문화를 만드는 일이 필요하다. 실제로 어느 해의 교실에서는 일년 내내 싸우고 다투는 일이 벌어지는데, 또 다른 해의 교실에서는 사소한 다툼이나 비속어 사용 등의 불화가 전혀 없는 경우도 있다. 이러한 사례는 교실 문화가 학생들의 관계와 행동에 얼마나 중요한 영향을 미치는지 보여준다. 바람직한 교실 문화를 만드는 데 처세 장의 가르침은 많은 교훈을 제공한다. 특히 이 장에서는 타인을 그 자체로 존중받아야 할 존재로 여기지 않고 도구적 가치로 바라보는 태도를 문제 삼고 있다. 또한 자기 이익을 위해 남을 침해하는 행동을 경계하며 지나친 탐욕을 멀리해야 한다. 대신 공손한 태도와 사랑의 마음으로 다른 사람의 이익을 도와줄

303 『栗全』卷15「學校模範」謂傳道解惑, 雖在於師, 而麗澤輔仁, 實賴朋友.

줄 아는 자가 되어야 한다. 교사는 학생들에게 자신이 중요한 만큼 친구 또한 소중하고 존중받아야 하는 대상이라는 사실을 끊임없이 상기시키며, 모두가 도덕적 완성을 향해 나아가는 동반자임을 인식시켜야 한다.

'처세' 장의 지침은 또한 불필요한 분란을 피하고 자신의 마음을 지키는 훌륭한 처세법이 될 수 있다. 이 장에는 인간관계 속에서 마주하는 타인으로부터의 비방, 오해와 같은 갈등에 대해서도 지나치게 화를 내거나 조급하게 변명하지 말아야 한다는 가르침이 담겨있다. 오히려 자신을 돌아보는 기회로 삼아 허물이 있다면 바로잡고, 그렇지 않다면 상대는 단지 '망령된 자'이므로 시비를 따질 필요가 없다. 특히 자신에게 가해진 비난을 수정하려는 조급한 태도를 버려야 하는데, 이는 사태를 더욱 악화시킬 수 있기 때문이다. 율곡은 비난에 대해 '변명하지 않음'을 공부하는 사람의 법도로 삼아야 한다고 당부한다.

처세 장은 가족, 친구, 이웃의 범위를 넘어 사회로 진출하기 위한 발판인 과거 공부에 대한 내용도 포함되어 있다. 이 장에서는 수양을 위한 학문과 출세를 위한 학문을 구분하고, 학문하는 자가 양자를 어떻게 조화시켜 가야 하는지에 관해 설명한다.

율곡이 전자를 '이치에 관한 배움[理學]', 후자를 '과거 공부[科業]'로 구별하는 것은 양자의 목적과 성격이 다른 데 연유한다. 여기서 '이학'이란 용어를 '세상의 이치를 탐구하여 성인이 되는 데 목적을 둔 내성학'이다. '과거 공부'는 벼슬을 얻거나 개인의 출세를 위한 수단적 공부를 의미한다. 이 장에서의 '성리학'은 내재적 목적을 띤 반면, '과거 공부'는 입신양명이라는 외재적 목표를 가진다. 율곡은 '성리학'에 더 높은 가치를 두고 있다. 하지만 '과거 공부' 또한 폄훼하거나 소홀히 다루고 있지는 않다. '옛날의 공부하는 사람은 학문이 이룩되면 위에서 임용했지만, 지금 세상은 과거를 보아 사람을 쓰기 때문'[304]이다. 그는 이러한 현실을 잘 알고 있었기 때문에 과거를 위한 공부가 불가피함을 인정했다. 유학의 최종 목적이 '내성을 통한 왕도의 실현'에 있기 때문이다.

그러나 '처세' 장을 면밀히 살펴보면 '과거 공부'의 목표는 '성리학'이 지향하는 바, 즉 자신의 내면을 닦아 성인이 되는 일과 크게 다르지 않음을 알 수 있다. '과거 공부' 또한 그 본질은 도덕적인 인간이 되는 데 있다.

> 대개 관직을 맡는 것은 남을 위해서이지 자기를 위한 게 아니다.[305]

> 지금의 선비들은 … 과거 볼 준비를 하지 않을 수가 없는데 … 잘 되고 못 되는 것은 운명에 맡겨야지 욕심내고 서두르며 그 일에 빠져서 자기 뜻을 잃어서는 안 된다.[306]

---

304 『栗全』 卷27 「擊蒙要訣」 古之學者 未嘗求仕 學成則爲上者 擧而用之 … 今世則不然 以科擧取人.

305 『栗全』 卷27 「擊蒙要訣」 蓋仕者, 爲人非爲己也.

306 『栗全』 卷27 「擊蒙要訣」 第今爲士者, … 不免做科業, … 得失付之天命, 不可

다만 과거 공부를 하는 자는 이익과 손해에 따라 움직이며 마음이 늘 초조하고 경쟁하여[307] 사람들은 아직 벼슬을 하지 못하고 있을 때는 오직 벼슬하는 일을 서두르고 … 그와 같은 일에 파묻혀 지내다가 그의 본래 마음을 잃게 되는 사람들이 많다.[308]

율곡은 처세 장 곳곳에서 과거 공부하는 자가 본래의 마음을 잃게 되는 점을 경계한다. 본래의 마음이란 학문의 본지, 즉 내성을 이루고자 하는 마음이다. 본래의 마음을 잃으면 "이로운 일과 해가 되는 일에 따라 움직이는 조급함"[309]이 생겨 사욕에 휩쓸리게 된다. 사욕은 비단 공부하는 자만이 경계해야 할 마음은 아니다. 관직에 나아간 사람도 사욕을 제거하고 청렴과 나라를 위해 힘써 일하는 [奉公] 자세를 갖추어야 한다.

즉, 처세 장은 '성리학'과 '과거 공부' 양자를 대조하면서도 '학문'의 본질이란 결국 성인됨을 이루는 일이라는 근본적 일치를 이룬다. '성리학'과 '과거 공부'는 한 묘맥으로 간주될 수 있다.

이러한 관점에서 『격몽요결』의 '처세' 장은 오늘날의 학교 교육이 처한 딜레마를 일정 부분 해소할 수 있는 유의미한 시사점이 있다. 그것은 현실(과거공부)과 이상(리학)의 괴리 사이에서 율곡이 보

貪躁熱中, 以喪其志也.

307 『栗全』 卷27 「擊蒙要訣」 只是做科業者, 例爲得失所動, 心常躁競.

308 『栗全』 卷27 「擊蒙要訣」 人於未仕時, 惟仕是急 … 如是汩沒, 喪其本心者多矣.

309 『栗全』 卷27 「擊蒙要訣」 例爲得失所動, 心常躁競.

여준 공부의 방향성에 관한 논의이다. 즉, '입시'라는 오늘날의 과거 공부가 '전인 교육'의 이상을 가로막고 있는 이때, 현실(입시)을 통해서도 교육의 본질이 무엇인지 끊임없이 묻고 성찰해야 한다는 교훈이다. 교사는 학생들이 현실적인 목표를 설정하면서도 도덕적 성찰과 인격 함양을 동시에 추구할 수 있도록 도와야 한다. 즉, 입시라는 학생들의 현실적 목표를 인정하면서도, 그 목표가 전인적 성장을 저해하는 도구로 변질되지 않도록 끊임없이 성찰해야 한다. 따라서 교사는 '처세' 장을 수업으로 구현함에 있어 꿈(출세)을 이루는 목적이 무엇인지, 그 후에는 어떤 사람으로 자신의 삶을 꾸려나갈 것이며 어떠한 성품을 가진 사람이 될 것인지, 자신이 갖게 될 직업의 사회적 책임은 무엇인지에 관해 진지하게 성찰해 보는 기회를 제공해야 한다.

3장
『격몽요결』의 교육과정

여기에서는 율곡 이이의 『격몽요결』이 현대 도덕교육의 교재로 활용될 가능성을 논해 보고자 한다. 과거에 쓰인 저서가 오늘날의 교육 현장에서 활용될 수 있으려면 시대를 뛰어넘는 인류 보편의 윤리 의식을 담지하고 있어야 한다. 당대의 세계관과 문제의식이 특정 시기에만 유효한 것이라면 시대를 뛰어넘어 오늘날에 이르기까지 어떠한 가치를 가지고 존속되기 어렵기 때문이다.

그런 면에서 『격몽요결』은 수 세기의 시간적 간극을 뛰어넘는 교육의 기본서로 활용될 가능성이 높다. 특히 이 저서는 누구나 맞닿은 일상의 순간에서 사람답게 사고하고 행동하는 법을 주제로 하고 있기 때문에, 초등학생을 위한 기초적인 교육서로 유용하게 적용될 수 있다.

다만 필자는 성리학적 개념을 기초로 한 조선시대의 교육서가 지닌 문화적 · 사회적 시각 차이를 인정하고, 이를 오늘날의 시각에 맞추어 변용하고자 노력했다. 『격몽요결』의 내용 중 일부는 오늘날의 교육 현장에 그대로 적용할 시 시대착오적 오류를 야기할 수 있기 때문이다. 따라서 그 기본 정신만을 살리고 구체적인 내용은 현대의 상황을 반영하는 방향으로 변경 · 적용하였다.

1) 『격몽요결』의 도덕교육적 함의

필자는 『격몽요결』과 오늘날의 사회 · 문화적 시각 차이에도 불구하고, 이 저서에 담긴 기본 정신만은 도덕교육의 소재로 활용하기에 충분한 가치를 지닌다고 판단한다. 이번 절에서는 관련한 도덕 교육적 함의를 서술하고 그것이 학교 현장에 어떻게 적용될 수 있는지 구체적인 활용 방안을 세워보고자 한다.

1. 초등학교 교육 목표와의 연관성

2022 개정 교육과정 총론에 고시된 초등학교급 교육 목표와 『격몽요결』은 유사한 지향점을 갖는다. 특히 초등학교급의 하위 교육 목표는 모두 학생의 '일상생활'과 연관하여 직접적인 체험과 경험을 기반으로 서술되어 있다. 통합교과는 '지금-여기-우리 삶'을 위한 배움을 추구[310]하며 도덕 교과 또한 가까운 자신에서부터 멀게는 자연까지의 가치 관계 영역 확장법을 활용한다. 이와 유사하게 『격몽요결』은 주로 구체적 일상의 사건들을 다루는 형이하학으로서의 성격을 띤다.

주희가 편찬한 성리학의 기초 교육용 교재인 『소학』은 '마당에 물 뿌려 빗질하고, 사람을 대하고, 나아가거나 물러나는 일[灑掃應

310 교육부, 『초등학교 교육과정』 제2022-33호 [별책2], 51쪽.

對進退]'과 같은 일상의 습관을 체화하는 과정이 곧 심성 수양과 직결된다는 전제 내에 편찬된 저서이다. 『소학』에서의 소(小)는 오늘날 초등학교 입학 나이인 8세부터 15세 사이를 말하며, 학(學)은 그 시기에 한 사람으로서 이 세상을 살아가는 데 반드시 익혀서 실천해야 할 내용에 대한 배움을 뜻한다.[311]

『격몽요결』은 조선판 『소학』용 교재라 부를 수 있다. 율곡은 특히 『소학』의 중요성을 강조하여 그 안에 담긴 정신을 계승하고자 하였는데 그러한 바탕에서 저술된 책이 바로 『격몽요결』이다. 따라서 『격몽요결』에도 사람이 사람답게 일상을 살아가기 위한 예절과 행동 지침, 올바른 마음가짐 등이 담겨 있다.

2022년 초·중등학교 교육과정 총론에 고시된 (1) 초등학교의 교육 목표와 이를 구체화한 (2) 바른 생활 및 (3) 도덕과 교육 목표는 다음과 같다.

> (1) 학생의 일상생활과 학습에 필요한 기본 습관 및 기초 능력을 기르고 바른 인성을 함양하는 데 중점을 둔다.[312]
>
> (2) 공동체 구성원으로서 '지금-여기-우리 삶'의 문제를 성찰하고 실천한다.[313]
>
> (3) 도덕과의 목표는 도덕성 함양을 통한 도덕적인 인간의 지향이다. … 성실, 배려, 정의, 책임의 핵심 가치를 체득하여 도덕적 지식과 실천의 과정을 연

311 정호훈, 『조선의 소학: 주석과 번역』, 소명출판, 2014, 11쪽.

312 교육부(2022), 위의 책, 6쪽.

313 교육부(2022), 위의 책, 51쪽.

계시킬 수 있는 도덕적인 인간을 바탕으로 정의로운 사회를 만들고자 하는 의지와 역량을 갖춘 시민을 육성하는 것이다.[314]

전체 학교급 수준의 (1) 교육 목표는 (2), (3)에서 교과 특색에 맞게 구체화, 차별화되어 제시되고 있다. 특히 '바른 인성을 기른다'는 (1)의 교육 목표는 바른생활 및 도덕과의 특성과 밀접한 연관을 지니고 있어 세 가지 목표의 일관성이 두드러지게 나타난다.

초등학교 수준의 바른생활 및 도덕과 교육의 키워드는 '일상', '기본 생활', '도덕규범 및 예절', '공동체', '조화'로 정리할 수 있다. 이 핵심 키워드들은 초등학교 교육 목표의 하위 4가지 항목과 연관성을 맺으며 도덕과 교육과정 성취기준에 반영되어 있다.

특히 '1) 자신의 소중함을 알고 건강한 생활 습관을 기르며'(교육부, 2022: 6)와 '4) 일상생활과 학습에 필요한 규칙과 질서를 지키고 서로 돕고 배려하는 태도'(교육부, 2022: 6) 항목은 학생의 기초 생활 습관과 인성교육의 측면을 강조한 것으로 『격몽요결』의 주요 내용과도 밀접한 연관이 있다.

다음은 초등학교 교육의 하위 목표를 도덕과 교육과정의 성취기준으로 구체화한 항목 중 『격몽요결』과 내용적 연관성이 있는 부분을 추출하여 정리한 표이다.

314 교육부(2022), 위의 책, 193~194쪽.

표 4. 도덕과 교육과정의 성취기준과 『격몽요결』의 내용적 연관성[315]

초등학교 교육 목표[316]	2022년 개정 도덕과 교육과정 성취기준[317]	『격몽요결』의 내용적 요소
1) 자신의 소중함을 알고	[2바01-02] 나를 이해하고 존중하며 생활한다. [4도01-01] 자신의 감정을 소중히 여기며 존중하는 태도를 바탕으로 내가 누구인가를 탐구한다. [6도01-01] 자주적인 삶에 대한 이해를 바탕으로 자신의 생활계획을 세우고 실천하여 주체적인 삶의 태도를 기른다. [6도01-03] 자기가 하고 싶은 일을 선택할 때 도덕적 고려의 필요성을 알고 자신의 특기와 적성을 탐색하여 진로계획을 수립한다.	[立志] 반드시 성인이 되겠다는 목표를 세워야 한다[必以聖人自期] [立志] 자신을 낮게 보고 목표에서 물러서지 말아야 한다[不可有一毫自少退託之念] [立志] 보통사람들과 성인의 본성은 같다[衆人與聖人, 其本性則一也] [立志] 뜻을 세우고 아는 것을 분명히 하고 행동을 착실하게 하는 일은 모두 나에게 달려있다[立志立, 知之明, 行之篤, 皆在我耳] [立志] 마음은 허령하여 타고난 성품에 구애받지 않는다[心之虛靈, 不拘於稟受故也]

315 『격몽요결』의 내용이 2022년 개정 도덕과 교육과정 성취기준과 반드시 일대일로 대응하지는 않는다. 일부 내용은 여러 성취기준과 중첩될 수 있으나, 보다 주요한 내용을 기준으로 분류하였다.

316 교육부(2022), 위의 책, 6쪽.

317 교육부(2022), 위의 책, 11쪽.

건강한 생활 습관을 기르며	[2바01-01] 학교 생활 습관과 학습 습관을 형성하여 안전하고 건강하게 생활한다. [2바03-01] 하루의 가치를 느끼며 지금을 소중히 여긴다.[318] [2바04-04] 지금까지의 생활 습관과 학습 습관을 되돌아본다. [4도01-02] 정직의 의미를 알고 모범적인 사례를 탐색하여 바르게 행동하려는 태도를 기른다.[319] [6도01-01] 자주적인 삶에 대한 이해를 바탕으로 자신의 생활계획을 세우고 실천하여 주체적인 삶의 태도를 기른다. [6도01-02] 생활 습관에 대한 성찰을 통해 자기 생활을 점검하고 올바른 계획을 세워 이를 실천한다.	[革舊習] 배움을 이루지 못하는 것은 낡은 습성이 가로막아 실패케 하기 때문이다[不能所成就者, 舊習有以沮敗之也] [革舊習] 혁구습 장의 여덟 조목[320] [革舊習] 언제나 철저히 반성하는 노력을 가하여[時時每加猛省之功] [革舊習] 공부하는 사람은 반드시 정성된[誠] 마음으로 도를 향해 나아가야 한다[學者必誠心向道] [革舊習] 언제나 아침 일찍 일어나고 밤늦게 자야 한다[常須夙興夜寐] [持身] 자기를 이겨내는 공부가 일상생활을 하는 데 있어서는 가장 절실한 것이다[克己工夫, 最切於日用] [持身] 제대로 안 되고 있는 것이 있다면 그것을 고치고 없다면 더욱 힘쓰는 일에 부지런히, 게을리 하지 않도록 하되[有則改之無則加勉, 孜孜無怠]

318 [2바03-01] 사람들은 나름의 주기(흐름, 리듬, 패턴)에 따라 생활한다. 따라서 변화, 성장, 발달을 의식하며 일상의 삶에 자신만의 주기를 형성할 수 있다. 교육부(2022), 위의 책, 55쪽 참고.

319 관련한 성취기준 해설을 참고하면, 이 성취기준의 취지는 '자신의 행동에 대한 문제점을 확인하고 재정립하도록 하여 반성하는 태도를 기르기 위한 것'으로 '바른 도덕 생활의 토대를 마련'하고자 하는 목적을 띤다. 교육부(2002), 위의 책, 11쪽 참고.

320 관련한 내용은 본서 114쪽의 '표 『격몽요결』「혁구습」 장 내용 분석' 참고.

2) 학습과 생활에서 문제를 발견하고 해결하는 기초 능력을 기르고, 이를 새롭게 경험할 수 있는 상상력을 키운다.	[2바02-04] 새로운 활동에 호기심을 갖고 도전한다. [4도02-03] 공감의 태도가 필요한 이유를 이해하고 도덕적 상상력을 바탕으로 대상과 상황에 따라 감정을 나누는 방법을 탐구하여 실천한다. [6도02-02] 편견이 발생하는 이유를 탐색하여 해결 방안을 살펴보고, 다양성 존중을 바탕으로 다른 사람과 올바른 관계를 맺기 위한 실천 방안을 탐구한다. [6도02-03] 인간과 인공지능 로봇 간의 다양한 관계를 파악하고 도덕에 기반을 둔 관계 형성의 필요성을 탐구한다.	[讀書] 올바른 길로 들어가기 위해서는 먼저 이치를 추구하지 않으면 안 되고[入道莫先於窮理] [讀書] 모든 구절마다 반드시 실천할 방법을 찾도록 해야 한다[每句必求踐履之方]

4) 일상생활과 학습에 필요한 규칙과 질서를 지키고	[2바04-04] 지금까지의 생활 습관과 학습 습관을 되돌아본다. [2바02-01] 공동체[321]에서 내가 할 수 있는 일을 찾아보고 실천한다. [4도01-03] 성실한 생활의 모범 사례를 탐색하고 시간 관리를 위한 생활을 계획하여 지속적인 자기 성장을 모색한다. [4도03-01] 불공정의 사례를 탐구하고, 일상생활에서 공정의 가치를 추구하는 활동을 통해 실천 의지를 함양한다. [4도01-04] 다른 사람의 관점을 수용할 수 있는지를 도덕적으로 검토하고 도덕규범을 내면화하여 도덕적으로 행동할 수 있는 자세를 기른다.	[持身] 공부는 일상생활을 하며 일하는 중에 하게 되는 것이다[爲學在於日用行事之間] [持身] 평상생활에서 몸가짐을 공손히 하고 일처리는 공경히 하고 남들과 충실하게 어울리면 곧 이것을 공부한다고 하는 것이다[若於平居, 居處恭, 執事敬, 與人忠, 則是名爲學] [持身] 공부하는 사람은 올바른 도만을 바라보고 가야지 밖의 일이나 물건에 마음이 끌려서는 안 된다[爲學者一味向道, 不可爲外物所勝] [持身] 일이 생기거든 이치에 따라 일을 처리해야 한다[有事則以理應射] [持身] 사물잠(四勿箴)

321 [2바02-01]에서 '공동체'의 범위는 나와 관련이 있거나 내가 참여하는 공동체이다. 교육부(2022), 54쪽 참고.

서로 돕고 배려하는 태도를 기른다.	[2바01-03] 가족이나 주변 사람을 배려하며 관계를 맺는다. [4도02-01] 효, 우애의 의미와 필요성을 명료하게 이해하고 가족의 행복을 위해 할 수 있는 일을 탐색하여 실천 계획을 세운다. [4도02-02] 친구 사이의 배려에 대한 올바른 이해를 바탕으로 일상생활에서 배려에 기반한 도덕적 관계를 맺을 수 있는 방안을 탐색한다. [6도02-01] 봉사의 의미와 중요성을 이해하고, 타인이 처한 상황과 환경에 대한 주의 깊은 관심을 바탕으로 봉사를 실천한다.	[事親 章] 전체[322] [居家] 형과 아우는 나와 한 몸이나 같은 것이다[兄弟, 與我如一身] [居家] 하지 않아야 한다고 여겨지는 일은 하지 말고, 바라지 않아야 한다고 여겨지는 일은 바라지 말아야 한다[無爲其所不爲, 無欲其所不欲] [接人] 사람들과 사귈 때는 마땅히 부드럽고 공경스럽도록 힘써야 한다[接人, 當務和敬] [接人] 자기 학문을 믿고 스스로 잘난 체하고 기운을 자랑하며 남을 업신여겨서는 안 된다[最不可, 恃學自高, 尙氣凌人] [持身] 자기는 낮추고 남을 존중해 주려는 마음을 지녀야 한다[常以自卑尊人底意思, 存諸胸中可也] [接人] 언제나 온순하고 공손하며 사랑하고 아껴주는 태도로 남에게 은혜를 베풀고, 일이나 물건을 잘되게 해주려는 마음을 지녀야 한다[常以溫恭慈愛, 惠人濟物, 爲心]

이와 같이, 『격몽요결』의 주요 내용은 2022년 개정 도덕과 교육과정의 성취기준과 깊은 연관성을 지닌다. 『격몽요결』이 제시하는 가르침은 오늘날 학생들의 기초 생활 습관 형성과 인성교육에 여

322 관련한 내용은 '2장. 3.사친 · 거가' 57~59쪽 참고.

전히 유의미한 토대이다. 『격몽요결』의 주요 내용 중 도덕 교과의 성취기준 달성을 위해 활용할 수 있는 가치는 '자아존중감', '성찰', '성실', '배려', '겸손', '공정'으로 정리할 수 있다. 이러한 가치들은 학생 개인의 자아 정체감을 기르는 데 도움을 주며 올바른 생활 습관을 형성하는 데 긍정적인 영향을 끼친다.

관련한 구체적인 논의는 다음과 같다. 첫째, '사덕(四德)'의 학습을 통해 학생들의 자아존중감을 키우고 스스로에 대한 '성장 마인드셋'을 형성시킬 수 있다. 율곡은 개인을 잠재적 성인으로 보아 무한한 발전 가능성을 긍정한다. 성인과 보통 사람의 본성에는 본래 차이가 없다. 외부의 영향으로 인해 그 성질이 달라졌을 뿐 물려받은 천리로서의 본성은 모두 동일하다. 따라서 공부를 하고자 마음먹은 이는 결코 자신을 낮게 보아 목표에서 물러서서는 안 된다. 성인의 경지에 이르는 일[323]은 누구에게나 열려있는 기회이기 때문이다.

이는 도덕교육의 '성장 마인드셋(growth mindset)' 개념과 유사하다. '성장 마인드셋'이란 자신의 지능, 도덕성, 도덕적 인성 등 개인

---

323 초등학생에게 '성인 되기'와 같은 목표는 성취 여부의 중요성보다 평생 지속되는 삶의 지침으로 기능할 수 있다는 의미가 크다. 초등학교 도덕과 교육 목표 설정에 관한 논의는 중 · 고등학교의 수업 설계와 다른 맥락에서 논의되어야 한다. 초등학교 도덕 교육 목표 설정의 유일한 기준은 성취 여부에만 있는 것이 아니다. 초등학교의 교육은 궁극적으로 학생들의 삶의 방향을 설정하고 성찰과 성장을 지속할 수 있도록 돕는 데 있다. 이러한 점에서 '성인'이라는 목표는 그 자체로 도달 여부를 강제하기보다 자신의 삶에서 어떤 가치를 지향해야 하는지를 알려주는 길잡이 역할을 할 것이다.

적 속성의 변화 가능성에 대한 신념을 의미한다. 연구에 따르면 실제로 자신의 변화 가능성에 대한 신뢰 여하에 따라 인지, 정서, 행동적 측면의 개인차가 유발되었다고 한다. 노력을 기울여 능력을 향상시킬 수 있다고 생각하는 학생들은 새로운 것을 배우는 데 관심을 갖고 과제를 완성할 때까지 확신 속에서 노력을 지속할 수 있다.[324] 이러한 관점에서, 율곡이 사람의 도덕적 성장 가능성을 신뢰하고 모두가 '성인'이라는 인간으로서의 최고 경지를 목표로 삼아야 한다고 언표하는 것은, 학생들에게 일종의 '성장 마인드셋'이라는 학습 동기를 장착시켜 주는 것과 다름없다.

또한 율곡이 말한 입지의 세 가지 병통은 오늘날의 학습자들이 '성장 마인드셋'을 형성할 때 방해가 되는 심리적 요소를 설명하는 데 도움이 된다. 첫째, '교사의 가르침을 불신[不信]'하는 단계의 학습자는 학교에서의 도덕 수업 자체를 신뢰하지 않는다. 교사가 하는 말은 단지 권유를 위한 좋은 말일 뿐, 세상을 살아가는 데 도움이 되는 가르침이 아니다. 이는 곧 '도덕' 자체에 대한 불신이기도 하다. 둘째, '교사의 가르침은 인정하나 자신의 변화 가능성을 믿지 않는 단계[不智]'의 학습자이다. 이들은 스스로의 자질 · 능력을 신뢰하지 못하여 앞으로 나아가려고 하지 않는다. 잦은 실패의 경

324 이현경, 김정민, 「대학 교직수업에서 성장마인드셋, 숙달목표, 그릿, 자기주도학습 및 학습만족도의 관계」『아시아교육연구』 제21권, 제3호(통권 제75호), 2020, 서울대학교 교육연구소.

험으로 형성된 무기력과 같은 부정적 요소가 학습자의 발전 가능성을 차단해 버린 것이다. 결과적으로 수업 시간의 배움이 학습자의 내면과 생활에 변화를 일으키는 데까지 영향을 끼치지 못한다. 셋째, '가르침과 변화 가능성을 신뢰하나 게으름으로 인해 개선의 의지가 없는[不勇]' 단계의 학습자이다. 이 단계의 학습자는 '태만하게 항상 머물러 있으면서 분발하고 진작하지 않는다'. 실천 의지가 저하되어 있거나 개선의 의지가 지속되지 못하고 이내 사그라드는 상태이다.

이와 같은 세 가지 방해 요소를 보완하는 대표적인 방안으로 도덕성의 근거인 '사덕'이 자신의 마음에 존재한다는 사실을 알아채고 느껴보는 활동이 있다.[325] 부지(不知) 간에 일어나는 선한 마음을 발견하는 일을 통해 학생들은 자신에게 내재된 '선(善)을 향한 가능성'을 신뢰하며 변화를 향해 물러서지 않는 태도를 기를 수 있을 것이다. 또한 스스로를 신뢰하는 일은 '자아존중감'의 상승과 연결되므로 "자신의 소중함을 아는" 도덕교육 및 전체 초등교육급의 목표

325 이 외에도 '불신(不信)'의 어려움이 있는 학생들에게는 동양적 전통에서의 우주 창생설을 가벼운 수준에서 다루어 주는 것도 도움이 된다. 또한 '나무를 심는 사람'과 같은 텍스트를 통해 보상을 바라지 않는 개인의 도덕적 행위가 한 마을을 살리고, 사회를 살리는 과정을 탐색하고 내면화시킬 수 있다. 즉 인간이 인간답게 살기 위한 당위적 행동이 도덕이며, 선한 마음과 행동 자체가 삶을 풍성하게 만들어 주는 요인이라는 사실을 인지하도록 한다. '불용(不勇)'의 단계에 있는 학생에게는 어느 정도 강제성이 부과된 실천 과제를 제시하거나 단체 봉사와 같은 활동에 참여를 권유할 수 있다. 또한 교실 내에서 선한 일을 한 사람에게 상(賞)점을 부여하는 시스템을 운영하여 학생의 참여 의지를 고취시키는 방안도 도움이 된다.

를 달성하는 데도 도움이 된다.

둘째, 성(誠)을 통한 성찰의 기회를 제공하여 '배움'을 '실천'으로 연결시킬 수 있는 내면의 힘을 기른다. 2장을 통해 서술한 바 있듯 정성됨[誠]은 스스로를 속이지 않음[毋自欺], 곧 정직하고 정성된 마음을 뜻한다. '성'한 자세는 스스로를 돌아보아 조금의 거짓, 불선도 용납하지 않는 태도이다. 동양의 지적 전통에서 이 '성'은 '천리'와 연결되어 사물의 존재 근거가 되기도 하고, 인간의 도덕적 행위의 당위가 되기도 한다. 율곡 또한 '성'을 강조하여 모든 일을 이루게 하는 근본으로서 '마음의 참됨'을 논하였다. '성'한 마음이 없다면 어떤 일도 이루어지지 않는다는 것이 그가 경전을 통해 반복하여 논의했던 바이다. 곧 도덕을 가능케 하는 시작으로서의 태도이다.

도덕과 교육과정에서도 '정직'의 의미를 되새겨 자신의 생활을 돌아보고, 이를 통해 바른 도덕 생활의 토대를 마련하고자 하는 성취기준[6도01-02]이 제시되어 있다. 즉, 학생들에게 '성찰'을 이끌어 내기 위한 과정으로 '정직'의 가치를 도입하고, 이를 통해 '바른 도덕 생활의 토대를 마련'하고자 하는 흐름으로 구성된 성취기준이다. 교육과정은 왜 '정직'을 '성찰'을 위한 기초로 바라보고 있는가? 이는 곧 『격몽요결』에 등장하는 '성'이 모든 행위를 성립하게 하는 근거로 서술되는 일과 같은 이유이다. '성'한 마음은 '무자기(毋自欺)', 곧 '스스로를 속이지 않음'이며 그것은 자신을 정직하게 돌아보고 반성하는 과정을 통해 형성될 수 있다. 교육과정상의 성취기준 또한 '정직'을 모든 윤리적 행위의 시작으로 바라본다. '정직한 마음으로 스스로를 돌아보고 더 나은 사람이 되고자 노력하는 일'은 '배움'을 '실천'으로 옮기며 그것을 지속하는 동력으로 작용하기 때문이다. 나아가 '비자발적 행위'와 같은 무의미한 도덕교육의 결과를 방지할 수 있다.

율곡은 『격몽요결』을 통해 매일 자신의 마음을 돌아보고 거짓과 사욕에 이끌리지는 않았는지 점검할 것을 권유한다. 충실함[忠]과 신의[信]를 주(主)로 하는 성찰에는 관습적인 배움이 자리할 여지가 없다.

셋째, 『격몽요결』의 '사친(事親)' 장을 통해 '배려'와 '겸손'의 태도를 길러 동료 간 화합을 도모할 수 있다. 학교 현장에서 교사들이 가장 피로감을 느끼는 부분은 학생 간 잦은 갈등 및 관련한 중재의 과정이다. 학교 폭력 문제가 사회의 큰 화두로 등장한 후 교실에서는 주기적으로 피해 당사자 혹은 사건 목격자의 대처 방안을 교육하고 있다. 이 외에도 학생들의 인권 감수성 향상, 공동체적 의식 증대를 도모하는 교육적 조치들이 함께 진행 중이다.

초등학교의 경우 중 · 고등학교 수준의 학교 폭력 사안이 발생하는 일은 드물지만, 공공연한 따돌림과 괴롭힘, 학생들 간 보이지 않는 서열 관계 등의 문제가 존재한다. 이러한 일들은 고학년에 올라갈수록 더 잦게 나타나는 경향이 있다. 반면 저 · 중학년 학생들은 갈등 대처 능력이 미숙하여 다툼을 일으키는 경우가 많고, 사소한 다툼이 커져서 학교 폭력 사안으로 접수되는 경우가 늘어나는 추세이다. 교실이라는 생활 공간은 단체 생활의 장소로서 구성원들에게 어느 정도의 양보와 배려, 규범 준수와 같은 덕목을 요구한다. 또한 여럿이 생활하는 공간에서 벌어지는 자연스러운 마찰에 유연하게 대처하는 능력도 필요하다. 그러나 발달 과정상 자기중심적 사고에서 완전히 벗어나지 못한 저 · 중학년 학생들은 교사의 중재에도 불구하고 끝까지 자신의 억울함만을 토로하는 경우가 많다. 학생들의 이러한 경향은 해가 갈수록 그 강도가 심해지고 있는데, 사회 구조의 변화로 가정 내에서 갈등 조정을 충분히 경험하지 못하는 학생들이 많아진 것이 그 원인 중 하나이다. 동시에 가정 내 아동의 지위가 상승한 것도 또 다른 원인이 된다. 이는 곧 배려보다는 권리를 중심에 둔 성장 배경을 가진 학생들의 수가 증가했다는 의미이다. 이들이 교실이라는 공동체 생활 공간을 마주했을 때 겪는 어려움은 과거의 학생들이 경험했던 것보다 심화되었고, 생활 지도를 맡은 담임 교사의 고충도 깊어졌다. 비록 이러한 일들이 학생의 발달 과정상 자연스러운 현상임을 감안하더라도 잦은 고자질, 다툼, 배려하지 않는 태도 등은 인성교육 측면에서도 결코 올바른 현상이 아니다. 그러므로 교육과정 내에 구현된 '배려'와 '화합'을 위한 성취기준은 무엇보다 시급히 달성해야 하는 목표 중 하나이다.

『격몽요결』의 '사친(事親)' 장은 '부모님을 섬기는 법'에 관한 논의가 주를 이룬다. '섬기다'라는 말은 윗사람을 잘 모시어 받든다는 의미이다. 타인을 섬기는 행위에는 양보, 봉사, 헌신의 덕목이 필요하다. '사친'의 행위에는 자신에게 베풀어 준 사랑과 헌신을 깨닫고 감사하는 겸손의 덕목이 전제된다. 부모님에 대한 감사의 마음은 그에 보답하고자 하는 감정을 일으킨다. 이러한 행위에는 자신의 권리를 주장하고 손익을 따지려는 마음이 존재하지 않는다.

유학의 전통에서 '친친(親親)'은 비단 가족주의에 머무른 이기적인 윤리가 아니다. 그것은 인간의 생애주기 및 자연스러운 감정을 바탕으로 한 윤리 규범의 시작이자 기초로 기능한다. 유학에서는 가족을 사랑하고 돌보는 일을 통해 인(仁)의 덕목을 함양시키고, 이를 다시 사회와 천하로 확충할 것을 요구한다. 즉, 동양적 전통의 도덕 교육에서 배려와 겸손의 덕목을 기르는 일이란 가정에서부터 시작하는 것이었으며, 이것이 개인의 생애주기와도 알맞은 흐름이라 여겼다.

과거 '효'라는 덕목의 가치는 절대적이어서 결코 거스를 수 없던 것이었다. 그러나 오늘날 '효'를 바라보는 시각은 그 위상이 많이 저하되었고, 개인의 자율성이 신장된 사회에서 '효'에 관한 부정적 시선도 존재하는 것이 사실이다. 그러나 '효'에 담긴 기본 정신과 교육적 의미는 오늘날에도 되살리고 계승되어야 하는 전통이다. '효'의 덕목은 그 대상이 단순히 '부모'에만 머물러 있지 않다. 효는 만물에 대한 인의 정신을 확충하는 시작점이다.

도덕과 교육과정에서도 '효'와 '우애'의 의미를 이해하고 가족의 행복을 위해 할 수 있는 일을 탐색하는 성취기준이 설정되어 있다.[326] 『격몽요결』 '사친' 장의 활용은 어느 때보다 절실해지고 있는 배려와 겸손, 양보의 정신이 학생들의 내면에 확장되는 시작이 될 수 있다.

2. 초등학교 도덕과 내용 요소 보완

지금까지는 『격몽요결』과 초등학교 도덕과 교육 목표의 유사점을 추출하여 본 저서가 도덕교육을 위한 저서로 적합성을 지니고 있는지 살펴보았다. 이 장에서는 『격몽요결』이 도덕과 교육과정의 내용 구성을 보완하는 방식으로 활용될 수 있는 측면을 살펴보고자 한다. 교육과정과 『격몽요결』이 달성하고자 하는 지향점은 유사하나, 이를 성취하기 위한 제재나 내용 구성은 동일하지 않기 때문이다.

첫째, 『격몽요결』의 예절 교육을 통해 타인과 조화로운 삶을 영위할 수 있는 기초를 기를 수 있다. 2022 개정 도덕과 교육과정의 내용 체계에는 예절 교육이 명시되어 있지 않다. 2015 개정 도덕과 교육과정 '타인과의 관계' 영역의 '일반화된 지식'과 '내용 요소'에는

326 [4도02-01] 효, 우애의 의미와 필요성을 명료하게 이해하고 가족의 행복을 위해 할 수 있는 일을 탐색하여 실천 계획을 세운다.

명시되어 있던 '예절'과 관련한 논의[327]가 배제된 것이다.

2015 개정 교육과정의 '예절'이 교과서에 어떻게 구현되었는지를 살펴보면, 주로 도덕규범 및 사회 관습으로서의 의미가 두드러지게 드러나 있다. 2015 개정 도덕과 교과서에 구현된 '예절' 단원에는 '학교', '가정', '사회'에서 지켜야 하는 예절 등을 구체적으로 설명하고 있다. 상황에 맞는 규범적 행동들, 예를 들어 선생님을 만났을 때 공손히 인사하고 복도를 다닐 때는 우측 동행을 하는 등의 지침이 등장하기도 하며, '지각을 했을 때 교실 문을 활짝 열고 들어오지 않는다' 등과 같이 타인에게 피해를 주지 않도록 주의하는 행동들도 제시되어 있다. 그리고 이 예절들을 모두가 지키지 않았을 때 어떤 일이 벌어질지 예상하는 활동을 통해 '예절'이 가진 사회 질서 유지의 기능도 부각하고 있다. 여기에는 '예절'이란 '상대방을 존중하는 일'로부터 시작되는 일이라는 전제가 깔려있다.

2022 개정 교육과정에 '예' 관련 내용이 명시적으로 드러나지 않은 이유는 관습이나 규범의 무비판적 수용을 경계하거나, '타인과의 관계' 영역 자체가 '예절'을 넓게 다루고 있다고 바라볼 수 있기 때문이다.

---

327 '타인과의 배려' 영역의 일반화된 지식으로 '가족 및 주변 사람들과 더불어 살아가기 위해 서로 존중하고 예절을 지키며 봉사와 협동을 실천한다.' 및 3~4학년군 내용 요소 '예절이 없다면 어떻게 될까?(예절)' 항목(교육부, 『2015년 개정 도덕과 교육과정』, 6쪽)이 2022년 개정 도덕과 교육과정에는 명시되어 있지 않다.

그러나 필자는 초등 저학년 학생들에게 구체적인 상황과 대상을 선정하고 이에 맞는 행동을 가르치는 일은 중요한 의미를 갖는다고 생각한다. 그것은 발달 과정상의 문제이다. 이 시기 학생들은 단순히 '상대방을 존중'하고 '타인에게 피해를 끼쳐서는 안 된다'는 일반화된 명제만을 가지고 상황에 맞게 적용 · 응용하는 데 어려움을 느낀다. 또한 사회적 관습을 익숙하게 체화한 시기가 아니기 때문에 관련한 내용을 습득하는 것이 학생들의 사회화를 돕는 길이기도 하다.

동양의 전통에서 '예'가 도덕규범의 함의로 활용될 때 그것은 '인간을 인간으로 세워주는 기본 요소'[328]로 기능하였다. 예는 곧 자신의 몸과 마음을 단속하는 수단이자 공동체의 규율이었다. 예를 익힘으로써 인격이 도야되었으며 성숙한 인격을 밖으로 표출하고 실천하는 수단도 예를 통해 가능했다.[329]

율곡 또한 『격몽요결』에서 『논어』「안연」 편의 '사물잠(四勿箴)'[330]을 인용하여 예를 '수신의 요체'[331]라 말한다. '사물잠'은 '극기복례위인(克己復禮爲仁)'의 방법을 묻는 제자 안연(顏淵)에게 공자가 답한 말로 '예로 돌아간다는 것은 곧 인을 회복하는 일'이라는 의미

---

328 김병환, 『김병환 교수의 동양윤리사상강의』, 36쪽.

329 김병환(2017), 위의 책, 38쪽 참고.

330 『論語』「顏淵」 12-1 非禮勿視, 非禮勿聽, 非禮勿言, 非禮勿動.

331 『栗全』 卷27 「擊蒙要訣」 四者, 修身之要也.

가 담겨 있다. 사덕 중 으뜸이 되는 '인'의 회복은 곧 천리의 회복과 다름 없었다. 율곡은 이와 같은 구절을 인용해 예의 중요성을 강조한 것이다. 실제로 그는 여러 저서를 통해 '예는 곧 천리'임을 명시한다.

사회 규범 · 의식으로서의 '예'는 예전 사람들이 협동과 조화를 이루며 살아갈 수 있는 수단이었다. 여기에는 사람들의 욕망을 규제하고 질서를 이루는 조치들도 함께 담겨 있다. 율곡이 『격몽요결』을 통해 때에 맞는 행동 지침을 나열한 것도 이 사회 규범으로서의 '예'를 중요시했기 때문이다. 사회 규범으로서의 예는 시대에 따라 변형될 수 있으나 형식 안에 담긴 정신은 그 시대의 윤리를 담고 이어진다. 따라서 학생들에게도 사회 규범 · 의식으로서의 예를 교육하는 일은 조화와 통합을 이루기 위한 방법이다. 한 사회의 관습과 규범은 사람들의 생활과 사고에 영향을 미친다. 상대가 A라는 상황에서 어떤 행동을 취할 것이라는 예상은 사회의 안정과 통합을 가능하게 하며 질서를 유지하는 힘이 된다.

그 가능성으로서의 예는 특별한 일이 아니다. 『격몽요결』에 제시된 것처럼, 어른을 만나면 공손히 인사하고 자신의 선생님을 공경히 모시는 일, 친구를 대할 때는 이치에 맞는 말을 하며 이웃을 만났을 때는 점잖고 엄격하되 겸손한 자세를 취하는 것과 같은 일상의 평범한 일들이다. 이러한 '예절'을 통해 개인은 타인과의 갈등을 줄이며 자신의 역할[分]을 다할 수 있다.

『격몽요결』에 등장한 '예'는 천리이자 인으로 공부를 통해 도달해야 하는 성인의 경지를 가리킨다. 그리고 율곡은 이 '예'를 따르는 일이 개인의 본성을 다하는 '자기실현'으로서의 의미와 '사회의 질서와 화합'을 유지하는 기능을 모두 가지고 있다고 생각했다. 이러한 『격몽요결』의 '예'는 2022 개정 교육과정의 명시되지 않은 '예절' 영역을 보완하는 데 도움이 될 수 있다.

둘째, 몸 교육으로서 '구용(九容)'을 통해 예의 습관화와 절제의 태도를 기르고 심 · 신의 연관성을 체험할 수 있다. '구용(九容)'은 본래 『예기(禮記)』「옥조(玉藻)」에 등장한 아홉 가지 바른 몸가짐이다. 율곡은 『격몽요결』「지신」 장에서 구용과 구사를 항상 곁에 붙여놓고 명심하여 실천할 것[332]을 강조한다.

전술하였듯, 동양의 전통에서 몸과 마음은 분리된 실체가 아니다. 그러므로 양자는 매우 긴밀한 영향 관계 아래 놓여있다. 율곡 또한 마음의 상태가 행동으로 드러나는 것이라 여겼으며 반대로 몸가짐이 어지러운데 마음이 고요한 경우는 없다고 생각하였다. 이러한 율곡의 관점에서 '구용'에 대한 당부는 몸을 통해 마음을 수양하고, 마음의 수양을 통해 몸가짐을 바르게 하는 데 반드시 필요한 것이었다.

오늘날의 학생들에게도 몸 공부를 통해 예를 체현하는 일은 절

---

332 『栗全』 卷27 「擊蒙要訣」 常以九容九思 存於心而檢其身 不可頃刻放捨 且書諸座隅 時時寓目.

제심을 기르는 데 중요한 역할을 할 것이다. 2022 개정 교육과정 도덕과 총론 성취기준 해설에서는 '우리는 지금 어떻게 살아갈까' 영역 전체를 안전교육과 연계시킬 것을 요구하고 있다. '안전 교육'이 실용성을 발휘하기 위해서는 행동의 습관화와 안전 수칙을 따르는 절제심이 필요하다.

'구용'은 '발걸음은 차분히 하고, 손은 모으고, 입은 고요해야 하는' 등 몸가짐을 거두어들이는 지침들로 이루어져 있어 학생들의 들뜬 심신을 차분히 하고 과하게 발산되는 에너지를 절제하는 데 도움을 줄 수 있다. 율곡도 "몸과 마음을 간수하는 데 있어 '구용'보다 더 절실한 것은 없다"[333]고 하였다.

'구용'을 지속적으로 연습하여 체화된다면 학생들은 스스로를 통제할 수 있다는 효능감을 얻을 수 있다. 또한 차분한 몸가짐을 통한 마음의 안정도 함께 이루어져 보다 나은 정서적 안정을 얻을 수 있을 것이다. 나아가 사회 규범으로서의 예를 체화한다면 학교 현장에서 생활 지도 및 안전 교육을 수행하는 교사들의 어려움을 덜 수 있게 될 것이다.

셋째, '서' · '입지' 장을 통해 '공부'에 관한 프레임을 전환하여 '배움'이 필요한 이유와 필요성을 깨닫고 더 나은 학습 태도를 유도할 수 있다. 『격몽요결』에 나타난 공부의 두 가지 의미는 첫째, 지

---

333 『栗全』 卷27 「擊蒙要訣」 收斂心身, 莫切於九容.

식을 익히는 것과 둘째, 일상생활을 올바로 행하여 더 나은 사람이 되는 것이다. 율곡은 양자를 모두 강조했지만 지식을 익혀 출세만을 위해 공부하는 일을 경계하고 더 나은 사람으로서 삶과 배움의 일치를 궁극적인 목표로 두었다.

초등학교의 교육 목표 또한 율곡이 말한 공부의 의미와 유사하다. 초등학교 교육은 학생의 일상생활과 학습에 필요한 기본 습관 및 기초 능력을 기르고 바른 인성을 함양하는 데 중점을 둔다.[334] 그러나 오늘날의 교육은 점차 '학습에 필요한 기초 능력을 기르는 일'에만 몰두하고 있는 실정이다. 2015년 '한국아동의 주관적 웰빙수준과 정체과제' 보고서에 따르면, 우리나라 아이들은 OECD 국가들 가운데 학업 스트레스를 가장 많이 받고 있으며 행복 지수는 가장 낮은 것으로 나타났다.[335] 10년이 지난 지금도 사정은 달라지지 않았다. 2022년 통계청 조사 결과에 따르면 초등학생의 사교육비가 11조 9000억 원에 달하는 등 사교육 참여율이 지속적으로 높아진 것으로 드러났다. 이는 초등학생들도 학업에 압박을 느끼고 있으며 어린 시절부터 경쟁에 뛰어들게 되었다는 방증이다.

학업 경쟁에서 밀려난 아이들은 자기효능감을 느끼지 못한 채 전반적인 생활 태도까지 함께 저하되는 모습을 보인다. 무기력함

334 교육부(2022), 위의 책, 6쪽.

335 김미숙, 「한국아동의 주관적 웰빙수준과 정책과제」『보건복지포럼』 제220호, 2015.

과 자신감 부족은 어떤 일에도 의욕을 느끼지 못하게 하며 교우관계까지 폐쇄적으로 변하는 연쇄 작용을 일으킨다. 반면 몇몇 학생들은 '중요한 과목'과 '중요하지 않은' 과목을 나누고 선택적으로 수업에 참여하려는 모습을 보인다. 소위 국어, 영어, 수학이 아닌 과목들은 '별로 중요하지 않다'고 생각하여 '대충 해도 괜찮다'는 사고가 형성된 것이다.

학생들이 이러한 상황에 내몰린 것은 교육이 단순히 윤택한 삶을 위한 직업 선택의 발판으로 여겨지고 있기 때문이다. 이러한 상황에서 율곡 이이가 힘주어 언급한 '사람 노릇 할 수 있는 공부', '올바르게 알아 합당하게 행동하는 공부'는 오늘날의 학생들에게 반드시 전해야 하는 메시지가 될 것이다.

공부란 특별한 것이 아니며, 일상의 사물을 처리함에 있어 이치에 따라 합당하게 행하는 일일 뿐이다. 그러나 현실은 녹록하지 않다. 『격몽요결』의 교훈을 통해 학생들이 '공부'에 대한 프레임을 전환하게 된다면 반가운 일이겠지만, 단순히 교사의 말 몇 마디가 아이들의 사고를 완전히 바꿀 수는 없다.

그러므로 '입지'의 과정이 필요하다. '입지'란 공부를 통해 성인지도를 이루겠다는 뜻을 정하는 일이다. 어려움이 있어도 물러서거나 포기함 없이 계속하여 정진하려는 다짐이다. 아이들에게 '도덕적으로 완성된 사람'이라는 꿈을 그려준다면, 그리고 그것을 이루는 방법이 '공부'라 한다면 기존처럼 학업을 대하는 태도나 부정적인 정서가 감소될 수 있으리라 기대한다. 또한 '일상에서 접하는 모든 일이 공부'라는 프레임 전환은 학생들이 삶을 대하는 자세를 더 정성스럽고 경건하게 바꿀 수 있으리라 생각한다.

요컨대 『격몽요결』은 학생들에게 자신이 왜 여기서 배움을 이루어야 하며 그 배움이 삶에 어떤 영향을 끼치는지에 관한 청사진을 그리는 데 도움이 되는 도덕교육의 저서로 가치를 지닌다.

셋째, 사욕을 버리고 '의'를 강조하는 『격몽요결』의 가르침은 '물질만능주의'에 물든 학생들의 가치관을 교정하는 데 도움을 줄 수 있다. '물질만능주의'란 인간의 욕망과 탐욕에 기반하여 상품과 서비스의 획득을 강조하는 가치 체계이다. 트레버 노리스(Trevor Norris)에 따르면 '물질만능주의'란 단순히 상품을 구매하는 행위를 가리키지 않는다. 그것은 교육을 포함하여 인간이 하는 모든 일에 전제된 가치와 신념의 집합이자 개인이 세상에 존재하는 방식 전체에 영향을 끼친다. 이러한 사회의 사람들은 소유물에 기반하여 자신의 정체성을 형성하고, 세상의 모든 것을 인간의 사용을 위해 이용 가능한 상품으로 간주하는 경향이 있다.[336]

이러한 '물질만능주의'는 온라인의 발달로 학생들에게 보다 쉽게 전파되었다. 학교 현장 또한 여기에서 자유롭지 않다. 직 · 간접적으로 교육 현장에 침투한 기업들은 무료로 교육 자료를 배포

---

336 Norris, T. (2020). Are students becoming consumerist learners? *Journal of Philosophy of Education, 54*(4), 875.

하거나 기자재를 공급하는 등의 후원을 통해 학생들을 미래의 잠재적 소비자로 간주하며 어려서부터 상업 광고에 노출하도록 만든다.[337]

'물질만능주의'는 더 많은 물질을 소유하기 위해 더 많은 돈이 필요하다고 부추긴다. 이는 곧 고수입 직종을 얻으려는 경쟁을 일으키게 되는데, 이 과정에서 교육은 취업 경쟁의 합법적 평가 수단으로 전락하고 만다.

율곡은 『격몽요결』 곳곳에서 지나친 소유를 경계하는 당부를 남긴다.

> 옷은 화려하고 사치스러운 것을 입으면 안 되고 추위를 막을 수만 있으면 그뿐이어야 한다. 음식은 달고 맛있는 것을 먹으려 하면 안 되고 배고픔을 면할 수 있으면 그뿐이어야 한다. 사는 곳은 안락하고 편한 곳을 찾으면 안 되고 병이 나지 않을 수 있으면 그뿐이어야 한다. 오직 공부를 하는 데 노력하는 일과 마음가짐을 올바르게 하는 일과 몸가짐을 법도대로 하는 일에 날마다 힘쓰고 또 힘써야 한다.[338]

> 재물과 이익과 노래와 색을 즐기는 일과 욕심내는 것에 절도가 없어서 이를 끊어 버리거나 절제하지 못한다.[339]

---

337 정훈, 「공립학교에서의 소비주의 이데올로기 비판」 『학습자중심교과교육연구』 제18권 제7호, 2018, 286~289쪽.

338 『栗全』 「擊蒙要訣」 卷27 衣服不可華侈, 禦寒而已, 飮食不可甘美, 救飢而已, 居處不可安泰, 不病而已. 惟是學問之功, 心術之正, 威儀之則, 則日勉勉.

339 『栗全』 「擊蒙要訣」 卷27 嗜慾無節, 不能斷制, 貨利聲色, 其味如蔗.

> 군자는 도를 걱정해야지 가난을 걱정해서는 안 된다. 다만 집이 가난하여 생계를 유지할 수 없다면 구제할 방책을 생각할 필요는 있겠으나, 그 또한 단지 굶주림과 추위를 면하는 데 그쳐야지 풍족함을 쌓고자 하는 생각을 해서는 안 된다.[340]

율곡은 소유와 존재를 분리한다. 많은 재물은 자신이 군자임을 드러내는 수단이 아니다. 그것은 사욕을 일으키기에 경계해야 할 대상일 뿐이다. 군자란 올바른 도를 탐구하고 성인의 길로 나아가는 중에 있는 사람이다. 군자의 정체성은 물질의 넉넉함보다 올바른 도, 즉 의(義)에 의존한다. 이와 같은 『격몽요결』의 시각은 오늘날의 관점에서 보면 고루하다고 느껴질 수 있다. 현대의 시민들은 소비자로서 자신의 의견을 자유롭게 개진하며 주체적으로 상품을 선택한다고 말할 수도 있다. 그러나 소비자가 자유로운 선택이라 믿는 그 소비가 실은 절제하지 못하는 충동에서 비롯되거나, 상업 기업들의 마케팅 전략에 휩쓸린 결과물이라면 어떠한가? 물질의 소유가 곧 자신을 말해준다는 허상은 사회를 점점 더 배금주의가 지배하는 곳으로 바꾸어 놓는다.

『격몽요결』의 관점에서 의(義)를 따르는 일은 자신의 본성을 실현하는 길이며, 이는 어떤 직업을 가짐으로써 자아를 실현한다는 관점보다 더 근본적이다. 그리고 필자는 도덕교육이 이 근본적 가

340 『栗全』「擊蒙要訣」卷27 君子憂道, 不當憂貧. 但家貧無以資生, 則雖當思救窮之策, 亦只可免飢寒而已, 不可存居積豐足之念.

치를 따르고 가르쳐야 한다고 생각한다. 물질만능주의로부터 자유롭지 못한 학생들에게 물질의 소유가 존재를 정의하지 못한다는 점을 명시하고 도덕적 삶으로의 기초를 만드는 일은, 사덕의 실현을 인생의 사명으로 삼았던 동양의 지적 전통으로부터 찾을 수 있으리라 보인다.

2)『격몽요결』 교육과정 총론

본 교육과정의 교육 목표는 배움의 본래성을 되찾고 배움과 삶의 일치를 이루는 데 있다. 또한, 학생들이 전통적 교육과정을 이해하고 그 가치를 체화하여 도덕적 성장을 경험하는 데에 둔다.

본 교육과정은『격몽요결』의 가르침을 현대적으로 재해석하여 학생들에게 전달하는 데 중점을 두고 설계되었다. 교육과정 구성은『격몽요결』 원전의 구성 순서를 충실히 따른다. 원전의 흐름과 체계를 그대로 유지함으로써 저자인 율곡의 본래 의도를 가장 잘 구현할 수 있으리라 판단한다. 물론 이는 단순히 원전의 고유성을 지키기 위한 것만이 아니다. 이러한 구성은 도덕과 교육과정에서 제시하는 '가치 관계 확장법'과 수신(修身)을 통해 사회로 나아가는 유교 수양론의 동심원적 발전 구조가 실제 일치하기 때문이다. 따라서 본 교육과정이 원전의 순서를 따라 체계화된다면, 기존의 2022 개정 도덕과 교육과정을 보완하고 나아가 협력적 지도 방향을 제시할 수 있을 것이다.

1. 내용 요소

2022년 개정 도덕과 교육과정은 '어떻게 살 것인가'라는 핵심 질문을 중심으로 '자신 → 타인 → 사회 · 공동체 → 자연'으로 가치

관계 영역이 확장되는 방식을 따른다. 각각의 영역은 차례로 성실, 배려, 정의, 책임의 핵심 가치를 포함한다.

네 가지 가치 관계 영역은 다시 '지식 · 이해', '과정 · 기능', '가치 · 태도'라는 세 범주의 내용 체계로 구성된다. '지식 · 이해' 범주는 학생의 도덕 발달 수준에 부합하는 도덕적 지식을 탐구하며, '과정 · 기능' 범주를 통해 관련한 도덕적 탐구 및 성찰의 과정을 구체화한다. 이를 바탕으로 '가치 · 태도' 범주는 배운 내용을 일상 속 실천에 옮기고자 하는 태도와 실제적 수양의 과정을 중심으로 구성된다. 『격몽요결』의 장(章)별 내용 요소는 이하와 같다.

(1) 자신과의 관계

표 5. 『격몽요결』 장(章)별 내용 요소

머리말(序) · 입지(立志) 장	
지식 · 이해	• 공부의 진정한 의미는 무엇인가? • 우리가 도덕적으로 더 나은 사람이 될 수 있는 근거는 무엇인가?: 사단(四端) • 앎을 실천으로 옮기기 위한 주요한 방법은 무엇인가?: 입지(立志)의 중요성
과정 · 기능	• 공부에 관한 자신의 정서 확인하기 • 마음속의 사단(四端) 발견하기 • '마음먹기[意志]'에 따라 달라지는 과제 수행의 완성도 경험하기

가치 · 태도	• 더 나은 사람이 되겠다는 태도 • 공부에 착수하고자 하는 자세 • 포기하거나 중단하지 않겠다는 의지
혁구습(革舊習) 장	
지식 · 이해	• 공부에 착수하지 못하는 원인 알기: 구습의 의미 • 마음과 기질을 해치는 나쁜 습관 알기
과정 · 기능	• 자신의 일상 속 습관 돌아보기 • 고쳐야 할 구습 탐색하기
가치 · 태도	• 나쁜 습관에 물들지 않겠다는 태도 • 자신의 구습을 개선하겠다는 의지
지신(持身) 장	
지식 · 이해	• 몸과 마음은 어떤 연관이 있을까?: 心 · 身의 통합적 관점 • 몸과 마음을 바르게 하는 방법은 무엇이 있을까?: 구용 · 구사(九容 · 九思) • '예'란 무엇일까?: 사회 규범으로서의 '예'의 의미 • 때와 장소에 알맞은 말을 해야 하는 이유는 무엇일까?: 신중한 언어 사용의 필요성
과정 · 기능	• 감정과 신체 변화의 연관성 체험하기 • 구용(九容) · 구사(九思) 체화하기 • 교실 생활에 필요한 예법 만들기 • 말을 신중하게 하기 위한 방법 토론하기
가치 · 태도	• 몸가짐을 바르게 하려는 태도 • 생각을 정돈시키고자 하는 의지 • 규칙을 잘 지키려는 자세 • 신중하고 올바르게 말하려는 태도 • 자신을 돌아보고 반성하는 습관

독서(讀書) 장	
지식 · 이해	• 새로운 배움(지식)이 필요한 이유는 무엇일까?: 궁리(窮理)의 필요성 • '배움'에 임하는 올바른 자세는 무엇일까?: 성 · 경(誠 · 敬)의 원리
과정 · 기능	• '배움'을 대하는 나의 감정 발표하기 • '배움'을 대하는 바른 자세 연습하기 • 올바른 '배움'의 전략 이해하기 • 집중[敬]의 필요성 체험하기
가치 · 태도	• '배움'에 즐거이 참여하는 자세 • 성실한 마음 • 끈기 있게 집중하는 태도
처세(處世) 장	
지식 · 이해	• 내가 꿈꾸는 직업은 무엇인가? • 나의 꿈을 이루기 위해 무엇이 필요할까? • 꿈을 이룬 뒤 나는 어떤 사람이 될까?: 성(誠)
과정 · 기능	• 내가 꿈꾸는 직업 표현하기 • 꿈을 이루고 난 뒤의 '자신' 생각하기 • 화합의 의미 체험하기
가치 · 태도	• 성실한 자세 갖추기 • 협동하는 태도 기르기 • 도덕적인 사람이 되고자 하는 의지

(2) 타인과의 관계

사친(事親) 장	
지식 · 이해	• 옛 선조들에게 '효'란 어떤 의미였을까?: 도덕규범의 기초로서의 효 • 부모님과 나 사이의 올바른 관계란 무엇일까?: 부모-자식 간의 공경
과정 · 기능	• 부모님(보호자)의 사랑 느끼기 • 부모님(보호자)께 자신이 할 수 있는 효도의 방식 찾아보기 • '효'의 의미 발표하기 • 부모님(보호자)과 나 사이의 '예' 세우기
가치 · 태도	• 부모님(보호자)께 감사한 마음 갖기 • 부모님(보호자)을 공경하는 태도 • 자신을 소중히 여기는 마음
거가(居家) 장	
지식 · 이해	• 재물(돈)의 의미와 역할 이해하기 • 도덕과 재물(돈)의 특성 비교하기: 내적 가치 vs. 외적 가치
과정 · 기능	• 자신이 중요하게 생각하는 가치가 무엇인지 확인하기 • 헌신적인 위인의 삶 탐색하기 • 올바른 일을 해야 하는 이유 토론하기
가치 · 태도	• 도덕적인 삶을 살겠다는 다짐 • 자신을 소중히 여기고 가꾸겠다는 자세

접인(接人) 장	
지식 · 이해	• 선조들은 왜 '예'를 강조했을까?: 예의 의미와 역할 • 어른들과 또래 친구들을 대할 때 가져야 할 바른 태도와 마음가짐은 무엇일까?: 공경 · 배려 · 겸손 • 갈등이 발생했을 때는 어떻게 대처해야 할까?: 자성(自省)
과정 · 기능	• 다양한 상황에서 어른들과 친구를 대할 때의 올바른 예절 찾기 • 올바른 예절 역할극 하기 • 친구를 사랑하고 아끼는 마음 표현하기
가치 · 태도	• 예의 바른 태도 • 친구를 사랑하고 배려하는 마음 • 언행을 조심하려는 태도 • 갈등을 슬기롭게 극복하려는 의지

2. 성취기준 해설

『격몽요결』 교육과정은 2022 개정 초등 도덕과 교육과정에 제시된 성취기준을 최대한 반영하여 설계하였다. 이와 더불어 『격몽요결』이 지닌 고유한 사상적 맥락을 바탕으로 기존 성취기준에 포함되지 않은 내용 요소들을 추가적으로 가르칠 수 있도록, 새로운 성취기준을 작성하였다. 이러한 성취기준은 『격몽요결』의 핵심 사상을 현대 초등교육의 맥락에 맞게 재구성하여 학생들의 도덕적 사고와 실천적 태도를 보다 풍부하게 만들 수 있다.

아래에 제시된 성취기준 해설은 본 교육과정을 통해 새롭게 작성된 성취기준에 대한 설명과 해당 성취기준을 교육 현장에 적용하는 데 필요한 고려 사항을 담고 있다. 2022 개정 교육과정과의 일관성을 유지하기 위해 2022년 개정 교육과정 총론에 제시된 '성취기준 해설' 형식을 활용하였다.[341] 본서에서는 4학년을 기준으로 삼아 성취기준을 설정하고자 한다. 왜냐하면, 『소학』에서 교육 대상으로 삼는 연령대는 대략 8–15세이며, 그 중간 연령인 11세 4학년이 대표성을 띤다고 판단했기 때문이다. 또한, 『격몽요결』에서는 인생의 방향을 결정하는 입지 활동이 매우 중요한데, 보통 11–12세부터 자아정체성이 형성되기 시작하면서 학생은 인생의 방향을 진지하게 고민하게 되기 때문이다. 다만, 교사는 자신이 가르치는 학생의 학령과 특성을 파악한 후, 평균적인 4학년의 수준보다 높이거나 낮춰서 이하에서 제시될 성취기준과 수업 과정안을 재구성해 활용할 수 있다.

341 이하에서 제시될 성취기준 중에는 기존에 다른 학령에서 더 집중적으로 다뤄져 온 것들이 있다. 예를 들어, 몸을 바르게 가다듬어 기초 생활습관 형성하기는 주지하듯 저학년에서 중시된다. 하지만 이러한 성취기준은 중 · 고학년에서도 그 수준을 높여 다룰 수 있으며, 본서에서는 4학년의 수준을 고려한 성취기준과 수업 과정안을 제시할 것이다. 다른 성취기준들 역시 4학년의 수준을 고려하여 재구성하였음을 밝힌다.

(1) 머리말[序]

[04도01-05新] 공부의 올바른 의미를 알고 일상생활을 정성스럽게 해 나가려는 마음을 갖는다.
[04도01-06新] 공부의 목적을 이해하고 자신의 삶에 적용하려는 태도를 기른다.

(가) 성취기준 해설

- [04도01-05新]은 『격몽요결』이 강조하는 학문의 본질과 실천적 태도를 바탕으로 한다.
- [04도01-06新]은 학생들이 '왜 공부를 해야 하는지'에 대한 근본적인 질문에 답할 수 있게 돕는다.

(나) 성취기준 적용 시 고려 사항

- 영역 내 모든 성취기준을 다룰 때는 학생들이 학교와 가정에서의 생활을 통합적으로 연결하여 학문적 내용이 일상 속 실천으로 이어지도록 지도한다.
- [04도01-05新]은 학생들에게 일상의 다양한 사례를 통해 공부의 중요성을 인식시킨다.
- [04도01-06新]은 학교생활에서 정리 정돈, 협력, 규칙 준수 등을 통해 공부가 폭넓은 삶의 태도와 연결됨을 지도한다.

(2) 입지(立志)

[04도01-07新] 사단(四端)의 개념과 의미를 이해한다.
[04도01-08新] 자신의 마음속 사단(四端)을 발견하고 도덕적으로 더 나은 사람이 되겠다는 마음을 갖는다.

(가) 성취기준 해설

- [04도01-07新]은 사단의 개념과 의미를 학습함으로써 도덕적 감정과 판단이 본성에서 비롯된다는 점을 이해하도록 유도한다.
- [04도01-06新]을 통해 학생들은 자기 내면의 도덕적 기초를 스스로 발견하고 도덕적 발전 가능성을 확신할 수 있다.

(나) 성취기준 적용 시 고려 사항

- 영역 내 모든 성취기준을 다룰 때는 학생들이 자신의 도덕적 가능성을 자각하고 스스로 더 나은 사람이 되고자 하는 동기와 의지를 가질 수 있도록 도와야 한다.
- [04도01-08新] 의도하지 않은 자신의 행동 · 마음에 내재된 사단을 발견할 수 있도록 하기 위해 생활과 밀접한 예를 활용한다.

(3) 지신(持身)

> [4도01-09新] 몸과 마음의 밀접한 연관성을 이해하고 몸가짐을 단정하고 정성스럽게 한다.
> [4도01-10新] 말의 중요성을 알고 신중하고 올바른 언어생활 습관을 기른다.

(가) 성취기준 해설

- [4도01-09新] 자신의 몸가짐이 단순한 외적 표현에 그치는 것이 아니라 내면의 마음 상태를 반영한다는 사실을 깨닫고 이를 바탕으로 몸가짐을 단정하고 정성스럽게 가꾸는 태도를 기르도록 한다. 이를 통해 신체적 행동과 도덕적 태도의 조화를 이루어 성실함과 책임감을 갖추도록 돕는다.
- [4도01-10新] 때와 장소에 알맞은 말을 해야 하는 이유를 실생활의 사례를 통해 알아봄으로써 신중한 언어 사용의 필요성을 깨닫는다.

(나) 성취기준 적용 시 고려 사항

- 학교에서의 교우관계, 학습 태도, 공공장소에서의 행동 · 언어 사용 모습을 통해 몸과 마음의 단정을 실천하도록 한다.
- [4도01-09新] 단정한 몸가짐을 체화할 수 있는 구체적인 활동을 제공해야 한다. 바른 자세를 연습하고 공공장소에서의 행

동 지침을 실습하며 간단한 명상이나 호흡을 통해 마음의 평안과 몸가짐의 조화를 경험하는 등의 활동을 포함한다.

• [4도01-10新] 신중한 언어 사용 습관이 우리의 도덕적 본성과 일치한다는 점을 부각한다. 이를 위해 공공장소, 웃어른, 친구와 같은 일상 속 예를 제시하여 학생 스스로가 도덕적 본성에 걸맞은 언어 사용의 필요성을 인지할 수 있도록 유도한다.

(4) 독서(讀書)

> [4도01-11新] 새로운 배움의 필요성을 안다.
> [4도01-12新] 성 · 경(誠 · 敬)의 자세로 학습에 임한다.

(가) 성취기준 해설

• [4도01-11新] 새로운 지식 습득의 필요성을 생활 능력의 향상과 관련하여 이해하고 학습을 대하는 올바른 마음가짐과 태도를 기른다.

• [4도01-12新] 정성된 마음[誠]으로 배움에 임하며 끈기 있게 집중[敬]하는 태도를 기른다.

(나) 성취기준 적용 시 고려 사항

• 영역 내 모든 성취기준을 다룰 때는 인지적 학습의 이해와 적용–학생들이 비교적 어려워하고 흥미를 덜 느낄 수 있는 영

역–의 예시를 포함하여 지도한다.

- [4도01–12新] 성 · 경(誠 · 敬)은 학생들에게 비교적 추상적으로 느껴질 수 있는 개념이므로, 단순 설명, 이론적 학습보다 다양한 활동을 통해 학생들이 해당 개념을 직접 체험할 수 있는 기회를 제공해야 한다. 이러한 접근은 성 · 경이라는 추상적 개념을 구체적이고 실천 가능한 가치로 인식하는 데 효과적이다.

(5) 거가(居家)

[4도01–13新] 재물의 역할과 의미를 이해하고 물질적 가치를 대하는 올바른 자세와 태도를 기른다.

[4도01–14新] 물질적 가치와 도덕적 가치를 비교하며, 도덕적 선택이 개인과 공동체에 미치는 영향을 이해한다.

(가) 성취기준 해설

- [4도01–13新] 재물은 개인의 필요와 욕구를 충족시키는 도구인 동시에 도덕적 책임과 윤리적 선택을 요구하는 요소임을 인식한다. 이를 통해 학생들은 재물의 본질과 역할을 이해하고 물질적 가치에 대한 올바른 태도를 형성한다.
- [4도01–14新] 학생들이 물질적 가치(예: 재산, 소유, 경제적 이익)와 도덕적 가치(예: 정직, 나눔, 배려)를 비교하고 서로 어떻게 영향을 미치고 갈등할 수 있는지 탐구하는 데 중점을 둔다.

또한 도덕적 가치(내적 가치)와 물질적 가치(외적 가치)를 구별할 수 있는 능력을 기르며, 도덕적 원칙에 반하는 물질적 가치를 선택하지 말아야 하는 이유를 이해한다.

(나) 성취기준 적용 시 고려 사항

- [4도01-13新] 학생들이 재물의 역할과 의미를 이해하는 데 그치지 않고, 물질적 가치와 도덕적 가치의 갈등 상황에서 도덕적 가치를 선택하는 일의 필요성을 이해할 수 있도록 실생활과 밀접하게 연계된 체험 중심의 학습으로 설계되어야 한다.
- [4도01-14新] 도덕적 선택이 개인과 공동체에 미치는 긍정적 영향을 사례와 연결하여 지도한다. 또한 도덕적 가치와 물질적 가치를 둘러싼 다양한 관점을 토론하며 학생들이 자신만의 가치 판단 기준을 형성할 수 있도록 돕는다.

(6) 접인(接人)

> [4도02-04新] 예절이란 상대방에 대한 공경과 배려의 표시임을 알고 예의 바른 생활을 통해 타인과 조화와 협동을 이룬다.

(가) 성취기준 해설

- [4도02-04新] 학생들이 예절의 본질적 의미와 역할을 이해하도록 돕는 데 초점을 둔다. 예절은 단순한 사회적 관습이 아니

라 타인에 대한 공경과 배려를 구체적으로 표현하는 방법임을 인식한다.

(나) 성취기준 적용 시 고려 사항

- [4도02-04新] 예절을 단순한 형식이 아닌 타인을 존중하고 배려하는 마음에서 비롯되는 것이라는 점을 이해하기 위해, 예의 역사적 · 사회적 역할을 탐구하는 기회를 제공한다. 또한 구체적인 상황을 제시하고 각 상황에 맞게 올바른 예절을 익힐 수 있는 시간을 갖는다. 역할 놀이와 같은 방식을 적용하여 학생들이 몸으로 직접 실행해 보도록 지도하는 것이 중요하다. 특히 예절은 단기적 학습으로 끝나는 것이 아닌 반복적으로 실천하며 습관화할 수 있도록 지도해야 하므로, 교사는 수업 이후에도 과제 제공과 같은 방식으로 지속적인 학습 환경을 조성한다.

3. 평가

도덕 교과를 평가하는 일은 교사들에게 상당한 부담으로 작용한다. 도덕이라는 교과가 학생들의 내면적 변화와 태도를 다룬다는 점에서 명확한 정답을 확인하는 방식과는 질적으로 다른 평가를 요구하기 때문이다. 특히 『격몽요결』의 저자 율곡 이이가 강조했던 '교기질(矯氣質)'이란 단순한 학습의 결과가 아니라 수많은 시도와 실패를 거치는 자기 극복[克己]의 과정이다. 이러한 과정은 점진적으로 이루어지는 변화이기 때문에 짧은 시간에 눈에 띄는 성과로 드러나지 않을 가능성이 높다.

이와 같은 교과 내용상의 특징 때문에 도덕 및 『격몽요결』 교육과정의 평가에는 평가자의 주관적 요소가 강하게 개입될 수밖에 없다. 때문에 평가를 수행하는 교사는 큰 책임감과 부담을 느끼게 된다. 특히 관찰을 중심으로 이루어지는 도덕 교과의 평가는 대개 수업 중에 진행된다. 이는 교사에게 수업의 흐름을 유지하면서도 동시에 평가를 수행해야 하는 추가적인 업무를 요구한다.

필자는 같은 업무를 수행하는 현장의 교사로서 도덕 교과의 평가가 교사들에게 얼마나 큰 책임감과 부담으로 다가오며 그 과정에서 교사들이 어떤 어려움을 겪는지 십분 이해한다. 이러한 현실을 고려하여 본 교육과정에서는 교사들이 평가 과정에서 겪는 부담을 최소화할 수 있는 방식으로 '나. 평가 방법' 및 '다. 평가의 실제'를 제시하고자 노력하였다. 그럼에도 『격몽요결』 교육과정이 지향하는 교육 목표는 '학문과 삶의 일치'라는 '일상성', '실천성', '통합성'의 큰 틀을 유지하고 있기 때문에, 도덕 교과에서 필수적인 교사의 관찰 평가를 완전히 배제할 수 없었다는 점을 미리 고지하고자 한다.

이와 같이 필자는 관찰 평가의 불가피성을 인정하면서도, 교사들이 이를 효율적으로 수행할 수 있는 방안을 개발하기 위해 노력하였다. 보다 명확하고 실질적인 평가 기준과 즉시 평가에 활용 가능한 자료를 제공하려는 시도를 통해, 교사들이 평가 과정에서 느끼는 부담을 줄이며 평가를 보다 체계적이고 일관된 평가를 수행할 수 있으리라 기대한다. 본 교육과정의 평가 설계는 교사와 학습자 모두에게 유의미한 방향으로 고민된 결과물임을 밝힌다.

『격몽요결』은 학생들에게 단순한 덕목의 전달이 아닌 도덕적 내면화 및 실천적 태도를 강조하는 점에서 기존 도덕과 교육과정의 목표와 맥을 같이한다. 2022 개정 교육과정의 평가 목적은 단순히 결과를 측정하는 도구를 넘어 학생의 도덕적 성장을 지원하는 과정으로서 평가를 실시하는 데 있다. 『격몽요결』 교육과정 또한 2022 개정 교육과정의 평가 방향과 방법을 준수한다. 아래는 『격몽요결』이라는 저서의 사상적 · 윤리적 특징과 이 교육과정의 고유한 목적을 반영하여 추가적인 설명이 필요한 영역만을 기술한 것이다.

3.1. 평가 방향

(가) 『격몽요결』이 강조하는 도덕적 가르침은 일상생활과 긴밀히 연관되어 있으며 학생들이 이를 자신의 삶 속에서 체화하도록 돕는 것을 목표로 한다. 평가 또한 학습자가 단순히 덕목의 의미나 개념, 지식 등을 이해하는 것에 그치지 않고, 성찰과 실천을 통해

도덕적 성숙에 이르는 과정을 중심으로 이루어진다. 본 교육과정은 학습자들의 내용 이해 정도를 확인하는 것뿐 아니라 이를 바탕으로 행동과 태도에 어떤 변화를 가져왔는지를 함께 평가한다.

(나) 결과 중심의 총괄평가보다 수행 과정에 중점을 둔 형성평가를 활용한다. 형성평가는 수업과 평가를 통합하고 수업 과정 중에서의 즉각적이고 지속적인 피드백, 수업의 조절, 학생의 자기 평가를 핵심 특징으로 한다. 이러한 형성평가는 학생들의 학습 과정을 면밀하게 분석하고 개선의 기회를 제공함으로써 지속적인 성장을 도모하는 데 중요한 역할을 한다. 이를 통해 학생들은 도덕적 성찰과 실천의 중요성을 체감하고 학문과 생활을 통합하여 삶에서의 진정한 인격적 성숙을 이룰 수 있다.

(다) 『격몽요결』 교육과정의 평가는 학생들이 자신의 사고, 감정, 행동을 스스로 점검하고 이를 통해 도덕적 가치와 태도를 점진적으로 함양할 수 있도록 설계되어야 한다. 또한 평가 과정에서 학생들의 시행착오를 존중하며 격려와 긍정적인 피드백이 주어져야 한다. 또한 학습자가 자기만의 방식으로 도덕적 실천을 구체화하고 표현할 기회를 제공해야 한다. 다만 도덕적 실천은 즉각적인 성과로 측정하기 어려운 특성이 있으므로 학생이 보여주는 단편적인 모습만을 평가의 대상으로 삼아서는 안 된다.

(라)『격몽요결』의 도덕적 가르침과 오늘날의 교육과정을 유기적으로 결합하여 학문과 생활의 통합적 성과를 확인한다. 학생들이 교실에서 배우는 지식과 덕목이 자신의 일상과 행동, 마음이 긴밀하게 연결되어 있다는 점을 이해하도록 도와야 한다. 나아가 이러한 통합적 성과가 지속될 수 있도록 평가 과정에서 격려와 피드백을 제공해야 한다. 본 교육과정의 평가는 단순히 학업 성취도를 판별하는 것이 아닌, 학생들이 도덕적 성장을 경험하도록 돕고 이를 실천하는 데 긍정적인 동기를 부여하는 데 초점을 맞춘다.

(마) 학생들의 도덕적 성찰과 실천이 교실을 넘어 가정과 지역사회로 확장될 수 있어야 한다. 학생들이 학습한 도덕적 가치는 공언과 실천의 경험을 통해 보다 깊은 내면화를 이룰 수 있기 때문이다. 이를 위해 가족과 지역 사회의 피드백을 평가에 참고할 수 있다. 예를 들어, 학생들이 가정에서 실천한 도덕적 행동이나 수업 진행 과정에서의 행동, 언어, 생활 습관의 긍정적인 변화, 규칙을 준수하기 위한 노력 등의 사례를 기록하여 결과물을 활용한다. 가족 구성원이나 지역 사회의 피드백은 학생들의 실천 결과를 보다 풍부하고 입체적으로 평가할 수 있는 근거가 된다.

3.2. 평가 방법

(가) 본 교육과정의 학업 성취도는 기본적으로 '매우 잘함', '잘함', '보통', '노력 요함'의 네 단계로 구분한다. 이는 대부분의 초등학교가 채택한 평가 방식이므로 교사와 학생 모두 낯설지 않게 받아들일 수 있다. 다만 22년 개정 교육과정에서는 학교와 교사의 자율성을 강조하고 있어 평가 방법과 결과를 표현하는 데 융통성을 발휘할 여지가 있다. 그러므로 경우에 따라 각 학교의 사정에 맞추어 평가 방식을 적절히 변형하는 과정이 필요하다.

(나) 학업 성취도를 측정하는 방식은 크게 22년 개정 도덕과 교육과정에 고지된 평가 방법을 따른다. 22년 개정 초등학교 교육과정의 도덕 교과 영역 평가 방법(교육부 고시 제2022-33호 [별책2])으로는 선택형, 서술형, 논술형을 포함하는 지필평가와 프로젝트 평가, 포트폴리오 평가, 관찰 평가, 구술 평가 등 다양한 수행평가 방법이 제시되어 있다. 아래는 고시된 교육과정 총론 평가의 큰 틀 안에서『격몽요결』교육과정의 특성을 살릴 수 있는 보다 구체적인 평가 방식을 설명한 것이다.

- 수업에서 얻은 가르침과 교훈을 일상에서 실천하고 이를 성찰하는 과정을 중점으로 하는 '체험 중심 평가'를 활용한다.

체험 중심 평가 예시: 하루 동안 교실에서 실천한 배움의 주요 내용(예: 상황에 맞는 예절 · 구용 등)을 구체적으로 기록한 뒤 이를 교사와 함께 성찰

- 예절, 도덕적 갈등, 윤리적 딜레마를 구체적 상황에서 연습하고 평가받을 기회를 제공하는 역할극 기반 평가를 활용한다.

역할극 기반 평가 예시: 주어진 상황(예: 친구에게 전화를 걸었는데 모르는 어른이 받았을 때 등)에서 학생들이 역할극을 통해 도덕적 판단과 행동을 실천하고 교사와 동료가 학생의 판단과 태도를 관찰 및 평가

- 학생들이 도덕적 개념을 내면화하고 자신의 태도와 행동을 반성하며 성장할 기회를 제공하는 '자기 성찰 보고서'를 기반한 평가를 활용한다.

자기 성찰 보고서 기반 평가 예시: '내가 관찰한 부모님의 모습'과 같은 주제를 중심으로 정기적인 자기 성찰 보고서를 작성하고 교사는 이를 바탕으로 학생의 도덕적 성찰 과정을 추적 및 평가

- 『격몽요결』의 주요 내용과 관련된 전통 문화와 역사적 사례를 탐구하며 도덕적 가치를 학습하는 문화 · 역사 탐구 기반 평가를 활용한다.

문화 · 역사 탐구 기반 평가 예시: '선조들이 효를 중요하게 생각했던 이유', '공부에 대한 선조들의 관점', '선조들이 행한 '예'에 담긴 의미'와 같은 주제를 얼마나 이해하고 자신의 생활에 적용할 수 있는지를 평가

• 『격몽요결』 교육과정의 학습이 가정과 연계되어 실천될 수 있도록 유도하는 가족 연계 평가를 활용한다.

가족 연계 평가 예시: 학생이 가족과 함께 실천한 도덕적 활동(예: 부모님이 나에게 해주시는 일들에 감사 표현하기, 가족 구성원 배려하기, 성 · 경의 태도로 생활하기 등)을 가족 구성원의 관찰 기록을 통해 다각도로 분석 및 평가

3.3. 평가 내용

다음은 2022년 개정 도덕과 교육과정의 구성 체계를 기본 틀로 하여 '지식 · 이해', '과정 · 기능', '가치 · 태도'의 각 영역에서 『격몽요결』 교육과정의 평가 내용을 추출한 것이다. 본 교육과정을 지도하는 교사는 아래의 표를 참고하여 평가 계획을 구성할 수 있다. 제시된 평가 요소는 평가의 대상이기도 하지만 수업을 통해 학생들에게 전달되어야 하는 핵심 내용이기도 하다. 따라서 교사는 아래에 제시된 평가 요소를 모두 반영하여 학생의 성취도 여부를 측정할 필요는 없으나 이를 수업 진행에 참고하면 수업 목표 달성이 보다 용이해질 것이다. 구체화된 평가의 실례는 '수업 지도안'에 첨부하였으므로 관련한 사항을 참고하면 된다.

(1) 자신과의 관계

1차시: 공부의 의미[序]	
지식 · 이해	• 『격몽요결』에서 말하는 '공부'의 의미를 올바로 이해하기
과정 · 기능	• '공부'의 의미를 자신의 일상생활 전반으로 확장하기
가치 · 태도	• 일상의 모든 순간을 정성스럽게 해 나가려는 마음갖기 • '공부 울타리' 만들기 활동에 적극적으로 참여하기
2-3차시: 공부에 뜻 세우기[立志]	
지식 · 이해	• '마음먹기'의 중요성을 설명하기 • '마음속 착한 네 가지 씨앗'을 각각 설명하기
과정 · 기능	• 다양한 상황에서 '마음속 착한 네 가지 씨앗' 발견하기
가치 · 태도	• '사단'을 잘 가꾸기 위한 다짐을 통해 자신의 도덕적 성장 가능성 믿기 • 공부를 통해 더 나은 사람이 되고자 하는 자세 갖기
4차시: 나쁜 습관 버리기[革舊習]	
과정 · 기능	• 자신의 생활을 성찰하고 버려야 할 나쁜 습관을 발견하기 • 자신의 나쁜 습관을 고치기 위해 필요한 '마음 영양제'를 고르기
가치 · 태도	• 나쁜 습관을 버리기 위해 제공된 실천 활동지를 꼼꼼하게 기록하기
5-6차시: 몸과 마음 단속하기[持身 I]	
지식 · 이해	• 마음을 평화롭고 깨끗하게 만들기 위해 단정한 몸가짐이 필요한 이유를 설명하기 • 상황과 장소에 따라 필요한 몸가짐 말하기 • 우리 선조들이 몸과 마음을 바르게 하기 위해 활용한 방법 설명하기

과정 · 기능	• 감정에 따른 신체 변화의 연관성을 체험하고 몸과 마음이 밀접한 연관이 있음을 경험하기 • 바른 몸가짐을 통해 바른 마음이 자라난다는 점을 발견하기
가치 · 태도	• '아홉 가지 바른 몸가짐(이하 구용)' 체험 활동에 적극적으로 참여하기 • 학교 생활을 통해 '구용'을 실천하기
7–8차시: 신중하게 말하기[持身 Ⅱ]	
지식 · 이해	• 신중한 언어 사용의 필요성을 이해하고 설명하기 • 말을 신중하게 하기 위한 방법 말하기
과정 · 기능	• 때와 장소에 알맞은 말이 무엇인지 탐색하고 적절한 말 찾기 • 신중하지 못한 말이 가져오는 문제점 발견하기
가치 · 태도	• 올바른 언어생활 습관을 기르고자 하는 의지 갖기 • 학교생활을 통해 올바른 언어를 사용하고자 노력하기 • 말을 신중하게 하기 위한 토론에 적극적으로 참여하며 친구의 의견을 진지하게 검토하기
9–10차시: 배움에 대한 올바른 마음과 태도[讀書]	
지식 · 이해	• '배움'이 필요한 이유를 자신만의 언어로 표현하기 • 『격몽요결』에 제시된 다섯 가지 공부 자세 말하기 • 집중[敬]하는 일이 왜 중요한지 이해하고 설명하기
과정 · 기능	• '배움'을 활용했던 자신의 경험을 떠올려 '배움'의 필요성 깨닫기 • '공 던지기' 게임에 참여하여 하나의 책을 깊게 이해해야 하는 이유 발견하기
가치 · 태도	• 집중 훈련을 위한 아침 명상 활동에 적극적으로 참여하기 • 게임 규칙을 잘 지키고 즐거운 자세로 참여하기 • 성실하고 끈기 있는 자세를 기르고자 노력하기

16–17차시: 꿈을 이룬 뒤의 나[處世]	
지식 · 이해	• 꿈을 이룬 뒤 자신의 마음을 생각하며 '사단'을 가꾸는 일의 중요성 이해하기
과정 · 기능	• 꿈을 이루는 것만큼이나 좋은 마음을 갖는 일의 중요성 깨닫기
가치 · 태도	• 다른 사람과 사회에 좋은 영향력을 지닌 사람이 되려는 마음 갖기 • '사단'을 지속적으로 잘 가꾸려는 의지 갖기

(2) 타인과의 관계

11–12차시: 효도의 의미와 마음[事親]	
지식 · 이해	• 우리 선조들이 효를 중요하게 생각했던 이유를 바르게 이해하고 설명하기 • 자신만의 언어로 '효' 정의하기
과정 · 기능	• 설문조사 결과를 발표하는 과정을 통해 자신을 사랑하는 부모님의 마음 깨닫기 • '효'의 진정한 의미를 탐색하는 과정에서 스스로를 아끼고 사랑하는 일의 중요성 깨닫기
가치 · 태도	• 부모님께 사랑과 감사의 마음을 전하겠다고 다짐하기 • 자신이 받은 사랑을 다른 사람에게 전달하는 마음 갖기 • 부모님이 내게 해주시는 일들을 관찰하는 과제 활동지를 진지한 마음으로 성실하게 작성하기

13–14차시: 재물을 대하는 올바른 자세[居家]	
지식 · 이해	• 재물(돈)의 의미와 역할을 올바르게 이해하기 • 도덕과 재물의 특성을 비교하고 설명하기 • 재물(돈)의 가치 중립성 이해하기 • 손해를 보는 상황에서도 올바른 행동을 선택해야 하는 이유 서술하기
과정 · 기능	• '그래! 결심했어' 게임을 통해 자신이 중요하게 생각하는 가치 확인하기 • 헌신적인 위인의 삶을 탐색하고 삶의 중요한 가치에 대해 성찰하기
가치 · 태도	• 도덕적인 삶의 중요성을 깨닫고 실천으로 옮기려는 마음 갖기 • 자신의 마음을 소중히 여기고 가꾸겠다는 자세 갖기
15차시: 예의 바른 생활 태도[接人]	
지식 · 이해	• 선조들에게 '예'란 생활의 기준이 되었다는 사실을 이해하기 • 어른들과 또래 친구들을 대할 때 가져야 할 바른 태도와 마음가짐이 무엇인지 설명하기 • '예' 안에 담긴 진정한 의미(배려 · 공경) 설명하기
과정 · 기능	• 다양한 상황에서 어른들과 친구를 대할 때의 올바른 행동 찾기
가치 · 태도	• '예'에 담긴 사랑의 정신을 실천하고자 하는 의지 갖기 • '예'를 통해 배려와 공경의 마음을 전달하고자 노력하기 • 상황에 적절한 예절에 대해 더 알아가고자 노력하기

4. 구성 체계

본 교육과정은 도입부를 통해 학습의 전반적 목표를 제시한 후, '자신과의 관계 영역'과 '타인과의 관계 영역'으로 구체적인 학습 과정을 설정하였다. 이하에서는 교육과정의 전개 방향과 활동 구성의 맥락을 간략하게 밝힌다.

〈교육과정 도입〉
• 1차시(序): 공부의 의미

본 교육과정은 학생들에게 『격몽요결』의 저자 및 학문적 목표를 소개하며 학습의 전체적인 방향을 제시하는 것으로 시작한다. 이 도입 과정은 『격몽요결』을 단순히 과거의 문헌으로만 여기는 것이 아니라, 현대적 맥락에서도 적용 가능한 삶의 지혜로 인식할 수 있도록 하였다. 특히 교육 초반부에서는 다소 낯설게 느껴질 수 있는 고전 문헌에 대한 학생들의 부담감을 덜 수 있도록, 저자에 대한 친근감을 느낄 수 있는 활동을 제시하였다.

저자 율곡 이이가 학생들에게 전하는 편지 형식의 활동을 통해 학생들은 배움에 대한 긍정적인 태도를 형성한다. '공부'란 단순히 지식을 쌓고 원하는 직업을 얻기 위해서가 아니라, 자기 성찰과 도덕적 실천을 통해 삶을 변화시키는 과정이라는 점을 깨닫게 하는 데 초점을 맞추었다. 이러한 활동은 학생들이 '공부'라는 개념에 대해 갖고 있던 부정적 정서를 변화시키고, 공부의 진정한 의미를 이해하는 데 도움을 줄 것이다.

특히 율곡이 『격몽요결』을 저술한 목적이 바로 이러한 배움의 진정한 가치를 전하는 데 있다는 점에서, 도입부는 앞으로의 수업 방향을 좌우하는 중요한 역할을 한다.

이 도입 과정은 학생들이 공부를 단순히 학업적 성취를 위한 수단이 아니라 자신을 변화시키고 도덕적으로 완전한 성취를 이룰 수 있게 해 주는 삶 그 자체임을 이해하도록 돕는다.

〈자신과의 관계 영역〉

- 2–3차시(立志): 공부에 뜻을 두기
- 4차시(革舊習): 나쁜 습관 버리기
- 5–6차시(持身Ⅰ): 몸과 마음 바르게 하기
- 7–8차시(持身Ⅱ): 신중한 언어 습관
- 9–10차시(讀書): 배움에 대한 올바른 태도와 마음
- 16–17차시(處世): 꿈을 이룬 뒤의 나

'자신과의 관계' 영역에서는 학생들이 자기 성찰을 통해 내적 수양의 중요성을 깨닫고, 자신의 마음과 몸을 다스리는 법을 배우도록 돕는 데 초점을 맞추었다. 이 영역은 도덕적 실천의 출발점으로 학생들이 자신을 돌보고 수양하는 과정을 통해 도덕적 삶의 기초를 다질 수 있도록 설계되었다. '2–3차시(입지)'에서는 학생들이 내면에 있는 선한 본성이 발현한 사단을 발견하고 이를 통해 자신

의 도덕적 성장 가능성을 신뢰하도록 한다. 수업은 유자입정(孺子入井)의 사례와 학생들이 경험했던 정의감이나 배려의 순간을 떠올리며 도덕적 성장에 대한 다짐을 작성하는 활동으로 구성된다. 이는 앞으로의 학습에 대한 동기 부여와도 연계된다. '4차시(혁구습)'에서는 도덕적 성장과 관련해 습관의 중요성을 강조하며 이를 실천적으로 변화시키는 과정을 다룬다. 이 차시에서는『격몽요결』속 구습의 사례를 현대적 맥락으로 전환하여 학생들이 자신의 습관 중 개선이 필요한 부분을 살피고, 이를 변화시킬 수 있는 방법을 모색한다. 특히 학생들에게 나쁜 습관이 자신이 지닌 네 가지 착한 마음의 씨앗을 성장할 수 없게 만드는 장애물이 된다는 점을 알려준다. 학생들은 전 차시에서 학습한 '네 가지 착한 씨앗'이 시들고 자라지 못한 장면을 보면서 그 원인이 씨앗 그 자체에 있다기보다 씨앗을 잘 가꾸지 않은 행위에 있음을 인식한다. 이를 통해 모든 사람이 '참되게 알고 실천하여 옛날에 물든 나쁜 습관을 버리고 그 본성의 처음을 회복한다면'[342] 도덕적으로 온전해질 수 있다는 변화와 성장의 가능성을 스스로 발견하고 그것으로 나아가게 하는 데 초점을 맞춘다. '혁구습'이라는 장의 성격 자체가 실천과 밀접히 연관되어 있기 때문에 수업은 학생들이 구체적으로 자신의 일상을 떠올릴 수 있는 과제를 중심으로 진행된다. 학생들은 자신의 나

342 『栗全』卷27「擊蒙要訣」而苟能眞知實踐, 去其舊染而復其性初.

쁜 습관을 되돌아보고 이를 변화시킬 수 있는 방법을 선택하고 계획한다. 나아가 가정에서도 실천할 수 있는 과제를 추가하여 학습이 수업 안에서만 머물지 않고 일상으로 확장될 수 있도록 설계하였다. 이 차시는 학생들에게 단기적 성과를 기대하기보다 자신의 행동을 점검하고 성찰하며 개선해 나가려는 노력 자체가 삶을 통해 지속적으로 추구해야 할 부분임을 내면화시키는 데 중점을 두고 있다. 지신(持身) 장은 5–6차시, 7–8차시 두 부분으로 구성된다. '5–6차시(지신 I)'는 몸가짐과 마음의 상태가 밀접하게 연관되어 있음을 이해하고 단정한 몸가짐이 내면의 안정과 도덕적 태도를 반영한다는 점을 깨닫는 데 초점을 맞춘다. 학생들은 올림픽 경기 영상이나 급박한 상황 연출을 통해 몸가짐과 마음 상태가 얼마나 밀접한 연관을 지녔는지 체험한다. 이를 바탕으로 아홉 가지 바른 몸가짐[구용]을 도입하고 직접 체험해 보는 활동을 진행한다. 수업에서는 학생들이 구용의 각 요소를 이해하고 이를 자신의 몸가짐에 적용해 보는 시간을 갖는다. 또한 학생들은 학교 생활에서 구용이 특히 필요한 상황들을 탐구한다. 예를 들어, 도서관에서의 독서, 급식실에서의 줄 서기, 교실에서의 쉬는 시간 등을 분석하며 바른 몸가짐이 왜 중요한지 사례 중심으로 논의한다. 마지막으로 학생들은 구용을 실천하는 과제를 부여받는다. 일주일 동안 학교와 가정에서 구용을 실천한 결과를 활동지에 기록하며 자신의 변화와 느낀 점을 반성하는 시간을 가진다. 이 수업은 단순한 이론적 이해를 넘어 학생들이 자신의 몸가짐과 마음가짐을 연결하고 스스로를 성찰하며 변화할 수 있는 계기를 제공하는 데 중점을 둔다. '7-8차시(지신Ⅱ)'는 말을 신중하게 하여 올바른 언어생활 습관을 기른다. 이 차시에서는 말을 조심스럽게 한 상황과 그렇지 않은 상황을 비교하고 신중한 언어생활 습관을 가져야 하는 이유를 탐색한다. 또한 모둠 토론 활동을 통해 말을 신중하게 하는 방법을 논의하고 이를 발표하는 시간을 가진다. 토론 결과는 '시화 그리기'와 같은 방법을 활용하여 그림으로 표현할 수 있도록 하고 교실에 전시하여 지속적인 상기 효과를 유도한다. '9-10차시(讀書)'에서 학생들은 배움의 본질과 필요성을 이해하고 배움에 임하는 올바른 자세를 형성할 수 있다. 특히 율곡 이이가 강조한 '궁리'의 중요성과 성 · 경의 학습 태도를 통해 배움이 단순한 지식 축적을 넘어 삶과 실천으로 이어진다는 점을 강조한다. 이를 위해 학생들은 학교에서의 배움이 일상에 활용된 경우를 떠올려 습득한 지식과 삶 사이에 밀접한 연관을 느낄 수 있도록 한다. 또한 이 차시는 '성 · 경'이라는 추상적 개념을 실제로 체험하는 활동 위주로 구성하였다. 미니 게임을 통해 집중력과 꾸준함이 학습 성과에 미치는 영향을 발견하고 배움의 중요성을 새롭게 깨달을 수 있도록 하였다. '16-17차시(處世)'는 학생들에게 자신의 미래를 구체적으로 상상하고 사회 속에서 올바르고 성숙한 인격체로 자리 잡기 위한 태도와 방향성을 고민하도록 설계되었다. 『격몽요결』의 가르침에서 처세란 개인의 성취와 더불어 공동체와의 조화, 불의에 타협하지 않는 올곧은 성품, 사욕에 휘둘리지 않는 청렴함을 가지고 살아가는 것을 의미한다. 따라서 이 수업에서도 학생들이 단순한 개인의 성공을 넘어 그 이후의 사회적 책임과 도덕적 가치와의 연결을 고려해 보도록 돕는 데 중점을 두었다. 학생들은 자신이 꿈꾸는 미래의 모습을 구체적으로 상상하고 그림이나 글로 표현하는 시간을 갖는다. 이후 자신이 이룬 성공이 개인적인 성취에 그치지 않고 어떻게 사회적 역할과 책임으로 확장될 수 있는지 고민한다. 특히 사회적 성공을 이룬 후의 자신은 어떤 마음을 지닌 사람인지에 대해 생각하는 시간을 가진다. 앞서 배운 '네 가지 착한 마음의 씨앗'이 잘 자라고 있는지를 염두에 두며 고민하도록 유도한다. 이후 '네 가지 착한 마음의 씨앗'을 잘 틔우고 가꾼 사람이 되기 위해서는 '정성된 마음[誠]', 즉 마음의 소리(양심)에 귀 기울여야 한다는 점을 강조하며 그러한 사람이 되겠다고 다짐한다. 이 수업은 '자신과의 영역'으로 분류되어 있으나 수업 전개상 가장 마지막 차시에 해당한다. 이는『격몽요결』의 구성을 따른 결과이기도 하지만, 처세 장의 내용 자체가 사회로 진출한 후의 개인의 품성과 도덕적 태도에 관한 것으로 이전 차시들보다 한층 발전된 측면을 담고 있기 때문이기도 하다. 이전 차시들이 상대적으로 좁은 범위, 즉 개인의 내면적 성찰이나 가까운 인간관계를 중심으로『격몽요결』의 가르침을 논했다면, 이 장은 그 범위를 공동체와 사회 전체로 확장한다. 학생들은 앞선 차시에서 다룬 『격몽요결』의 가르침과 실천 경험을 바탕으로 이제 더 큰 범위에서 자신의 역할과 책임을 고민한다. 이는 유학에서 말하는 '내성(內聖)'에서 '외왕(外王)'으로의 방향성과도 일치한다. 유학의 가르침을 초등학생의 발달 과정에 적용한다면, 내성은 개인의 도덕적 내면을 닦는 과정이고 외왕은 그 내면적 수양을 바탕으로 사회적 조화를 이루는 실천적 단계라고 말할 수 있다. '처세' 장은 이 두 과정을 연결하는 다리 역할을 하며 학생들이 더 넓은 세상에서 도덕적 품성을 실현할 수 있는 가능성을 탐구하도록 유도한다. 이처럼 학생들이 자신의 성공과 성취가 개인적인 차원에서 끝나는 것이 아니라, 공동체와 조화를 이루는 삶으로 확장될 수 있음을 이해하도록 돕는 이 수업은, 그 자체로 『격몽요결』 교육과정의 핵심을 완성하는 역할을 한다.

〈타인과의 관계 영역〉
- 11–12차시(事親): 효도의 의미와 효도하는 생활
- 13–14차시(居家): 물질적 가치를 대하는 올바른 자세
- 15차시(接引): 예절의 의미와 예의 바른 생활

'타인과의 관계 영역'에서는 학생들이 효, 물질적 가치, 예절 등 도덕적 삶의 필수 요소를 탐구하며 이를 일상에서 실천할 수 있도록 돕는 데 중점을 두고 설계되었다. 이 영역은 가족과의 관계를 통해 도덕적 내면화를 돕고 공동체에서의 바람직한 행동을 통해

사회적 협력을 학습하도록 유도한다. 이를 통해 학생들에게 타인과의 조화로운 관계를 형성하는 데 필요한 도덕적 기반을 제공한다. '11-12차시(事親)'는 효도의 의미와 가치를 중심으로 수업 활동을 구성하였다. 『격몽요결』에서 효도는 인간관계의 근본으로 가족 내에서의 도덕적 삶을 이루는 기초로 강조된다. 율곡은 효도를 실천하지 못하는 이유로 부모의 사랑과 은혜에 대한 깊은 깨달음이 부족하기 때문이라고 지적했다. 그는 자기 생명의 내원(來原)과 양육 과정에서의 헌신, 깨달음을 효도의 출발점이라고 보았다. 이러한 깨달음 없이는 진정한 마음에서 우러나오는 효의 실천이 불가능하다고 여긴 것이다. 따라서 이 차시에서는 학생들이 부모의 사랑과 은혜를 체험적으로 느끼고, 이를 통해 효도하고자 하는 마음이 자연스럽게 우러나오도록 유도했다. 이후 효도를 실천하는 방법을 사례 중심으로 논의하며 가정에서 실천 가능한 효도의 방안을 직접 설계하는 시간을 갖는다. 또한 효도 가치 사전 만들기 활동을 통해 효의 본질을 성찰한다. 이로써 학생들은 효도가 단순히 부모를 돌보는 행동적 차원에 국한되지 않고 부모에 대한 감사와 존경의 마음에서 비롯된다는 점을 이해하게 된다. '13-14차시(居家)'는 물질적 가치와 도덕적 가치를 비교하며 각각의 특징을 탐구하는 데 초점을 맞춘다. 『격몽요결』에서 물질적 가치란 인간의 욕구를 충족시키는 도구이지만 동시에 도덕적 선택을 요구하는 요소이기도 하다. 이 차시는 학생들이 돈과 같은 물질적 가치의 본질을 이해하고 이를 올바르게 대하는 태도를 형성하는 데 중점을 두었다. 학생들은 재물(돈)의 역할과 의미를 논하며 물질적 가치와 도덕적 가치의 갈등 사례를 분석한다. 가상의 상황을 통해 학생들은 돈과 양심 중 무엇을 선택해야 하는지 고민하는 활동을 진행한다. 예를 들어, '친구가 잃어버린 돈을 주웠을 때 내가 선택할 행동은?'과 같은 도덕적 딜레마를 제시하여 학생들이 자신의 가치 체계와 행동 원칙을 탐구할 기회를 제공한다. 이후 도덕과 물질적 가치에 대해 모둠별로 토의하는 시간을 가지며 자신의 생각을 공유하고 도덕적 기준을 스스로 정립하는 기회를 얻는다. '15차시(接人)'에서는 예절이 단순한 형식적 관습이 아닌 타인에 대한 존중과 배려의 표현임을 이해하도록 설계되었다. 『격몽요결』에서 강조된 예절의 중요성은 오늘날 다양한 사회적 관계 속에서 협력과 조화를 이루는 데 필요한 기본적 덕목으로 작용한다. 특히 선조들이 예를 중시했던 이유와 예의 진정한 의미를 탐구함으로써 학생들이 예절의 역사적 · 사회적 가치를 이해할 수 있도록 한다. 이를 통해 예절이란 타인과의 조화와 협동을 이루기 위한 기본적인 도덕 원리임을 이해하도록 한다. 이후 다양한 사회적 상황에서의 올바른 예절을 탐구하며 미니 게임을 통해 올바른 예절을 몸으로 익히는 활동을 진행한다. 또한 가정에서 부모님 또는 형제자매와 함께 실천할 수 있는 예절을 찾아보고 후에 이를 반성하고 공유하는 시간을 가진다.

3) 수업의 실제

1. 수업 구성안 설계 방향

(가) 심 · 신 통합의 관점[343]을 기반으로 한 수업 구성

성리학은 몸과 마음 모두를 수양의 대상으로 여긴다. 이 둘은 불가분의 관계로 끊임없이 상호작용한다. 몸의 검속을 통해 마음이 변화하고, 마음의 수양을 통해 몸이 변화하는 것이다. 『격몽요결』의 교훈을 효과적으로 전달하기 위해서는 저자의 철학적 기반을 충분히 고려할 필요가 있다. 따라서 본 교육과정은 『격몽요결』의 철학적 배경인 성리학의 심 · 신 통합적 관점을 기반으로 한 수업 목표를 설정하였다. 실제로 본 교육과정에는 이러한 심 · 신의 긴밀한 연관성을 체험할 수 있는 활동들이 제시되어 있다. 예를 들어, 몸을 검속하는 '구용(九容)'을 직접 실천하고 이를 통해 마음의 변화를 경험하는 활동을 포함한다. 또한 2022 개정 교육과정에서

343 이와 유사한 관점을 현대 도덕교육 이론에서도 찾아볼 수 있다. 안토니오 다마지오(Antonio Damasio)의 '체화된 마음'이라는 개념을 바탕으로 한 도덕교육 학자들의 연구가 그것이다. 다마지오는 인간의 인식과 의식이 몸과 분리될 수 없기 때문에, 몸과 관련된 다양한 환경과의 상호작용 속에서 마음을 이해해야 한다고 주장한다. 또한 '정서'는 인간의 판단과 행동에 영향을 끼치는 강력한 요소로 인식된다. 이러한 다마지오의 연구는 도덕적 자동성을 주장하는 근거로 활용되어 왔으며 도덕적 직관과 정서의 중요성을 강조하는 이론으로 이어졌다. 다마지오를 지지하는 학자들은 인간의 도덕성이 신체적 경험, 정서, 환경과의 상호작용을 통해 형성된다고 주장한다. 따라서 이를 바탕으로 한 도덕교육은 학생들이 정서적 반응과 경험을 통해 도덕성이 체화될 수 있는 환경을 제공해야 한다. 이정렬, 「체화된 마음의 가능성과 도덕교육적 의의」『윤리연구』 제88호, 2013 참고.

삭제된 '예절' 덕목을 교육 현장에서 재조명하고, 상황에 맞는 몸가짐과 행동을 통해 타인에 대한 배려와 공경의 마음을 전달할 수 있다는 교훈을 전달한다.

(나) 학생의 발달 수준을 고려한 용어와 개념 사용

『격몽요결』의 주요 개념과 용어를 학생들에게 친숙한 단어로 재구성하여 설명했다. 예를 들어, '사단'이라는 개념은 '마음속 네 가지 착한 씨앗'과 같은 표현으로 바꾸어 전달하여 학생들의 이해를 돕고자 하였다. 또한『격몽요결』의 구체적인 지침을 학생들의 일상생활과 연결하여 제시했다. 예를 들어, '처세' 장에 기록된 '사람들이 아직 벼슬하지 않을 때에는 오직 벼슬하는 것을 급무로 여기고, 이미 벼슬에 오른 뒤에는 또 벼슬을 잃을까 걱정하니 이와 같이 골몰하여 그 본심을 잃는 자가 많다. 어찌 두려워 할 만하지 않겠는가.'[344]와 같은 문구는 '꿈을 이룬 뒤 어떤 사람으로 살아갈 것인가?', '나의 직업은 사람들에게 어떤 영향을 줄까?'처럼 오늘날의 학생들이 처한 상황과 맥락에 맞춘 언어로 재구성하여 적용하였다.

그러나 이 점이 수업 중 한자 표현을 완전히 배제했다는 의미는 아니다. 한자 표현은『격몽요결』의 고유한 특성이자 우리의 전통문

344 『栗全』卷27「擊蒙要訣」人於未仕時, 惟仕是急, 旣仕後, 又恐失之, 如是汨沒, 喪其本心者多矣, 豈不可懼哉.

화를 반영하는 요소이다. 한자는 오히려 학생들의 흥미를 이끌어 낼 수 있는 동기 유발의 소재이기도 하다. 교사는 낯선 한자어를 적절히 활용하여 기존의 수업과는 다른 분위기를 조성할 수 있고, 학생들에게 『격몽요결』이라는 텍스트에 호기심을 일으켜 보다 적극적인 참여를 유도할 수 있다. 다만 『격몽요결』의 개념 전달 자체가 이 교육과정의 최종 목표가 아니라는 점을 고려하여, 용어를 가르치는 것에 초점을 두기보다는 해당 개념의 의미를 학생들이 이해할 수 있도록 전달하는 것을 우선으로 했다. 예를 들어 『격몽요결』에 나오는 '사물잠(四勿箴)'과 같은 표현을 가르칠 때, 용어 자체를 주입식으로 학습시키기보다는 "우리 선조들은 '예가 아니면 보지도 말고, 듣지도 말고, 말하지도 말고, 행동하지도 말라'는 내용을 '사물잠'이라는 말료 표현했어요"라고 가볍게 전달하는 방식을 택했다.

다시 말해 『격몽요결』 수업 구성안에서 제시된 용어와 개념은 학생의 발달 수준에 맞추어 재구성된 소재 및 학생들의 생활과 연결된 사례들과 연관 지어 수업의 핵심 내용을 전달할 수 있게 재서술되었다. 동시에 적절한 한자 표현을 활용하여 『격몽요결』의 고전적 특성을 전달하고 학생들이 해당 문헌에 대한 친근감과 흥미를 느낄 수 있도록 수업을 구성하고자 했다. 이는 학생들에게 낯선 고전 문헌에 대한 흥미를 유발함과 동시에 그 현대적 의미를 내면화하는 데 효과적인 방법이 될 것이다.

(다) 몰입을 경험할 수 있는 활동 구성

교사는 동기 유발 활동을 통해 학생들의 호기심을 최대한 끌어올려 본 수업의 활동에서 본래 계획한 수업 목표를 성취하기 위해 힘써야 한다. 이를 위해 본 교육과정 수업 구성안의 도입 부분에서는 학생들의 창의적 사고를 증대시키기 위한 브레인스토밍 활동, 문제 상황 제시, 시청각 자료의 활용 등 다양한 활동을 구성하고자 했다. 다양한 활동 구성은 학생들에게 동기 부여를 넘어 도덕적 실천의 필요성을 체감하는 데 기여할 수 있기 때문이다.

수업의 본 과정에서는 학생들이 직접 해당 차시의 핵심 개념 및 내용을 체험할 수 있는 활동을 도입했다. 이러한 자료와 활동은 학생들이 수업 과정에 몰입할 수 있도록 하며 추상적인 개념을 구체적인 상황과의 연결 속에서 자연스럽게 체득할 수 있도록 돕는다. 특히, 수업 시간 내에 체험하기 어려운 가르침의 경우에는 비유적 접근을 통해서나마 학생들이 해당 내용의 필요성을 깨닫도록 구성하고자 했다. 예를 들어 '하나의 책을 완전히 이해한 뒤 다음 책으로 넘어가야 한다'는 교훈을 전달하기 위해, 공 여러 개를 한 번에 손에 쥐고 목표에 안착시키는 활동과 공을 하나씩 던져 목표에 정확히 도달하려는 활동을 비교 체험한다. 이를 통해 학생들은 한 번에 너무 많은 것을 시도하면 목표를 이루기 어렵다는 점을 직접적인 체험을 통해 이해하게 된다. 또한 동기 부여를 위해 학생들에게 다소 낯설어 보이지만 흥미를 자극할 수 있는 전통문화 요소를 수업에 도입하였다. 예를 들어, '구용'을 배울 때 주렴이 달린 전통 모자와 같은 소품을 활용하면 학생들은 이를 신선하고 재미있게 받아들이며 관심을 가질 수 있다. 이러한 요소는 학생들에게 새로운 경험을 제공하며 수업에 대한 호기심과 흥미를 높이는 데 도움이 된다. 나아가 타 교과와의 연계 수업을 통해 단조로운 수업 흐름에서 벗어나고자 했으며, 학생들에게 자신의 경험을 발표하거나 토론하며 학습 내용을 스스로의 삶과 연결할 수 있는 기회를 제공했다. 이를 통해 몰입을 경험한 학생들은 스스로 수업의 핵심 내용을 느끼고 발견할 수 있으며, 보다 수월하게 『격몽요결』의 가르침을 내면화할 수 있을 것이다.

(라) '실천 훈련'의 과정을 통해 배움과 삶의 연계성 보장

『격몽요결』의 핵심은 학문과 실천의 통합으로 도덕 교과의 본질과 맥을 같이 한다. 율곡 이이는 단순히 지식을 축적하는 것이 아닌, 학문을 통해 도덕적 삶을 실천하는 데서 진정한 배움의 의미를 발견했다. 따라서 『격몽요결』 교육과정을 설계할 때에도 학생들이 학습한 내용을 실제 생활 속에서 실천하며 내면화할 수 있도록 다양한 활동과 과제를 고안해야 했으며, 이것이 배움과 실천의 괴리를 극복하기 위해 해결해야 하는 가장 시급한 과제였다. 그러나 문제는 현장의 많은 교사들이 겪는 고충처럼 배움이 학생들의 삶으

로 연결되어 행동과 성품의 변화를 일으키는 일이 쉽지 않다는 데 있다.

따라서 본 교육과정에서는 배움과 실천의 연계를 위한 '도움닫기'용 발판을 마련하고자 했다. 학생들은 아직 미성숙하기 때문에 앎을 행동으로 옮기는 과정이 쉽지 않다. 따라서 단순히 배움 뒤의 실천을 학생들에게 맡겨버리는 방식 대신 교실 안에서 '행' 자체를 훈련함으로써 일정 수준의 습관화를 이루고, 이를 통해 학교 밖에서도 실천을 이어갈 수 있도록 돕는 것이다. 예를 들어 '구용'을 다루는 차시에서는 학교 환경(급식실, 도서관, 교실, 복도 등)에서 구체적으로 적용할 수 있는 실천 과제를 제공한다. 학생들은 급식실에서 질서를 지키며 조용히 줄을 서거나 도서관에서 책을 대할 때의 예절을 실천하는 활동을 통해 구용의 가치를 체험하게 된다. '경'을 다루는 차시에서는 매일 아침 자습 시간을 활용하여 학생들과 명상의 시간을 갖는다. 이러한 활동을 통해 학생들은 배움의 실천을 학교에서 다시 훈련하며 습관화 과정을 제공받게 된다. 어느 정도의 습관화를 이루고 나면 학생들에게 매일 자신의 행동을 돌아보고 반성하는 활동지를 제공하거나 가정 내에서 실천할 수 있는 과제를 부여한다. 자신의 행동을 기록하는 활동은 도덕적 성장의 과정을 시각화하는 데 유용하다. 학생들은 이 과정에서 자신의 도덕적 행동에 대한 책임감을 느끼고 실천 과정을 스스로 점검하며 지속적인 변화를 이루게 될 것이다. 학교에서의 실천 훈련을 통해 일정 수준의 습관이 형성된다면 가정에서 부모님과 함께 구용의 가치를 논의하거나 하루 동안 경험한 도덕적 선택의 사례를 가족과 공유하는 과제를 부여해도 일정 수준 이상의 수행이 보장된다. 이처럼 배움과 실천 사이에 놓인 '실천 훈련'의 과정은 지(知)와 행(行)이 단절되지 않는 연속성을 보장할 수 있다. 본 교육과정을 통해 학생들이 배움의 내용을 실천하고 자신을 변화시키며 나아가 주변 환경과 공동체에도 긍정적인 영향을 미칠 수 있는 도덕적 주체로 성장할 수 있으리라 기대한다.

(마) 학생의 참여와 자기 주도적 학습을 강조

학생의 주도성과 참여를 강조하는 방식은 학생들에게 자신이 학습 과정의 중요한 주체임을 깨닫게 하며 학습에 대한 자신감과 흥미를 불러일으킨다. 발표와 토론, 활동지를 통한 기록과 같은 활동은 학생들이 도덕적 가치를 체화하고 실천에 필요한 동기를 일으키는 데 효과적이다.

① 학생들이 학습 과정에 주도적으로 참여하고 자신의 의견을 자유롭게 표현할 수 있는 기회를 제공하고자 했다. 발표와 토의를 중심으로 한 활동은 개인의 생각을 구체화하고 이를 다른 사람들과 공유하며 도덕적 사고를 확장하는 데 도움을 준다.

② 학생들의 창의적 사고를 개발하기 위해 '브레인라이팅' 기법[345]

345 '브레인라이팅'은 침묵을 지키며 진행하는 집단 발상 기법 중 하나이다. '브

을 활용하여 확산적 사고를 촉진시키고자 하였다. '브레인라이팅' 기법은 모둠원 모두의 의견을 필요로 하므로 보다 적극적인 수업 참여를 이끌 수 있다. 또, 제시된 의견을 다른 모둠원과 공유하는 과정을 통해 적합한 아이디어를 채택함으로써 자기 주도적 학습 참여가 가능하다는 장점이 있다.

③ 학생들에게 활동지에 자신의 생각과 경험을 정리하고 일상에서의 행위를 기록하는 과제를 부여하여 실천에 대한 동기를 강화하고자 했다.

(바) 긍정적 학습 경험과 성취감을 제공

수업의 마지막 단계에서는 학생들이 학습한 내용을 돌아보고 정리하는 활동을 통해 긍정적인 학습 경험을 제공하는 데 초점을 맞추었다. 긍정적인 학습 경험은 학생들에게 배움의 결과가 단순히 지식의 축적이 아니라 자신을 변화시키는 의미 있는 과정임을 깨닫게 한다. 이를 통해 학생들은 일생에 걸쳐 지속될 자기 수양의 여정에 자신감을 가지고 임할 수 있을 것이다.

이러한 성취는 학습에 대한 성취감을 느끼고 다음 학습에 대한 동기를 부여받는 과정에서 이루어진다. 그러므로 본 교육과정의 수

레인라이팅'은 침묵 속에서 개별적으로 아이디어를 창출하여 종이에 기록하고 그것을 돌려보며 사고를 확장해 나가는 방식으로 진행된다. 산출된 아이디어는 모둠원 모두의 평가 작업을 통해 가장 적절한 것이 채택된다. 추병완, 「초등 도덕과에서 창의적 사고 기법의 활용」『초등도덕교육』 제35호, 2011, 223~225쪽 참고.

업 설계는 자신의 학습 결과를 다양한 방식으로 표현하고 정리할 수 있는 활동을 포함한다. 예를 들어 마인드맵을 활용하여 자신이 배운 내용을 시각적으로 정리함으로써 학습의 전체적인 흐름과 수업 전후의 변화, 실천에 대한 다짐 등을 다시 상기하도록 유도했다.

또한 학생들이 학습 과정에서 느낀 점이나 다짐을 글이나 그림으로 표현하고 학습 결과물을 학급 게시판에 전시하거나 동료와 서로 공유하는 시간을 제공하고자 했다. 이를 통해 학생들은 자신의 노력이 인정받고 다른 친구들의 성취를 함께 축하하며 학습 공동체의 일원으로서 성취감을 느끼게 된다. 특히 서로의 결과물을 피드백하거나 칭찬하는 활동은 학생들이 서로를 격려하며 긍정적인 학습 분위기를 형성하는 데 도움을 준다. 이러한 경험은 학생들에게 자신의 도덕적 성장 가능성을 신뢰하게 하고 실천을 지속할 수 있는 내적 동기를 강화하는 데 기여할 것이다.

2. 수업지도 시 유의점

(가) 학생의 발달 수준과 교실 환경에 맞게 수업 구성을 변형한다.

『격몽요결』 교육과정의 수업 구성안은 초등 중학년을 기준으로 작성된 예시 자료이므로 이를 활용할 때는 학생의 발달 수준과 교실 환경에 맞게 변형해야 한다. 저학년 학생을 대상으로 수업을 진행할 경우에는 활동의 난이도와 양을 조정하여 학생들이 부담

없이 참여할 수 있도록 해야 한다. 예를 들어, 활동지의 빈칸을 줄이고 질문의 수를 간소화하여 학생들이 한 가지 주제에 집중할 수 있도록 구성한다. 또한, 지도안에 포함된 활동의 개수를 줄이고 활동 진행 자체를 단순화해야 한다. 학생들이 해당 수업의 내용을 충분히 이해한 뒤 스스로를 돌아보는 성찰의 시간을 확보하는 것이 중요하기 때문이다. 발문의 난이도도 조정하여 추상적인 질문 대신 "어른들에게 공경을 표현하려면 어떻게 하면 좋을까요?"와 같이 구체적이고 쉽게 답할 수 있는 질문을 활용해야 한다. 이와 함께 저학년의 발달적 특성을 고려해 게임, 신체 활동, 그림 그리기, 짧은 역할극 하기 등 놀이 중심의 학습 방식을 강화하는 것이 효과적이다. 반대로 고학년을 대상으로 수업을 운영할 경우, 한자 표현을 더 많이 사용하고 개념적인 측면을 심화하여 『격몽요결』의 가르침을 보다 깊이 있게 전달할 수 있다. 예를 들어 '사단'이나 '구용'과 같은 개념을 한자와 함께 제시하고 그 의미를 설명하는 활동을 추가할 수 있다. 또한 토의나 토론 활동을 활용하여 학생들이 자신의 의견을 논리적으로 표현하고 다른 사람의 의견을 존중하며 협력적으로 문제를 해결하는 경험을 할 수 있도록 지도안을 확장할 수 있다. 이 외에도 프로젝트 학습을 통해 학생들이 선택한 주제를 주도적으로 실천해 보는 시간을 제공하는 등 보다 폭넓은 활동을 제공할 수 있다. 수업 활동지 또한 고학년 수준에 맞게 질문의 난이도를 높이고 빈칸을 늘려 학생들의 사고를 깊이 있게 유도

할 수 있다.

이와 더불어, 제시된 수업안은 블록 수업 운영을 고려하여 연속 차시로 설계된 경우가 많으므로 상황이 여의치 못한 경우 교사가 시간에 맞추어 활동을 수정해야 한다. 긴 활동을 두 개로 나누거나 주요 활동을 우선적으로 진행하며 나머지 부분은 과제로 대체하는 방식으로 조정할 수 있다. 이와 같은 유연한 운영은 교사와 학생 모두가 제한된 시간 안에서 효과적으로 학습 목표를 달성하는 데 도움이 될 것이다. 이처럼 『격몽요결』 교육과정에서 제시된 수업 구성안은 학생들의 발달 수준과 교실 환경에 따라 적절히 변형되어야 한다. 교사는 지도안을 학생들에게 최적화된 방식으로 재구성하며 『격몽요결』의 가르침이 일상의 실천으로 이어질 수 있도록 유연하고 창의적으로 수업을 운영해야 한다.

(나) 지도과정에서 발생하는 고민과 좌절을 현명하게 다룬다.

① 교기질(矯氣質)은 일생에 걸친 여정임을 인지하기

율곡 이이가 강조한 교기질은 기질을 바로잡아 본성을 온전히 드러내는 과정으로 단기간에 결과를 기대할 수 없는 '일생의 과업'이라는 점을 이해해야 한다. 이는 반복되는 시도와 실패, 꾸준한 인내가 필요한 과정으로 학생들의 변화 역시 오랜 시간이 걸릴 수 있다는 점을 수용하는 자세가 필요하다. 도덕적 성장은 즉각적이지 않을 수 있으며 또한 즉각적인 결과를 요구할 수 없는 영역이기도 하다. 그러므로 학생들의 발전은 '먼 훗날'에 나타날 가능성이 있다. 교사는 당장은 보이지 않지만 '먼 훗날' 드러나게 될 학생들의 성장을 기대하는 마음을 가져야 한다. 도덕적 성장이란 '사단'의 비유처럼 보이지 않는 땅속에서 서서히 자라나는 것과 같기에 그 과정을 조금은 '느긋하게' 기다리는 것이 좋다. 변화는 먼 훗날, 학생이 성인이 되어 사회 속에서 도덕적 책임을 다하는 모습으로 나타날 것이다.

② 극기(克己)의 과정을 교사 스스로도 실천하기

교기질의 실천은 학생들뿐만 아니라 교사 자신에게도 적용된다. 수양은 일생에 걸쳐 일어나는 끝없는 여정이다. 따라서 교사는 학생들에게 교훈을 전달하는 동시에 그 가르침을 함께 배우고 내면화하는 학습자이기도 하다. 그러므로 교사는 항상 겸손한 자세로 수업에 임하며 도덕적 실천을 위해 노력하는 모범을 보여야 한다. 이러한 태도를 가진 교사가 학생들이 내놓은 자기 성찰의 결과에 깊은 공감과 응원의 마음을 보낼 수 있다. 그 길을 먼저 걸어본 어른의 진심 어린 한 마디가 학생들의 도덕적 실천을 유발하는 촉매가 된다. 교사의 이와 같은 노력은 하나의 '도덕적 모델'[346]이라

---

346 도덕교육에서는 학생들에게 도덕적 성장을 일으키는 중요한 방법으로서 '모델링(modeling)'을 사용한다. 반두라(Bandura)가 체계화한 '모델링'은 인간발달이 능동적인 개인, 그 사람의 행동, 환경 간의 상호작용으로 나타난다고 보는 이론이다. 학습자의 관찰 대상인 '도덕적 모범'은 구체적인 시공간 속

부를 수 있다. 실제로 교사는 학생과 일상적으로 소통하는 가운데 일관된 도덕적 행동과 태도를 보여줄 기회가 많다. 학생들은 친근하고 익숙한 사람에게서 더 많은 영향을 받는다. 이는 반대로 교사가 도덕적 귀감으로서의 모습을 보여줄 수 없을 때 학생들에게 미치는 부정적인 영향 또한 크다는 의미이다. 따라서 교사는 내성(內省)을 이루어가는 수행자로서 누구보다 교기질을 위해 힘써야 한다.

③ 노력과 가능성에 대해 격려와 칭찬하기

격려와 칭찬은 학생들에게 도덕적 성장을 위한 동기를 부여하는 중요한 요소이다. 이는 단순히 성과나 결과를 평가하기 위한 수단이 아니라 학생들이 보여주는 노력과 가능성을 인정하고 지원하는 태도에서 비롯되어야 한다. 작은 변화라도 세심하게 관찰하고 이를 긍정적으로 피드백함으로써 학생 스스로가 자신의 성장 가능성을 신뢰하도록 돕는 것이 중요하다. 칭찬은 학생들의 자존감을 높이고 학습과 도덕적 실천에 대한 지속적인 참여를 촉진하는 데

에서, 특정한 인간이 실제적 삶의 맥락에서 이루어 낸 성과 그 자체이다. 학생들은 온정적이고, 유능하며, 강력하다고 여겨지는 모델에 더욱 주의를 집중하는 경향이 있다. 이러한 맥락에서 교사는 자연스럽게 학생들의 모방의 대상으로 자리 잡게 된다. 박병춘, 「도덕과에서 모델링을 활용한 배려교육 방법 연구」『초등교육연구』 제29집 2호(1권). 2018; 정창우, 『도덕교육의 새로운 해법』, 교육과학사, 2020; 조석환, 「도덕적 모범의 도덕교육적 의미와 활용 방안」『도덕윤리과교육』 제46호, 2015 참고.

핵심적인 역할을 하기 때문이다.

④ 인간의 도덕적 성장 가능성에 대한 신뢰

성현들이 가졌던 인간의 도덕적 가능성에 대한 신뢰는 학생을 지도하는 교사에게 중요한 지침이 된다. 학생이 때로 부족하거나 실수를 반복할지라도 도덕적 씨앗(사단)이 성장할 가능성을 믿는 관점이 필요하다. 긍정적인 시선으로 학생을 바라보며 격려와 칭찬을 아끼지 않는 자세를 유지해야 한다. 교사는 학생이 더 나은 자신으로 변화할 수 있도록 끊임없이 기대와 희망을 품는 역할을 수행해야 하기 때문이다. 필자 또한 현장에 근무하는 교사로서 수없이 실망하고 낙담하는 지도과정의 고단함을 잘 알고 있다. 반복하여 지도하지만 바뀌지 않는 모습, 학생들의 비협조적인 수업 태도, 개별 학생에 대한 인간적인 실망감 등은 교사를 심리적으로 지치게 하고 때로는 자신의 지도 방식이나 교육적 신념에 대한 의문을 품게 만들기도 한다. 그러나 이러한 순간에도 교사는 학생들이 도덕적 성장을 이룬 미래의 모습을 상상하며 그 기대를 놓지 않는 것이 중요하다. 이러한 기대는 단순히 학생을 위한 것이 아니다. 교사의 교육적 열정을 유지하게 하는 원천이기 때문이다. 이는 또한 학생들에게 긍정적인 영향을 미치는 중요한 요소이다. 결국, 교사가 품어야 할 것은 다소 어려운 길이지만, 학생 한 명 한 명이 도덕적으로 성장할 수 있다는 깊은 신뢰와 꾸준한 관심이다. 이를 바탕으로 한 교사만이 학생들에게 '실패해도 다시 시도할 줄 아는 힘과 용기'를 전달할 수 있다. 학생을 바라보는 교사의 믿음은 그 자체로 도덕적 성장의 출발점 역할을 한다.

(다) 수업 활동에서 발생할 수 있는 다양한 변수에 대비한다.

도덕 교과를 가르치는 교사들이 겪는 고충 중 하나는 학생들에게 도덕 교과의 내용이 특별하지 않은 덕목 중 하나로 여겨져 새로운 자극으로 받아들여지지 않는다는 데 있다. 또한 제한된 수업 시수로 인해 수업의 연속성이 보장되지 않는 상황도 문제를 심화시키는 원인이다. 본 교육과정은 이러한 문제를 해소하고자 '성(誠) · 경(敬) · 사단' 등 추상적이고 낯선 개념과 '배려 · 예 · 효' 등 다소 익숙한 덕목들을 가능한 한 체험을 통해 습득할 수 있도록 구성했으며, 수업 목표의 효과적인 달성과 학생들의 몰입도를 높이기 위해 연속차시를 활용하였다.

다양한 활동의 진행은 학생들에게 신선하고 재미있는 수업으로 다가올 수 있으나 이를 진행하는 교사의 입장에서 다소 부담스러운 요소가 되기도 한다. 활동 중심 수업은 학생들의 흥미와 참여를 고취하기에는 좋으나 다소 산만하고 소위 '방방 뜨는' 교실 분위기가 형성되기도 쉽다. 또한 체험 활동 자체에 지나치게 몰두하여 수업의 목표가 무엇인지, 이 활동의 핵심이 무엇인지 길을 잃게 되는 경우가 발생할 수 있다. 일종의 '무목적적' 활동이 벌어지는 것이다. 이러한 부작용을 방지하기 위한 방안은 다음과 같다. 첫째, 수업에서 학생들과 명확한 수업 목표를 공유해야 한다. 활동을 진행하기 전에 '우리가 무엇을 배울 것인지'에 대해 분명하게 전달하는 과정이 필요하다. 둘째, 활동 후 반성의 과정을 도입하여 학생들에게 활동을 돌아보며 느낀 점을 정리할 시간을 제공한다. 교사는 수업 활동이 단순히 '재미'에서 끝나지 않도록 학생들에게 '게임을 통해 깨달은 점은 무엇인지', '이 활동은 무엇을 의미하는지'에 대해 질문해야 한다. 셋째, 활동의 흐름을 관리하여 학생들이 지나치게 산만해지지 않도록 조절한다. 필요한 경우 활동을 중단하거나 진행 방식을 조정하여 학생들의 관심을 다시 집중시켜야 한다.

(라) 학습자의 발달 단계에 따른 인지적 · 도덕적 특징을 파악한다.

초등교육의 본질적 의미는 교육을 받는 대상의 전인적 발달에 있으며, 기본적이고 기초적인 것을 가르치는 교육이다.[347] 이러한 초등교육의 특성은 율곡이 『격몽요결』을 통해 도달하고자 한 목표와 잘 부합한다. 바로 교사의 역할이 이를 실현하는 핵심이다. 교수자가 학생의 발달 특성을 이해하지 못한다면 양질의 교수법도 배움을 일으키지 못하기 때문이다. 그러므로 초등학생의 인지적 · 도덕적 발달 단계를 고려한 지도가 필수적이다. 피아제의 이론에

347 이병진, 「초등교육학 연구의 정체성 탐구」『초등교육학연구』 제9권 1호, 2002.

따르면, 초등교육의 주요 대상 연령은 전조작기에서 구체적 조작기에 해당한다. 중학년은 전조작기에서 구체적 조작기의 과도기에 놓여 양 단계의 특징을 모두 가지고 있다. 초등학교 중학년의 인지 · 도덕 발달의 특징은 다음과 같다. 첫째, 추상적인 개념을 이해하는 능력이 약하다. 전 조작기 시기에 비해 추상적으로 사고할 수 있는 능력이 향상되지만, 경험에 근거하지 않은 완전한 관념적 사고는 불가능하다. 때문에 교육 활동을 구성함에 있어 추상적인 개념을 구체적인 경험으로 구현하는 작업이 필요하다. 즉, 구체적 형상물이나 체험을 통해 해당 개념이 습득될 수 있도록 해야 한다. 둘째, '도덕 실재론'의 단계에서 벗어나 '자율적 도덕성'의 단계로 진입하는 모습이 보인다. '도덕 실재론'의 주요 특징은 규칙을 스스로 존재하는 신성불가침한 것으로 보는 데 있다. 규범이나 규칙이 불변하는 객관적 실재라고 믿는 것에 있다. 반면 또래들 간 상호존중이 생겨나고 규칙이 상호협동에 의해 만들어지거나 바뀔 수 있다는 것을 인지하는 사고를 '자율적 도덕성' 혹은 '도덕 상대주의'라 한다. 초등 저학년 시기의 많은 학생들은 '도덕실재론'과 '자율적 도덕성'의 중간 단계에 위치한다. 이 시기의 아동들은 서서히 합의를 통해 규칙을 수정 · 제정할 수 있다는 사실을 알게 된다. 그러나 아직 규칙에 대한 의식이 완전히 자율적인 수준에 옮겨진 것은 아니므로 도덕규범에 대한 교사의 직접적인 가르침도 함께 필요하다. 셋째, 비슷한 맥락에서 도덕규범을 수용하는 관점도 '도덕

실재론'과 '자율적 도덕성'의 중간 단계에 위치하는 특성을 보인다. 즉, 이 시기 학생들은 규칙과 처벌을 분리하여 생각하기 어려워하면서도, 특정 행위가 그 자체로 옳지 않다는 자율적 결론을 내리기도 한다. 이처럼 양 관점이 혼재하여 등장하는 시기의 학생들에게 교사는 '자율적 도덕성'으로의 발달을 이끌 수 있는 질문을 던져 인지 구조에 자극을 주는 일이 필요하다. 반면 도덕규범의 정당성이나 근본 가치에 관한 논의를 진행하는 것은 무리가 있으므로 사회적 예절이나 관습을 깨우칠 때는 몸으로 습관화하는 연습도 함께 제공해야 할 것이다. 넷째, 타인들의 관점에 대한 의식이 증가함에 따라 자기 중심주의가 차츰 감소[348]한다. 이 시기 아이들은 규칙에 합의하는 빈도가 증가하고 호혜성을 근거로 타인과 협력을 배우는 과정에 존재한다. 따라서 상대를 배려하고 존중하는 덕목의 필요성에 대해 긍정적인 수용이 가능하고 이를 자신의 생활에 반영할 수 있다.

348 정창우, 「피아제와 비고츠키 이론의 도덕 교육적 함의에 관한 연구」『도덕윤리과교육』 제13호, 2001, 한국도덕윤리과교육학회.

3. 수업 구성안

◑ 1차시: 공부의 의미[序]

학습 목표	공부의 올바른 의미를 알 수 있다.		
내용 요소	• 공부의 진정한 의미는 무엇인가? • 공부에 관한 자신의 정서 확인하기		
성취기준	[04도01-05新] 공부의 올바른 의미를 알고 일상생활을 정성스럽게 해 나가려는 마음을 갖는다.		
수업 환경	시간: 40분	준비물	『격몽요결』, 율곡 이이의 초상화(캐릭터화 가능), 오천원권 지폐(화면으로 대체 가능), 학습 문제집, 시험지, OHP 필름, 사인펜, 활동지, 율곡 이이가 보낸 편지

[도입]

◎ 전체 수업 안내

율곡 이이(李珥)에 대한 간단한 소개. 율곡 이이(李珥)의 초상화를 보여주며 누구인지 질문. 어느 시대 사람인지, 이름은 무엇인지, 어떤 일을 했는지 등을 퀴즈 형식으로 제시하여 학생들의 집중도와 흥미를 높일 수 있다. 율곡을 소개한 '어린이 위인 동화' 등을 활용해도 좋다. 이후 『격몽요결』을 보여주며 이 책의 저자가 우리가 방금 만나 본 '율곡 이이'임을 안내한다. 이후 학생들이 책을 직접 만지고 관찰할 수 있는 시간을 준다. 『격몽요결』이라는 책이 쓰인 이유, 내용 등을 소개하며 앞으로 배우게 될 수업에 대한 호기심을 일으킨다.

☞ 활동 유의점: 『격몽요결』을 소개할 때 화면의 이미지로 제시하는 것보다, 학생들이 직접 책을 만지고 탐색할 수 있는 시간을 제공하는 것이 학습 동기 유발에 도움이 된다. 학교 도서관 등을 이용하여 『격몽요결』을 최대한 여러 권 준비하는 것을 추천한다.

■ 율곡과의 만남

- 이 초상화 속 인물은 무엇을 하는 것 같나요? [책을 읽고 있어요, 공부하고 있는 모습 같아요, 등]
- 이분의 이름은 무엇일까요? [이순신이요, 세종대왕이요, 잘 모르겠어요, 등]
- 힌트를 드리겠습니다.(오천원권 지폐를 보여주며) 초상화 속 인물은 이 지폐 안에도 있습니다. 누구일까요? [율곡 이이요, 잘 모르겠어요, 등]
- 네, 이 초상화의 주인공은 바로 '율곡 이이'입니다. '율곡 이이'에 대해 들어본 적이 있다! 손 들어주세요. [많이 들어봤어요, 위인전에서 읽었어요, 등]
- 좋습니다. '율곡 이이'[349]에 대해 처음 들어본 친구도 있고, 위

349 필요시 추가 발문(이하 생략): "'율곡 이이'라는 이름 중에 '율곡'은 진짜 이름이 아니에요. '율곡'은 이이 선생님이 특별히 가진 또 다른 이름이에요. 이런 이름을 '호(號)'라고 해요. 조선시대에는 학자나 훌륭한 분들이 특별한 뜻을 담아 자기만의 또 다른 이름을 지었어요. 사람들은 이 '호'를 진짜 이름 대신에 불러 예의를 갖추려고 했습니다. 우리도 앞으로 존경의 마음을 담아 '율곡 이이' 대신 '율곡 선생님'이라고 부르겠습니다."

인전에서 미리 접해본 친구도 있네요.

- 율곡 이이 선생님은 조선 시대의 아주 유명한 학자[350]이자 나라를 이끌었던 관리[351]였어요.
- 여러분들 '과거 시험'에 대해 들어본 적이 있나요? [드라마에서 봤어요, 사람들이 바닥에 앉아서 글을 쓰는 시험이요, 등], 맞아요, '과거 시험'은 나라의 중요한 일을 할 사람을 뽑는 시험이었어요.
- 그런데 율곡 이이 선생님은 이 과거 시험에 무려 아홉 번이나 일등으로 뽑히셨대요. 율곡 선생님이 여러분과 같은 나이에 어떤 꿈을 가졌을지 상상해 볼까요? [공부 잘하는 사람이 되고 싶었을 것 같아요, 똑똑한 사람이 되고 싶었을 것 같아요, 등]
- 이렇게 훌륭한 율곡 선생님이 직접 쓰신 책이 바로 이 『격몽요결』이에요. 여러분은 어떤 사람이 쓴 책을 배울 때 더 기대가 되나요? [유명한 사람이요, 똑똑한 사람이요, 등], 율곡 선생님처럼 공부도 잘하고 훌륭한 사람이 쓴 책이라면 어떤 내용일지 더 궁금해지지 않나요? [네]

---

350 "'학자'는 공부를 아주 많이 하고, 배운 것을 바탕으로 세상에 도움이 되는 방법을 생각해 내는 사람이에요."

351 "'관리'는 나라를 위해 중요한 일을 맡아서 하는 사람이에요. 나라를 잘 다스려서 백성을 행복하게 살 수 있도록 돕는 일을 한답니다."

■ 『격몽요결』 관찰하기

• 여러분에게 지금부터 율곡 선생님이 쓰신 『격몽요결』을 나눠 줄게요. 하지만 지금은 책을 읽는 것이 아니라 잠깐 관찰만 해 보는 시간이에요. 책의 표지, 한자, 목차 등을 살펴보세요. 어떤 느낌이 드는지 생각해 보면서요. 다 관찰하고 나면 옆 친구에게 전달해 주세요.

• 『격몽요결』을 직접 확인한 소감은 어떤가요? 우리가 이 책을 배울 것이라는 말을 들었을 때 어떤 기분이 들었나요? [한자가 많아 어려울 것 같습니다, 지루해 보입니다, 어떤 내용인지 궁금합니다, 등]

• 『격몽요결』이라는 책 제목에서 '격몽'과 '요결'이라는 단어는 어떤 뜻일까요?

『擊蒙要訣』
격몽(擊蒙)+요결(要訣)
격(擊), 몽(夢), 요결(要訣) (화면 예시)

추측해 보세요. [너무 어려워요, '몽'은 꿈 같아요, '격'은 무슨 뜻인지 모르겠어요, 등]

• 『격몽요결』이라는 책 제목은 크게 두 가지 단어로 나뉘어 있어요. 그것은 바로 '격몽'과 '요결'이에요. '격몽'에서 '몽'은 여러

분이 말한 대로 꿈이에요. 그런데 여기서 꿈은 우리가 자면서 꾸는 꿈이 아니랍니다. 어떤 뜻일까요? [꿈 깨라! 할 때 꿈이요, 상상하는 것이요, 장래 희망이요, 등], 네, 여기서의 '몽'은 '잘 알지 못하는 상태'를 뜻해요. 즉, 공부를 시작하는 단계의 상태를 말하는 것이죠.

- '격'은 선생님이 보기에도 어려운 한자 같아서 뜻을 짐작하기 어려워 보이네요. 어떤 뜻일까요? 이 '격'은 '일깨우다'라는 뜻입니다.
- 두 가지 뜻을 합해볼까요? '격'과 '몽'이 합쳐지면 어떤 뜻이 될까요? [공부를 처음 하는 단계를 깨우는 것이요, 잘 모르는 상태를 깨우는 뜻이요, 등], 네, 맞습니다. '격몽'은 잘 모르는 상태, 어리석음을 깨워서 지혜로운 상태로 만든다는 뜻이에요.
- 이제 '요결'이라는 단어가 남았네요. '요결'은 어떤 뜻일까요? ['중요하다'는 뜻 같아요, 등], 네, 맞아요. '요결'은 중요한 방법이나 비결을 말해요.
- 이제 모든 글자를 다 합쳐볼까요? '격몽요결'은 어떤 뜻을 담고 있을까요? [처음 공부하는 사람들을 일깨우는 중요한 방법이요, 등]
- 네, 맞습니다. '격몽요결'은 '공부를 처음 시작하는 사람들의

어리석음[352]을 깨우는 중요한 방법'이라는 뜻이에요.

- 이처럼 『격몽요결』은 율곡 선생님이 여러분과 같이 처음 공부하는 사람들을 위해 올바른 공부법을 알려주기 위해 쓰신 책입니다. 과거 시험에 아홉 번이나 일등을 한 사람의 공부 비법이라니... 기대가 되지 않나요?
- 앞으로 이 책에 담긴 내용을 선생님과 함께 익혀볼 텐데요. 이 수업은 선생님이 여러분을 가르치는 게 아니라 여기 율곡 선생님이 여러분을 가르쳐 주시는 것이랍니다. 율곡 선생님이 우리 친구들에게 하고 싶은 이야기가 많다고 하세요. 앞으로 율곡 선생님의 이야기에 귀 기울이는 시간을 갖도록 하겠습니다.

---

352 "여기서 '어리석다'라는 뜻은 여러분이 생각하는 것처럼 '바보 같다'라는 말이 아닙니다. 공부를 처음 시작하는 사람은 아직 아는 것이 많지 않겠죠? 지혜가 싹트지 않았겠죠? 그런 상태를 단지 '어리석다'라고 표현한 것뿐이에요. 사실 알지 못하는 상태를 어려운 말로 '무지하다'라고도 하는데 '무지함'을 깨운다는 표현이 더 적절하답니다. 그렇지만 여러분이 좀 더 쉽게 이해할 수 있도록 선생님이 풀어서 전달한 것이고요."

◎ **동기유발**

■ 공부에 관한 학생들의 정서 확인하기

> 학생들에게 '공부'라는 단어가 떠오를 때 느껴지는 정서와 생각을 탐구하는 과정으로, 학습에 대한 학생들의 인식을 확인하고 공감대를 형성한다. 교사가 수학 문제집, 채점된 시험지 등 공부와 관련된 물건을 보여주거나, 학원 간판이 즐비한 거리, 시험을 보는 학생들의 모습이 담긴 동영상을 통해 공부와 관련된 이미지를 자연스럽게 떠올리도록 유도한다.

- (채점된 시험지, 수학 문제집을 들고) 여러분은 이 물건들을 보니 어떤 단어가 마음에 떠오르나요? 두 글자로 생각해 주세요. ['공부'요, '연필'이요, '종이'요, '짜증'이요, '싫다'요, 등][353]
- (학원 간판이 즐비한 거리, 시험을 보는 학생들이 담긴 동영상 자료 시청)
- 이 영상의 학생들은 모두 '무엇'을 하고 있나요? [공부입니다.]
- '공부'라는 단어를 떠올리면 어떤 생각이나 기분이 드나요? [지겨워요, 어려워요, 재미없어요, 하기 싫어요, 기분이 나빠져요, 등]
- '공부'를 떠올릴 때 기분이 나쁘거나 힘든 이유는 무엇인가요? 어떻게 하면 그런 기분을 바꿀 수 있을까요? [게임처럼 공부하면 힘들지 않을 것 같아요, 공부는 어렵고 재미가 없어서 하

353 '공부'라는 단어가 나오지 않았을 때 유도할 수 있는 추가 질문: "연필과 종이는 대개 무엇을 위해 사용하나요?"

다 보면 기분이 안 좋아져요, 시험을 못 봐서 엄마한테 혼날까 봐 기분이 안 좋아요, 공부를 재밌게 하는 방법은 없을 것 같아요, 등]

- 여러분이 생각하는 공부는 어떤 모습인가요? 그림으로 그려본다면 무엇을 그릴 것 같아요? [책상에 앉아있는 모습을 그릴 것 같아요, 학원에서 문제 푸는 모습이요, 시험 보는 모습이요, 등]

[학습 문제 확인]

공부의 정확한 의미와 목적을 알아봅시다.

[학습활동 안내]

1. '공부 울타리' 만들기
2. 율곡 선생님의 편지
3. '공부'를 공부하기

[활동 1] '공부 울타리' 만들기(OHP 필름, 사인펜, 학습지)

학생들이 자신의 일상에서 '공부'라고 생각하는 활동을 그렇지 않은 활동과 구분하고 탐구한다. 첫 번째 단계에서는 주간 학습표를 활용하여 학생들이 '공부'라고 생각하는 시간에 OHP 필름을 덧대어 '공부 울타리'를 그린다. 두 번째 단계에서는 초등학교 4학년 ○○이의 하루를 영상으로 보여준 뒤, ○○이가 한 일 중 공부라고 생각하는 부분에도 OHP 필름을 덧대어 '공부 울타리'를 그린다.

☞ 활동 유의점: 1. 주간 학습표는 '현장 체험 학습'이나 '운동회', '학예회' 등 특별 행사가 있는 주를 활용한다.
2. '공부 울타리'를 그리는 과정은 교사가 먼저 시범을 보여주는 것이 좋다.
3. 이 활동 중 학생들은 다양한 질문을 할 수 있으며, 특히 "이렇게 해도 되나요?"와 같은 질문이 자주 나온다. 이는 대개 조심성이 많거나 소극적인 학생들이 '잘못된 방향으로 활동하고 있지 않을까'하는 우려에서 비롯된다. 교사는 이번 활동에는 정답이 없으며 각자의 생각과 기준에 따라 자유롭게 울타리를 만들어도 괜찮다는 점을 사전에 안내한다. 학생들이 활동에 부담을 느끼지 않고 자신의 생각을 표현할 수 있는 분위기를 조성한다.(예시 발문: "이 활동은 정답을 찾는 것이 아니라 여러분이 생각하는 공부의 모습을 자유롭게 표현하는 것입니다. 마음대로 울타리를 그려도 괜찮아요!")

■ 우리 반 '주간학습표'를 보고 '공부 울타리' 만들기

- 지금 나누어 준 종이에는 ○월 ○일~○일까지의 우리 반 시간표가 적혀 있습니다. 나누어 준 OHP 필름을 그 위에 대 보세요.
- 각자 사인펜을 사용해서 우리 반 공부 시간에 울타리를 만들어 주세요. 울타리는 여러 개가 그려져도 괜찮습니다.
- 자신이 만든 공부 울타리를 소개해 주세요. [저는 수학, 국어,

영어 시간에 울타리를 그렸습니다, 저는 음악 시간도 울타리를 그렸습니다, 등]

- 울타리 밖에 있는 교과나 활동은 무엇인가요? 그것들을 울타리 안으로 넣지 않은 이유는 무엇인가요? [체육은 재미있어서 공부 같지 않아요, 미술은 그리고 만들어서 공부 같지 않아요, 등]
- 그렇다면 '공부 울타리' 안에 들어간 교과는 왜 공부라고 느꼈나요? [수학이나 국어는 머리를 많이 써야 해서 공부 같아요, 학원에서 문제 푸는 것과 비슷해서요, 시험에 나올 것 같은 과목이라 울타리를 그렸어요, 등]

■ '○○이의 하루'를 보고 '공부 울타리' 만들기

> 초등학교 3학년 ○○이의 하루
>
> 아침에 눈을 뜨고, 학교에 가기 위해 일어난 ○○이는 세수를 하고 옷을 단정히 입는다. 부모님께 인사하고 현관을 나선 뒤, 학교 가는 길에서 마주친 친구들과 반갑게 인사를 나눈다. 학교에 도착해 선생님께 인사를 드리고, 자리에 앉아 책을 읽으며 아침 독서 시간을 보낸다. 국어 교과서를 꺼내어 수업에 집중하는 모습이 이어지고, 체육 시간에는 친구들과 함께 공을 주고받으며 활기차게 뛰어논다. 점심시간이 되어 친구들과 함께 밥을 맛있게 먹고, 즐겁게 이야기를 나눈다. 방과 후에는 학원에서 영어 단어를 외우거나 수학 문제를 푸는 모습이 보이고, 집으로 돌아온 뒤 숙제를 한다. 곧이어 엄마의 심부름을 위해 슈퍼에 다녀오고 저녁에는 가족들과 함께 식탁에서 이야기를 나누며 식사를 한다. 이후 말린 우유팩을 정리해 분리수거를 하고, 밤에는 가족들과 함께 동네를 산책하며 하루를 마무리한다. 산책 중 이웃과 반갑게 인사를 나누는 ○○이의 얼굴에는 미소가 가득하다. 잠들기 전 준비물을 확인하고 책가방을 챙긴다.

• 이 영상을 보니 꼭 나의 하루를 보는 것 같죠? 선생님이 나누어 준 학습지를 보면 영상의 친구가 한 일이 쭉 쓰여 있습니다. 이 중 ○○이가 한 공부는 어떤 것이 있을까요? 방금 시간표에 공부 울타리를 친 것처럼 여기에도 OHP 필름을 덧대서 공부 울타리를 만들어 주세요.

(활동지 예시)

• 자신이 만든 '공부 울타리'를 소개해 주세요.

• 친구들이 만든 '공부 울타리'를 보니 다양한 모양이 나와 있네요. 왜 그 활동을 공부라고 생각했나요? 여러분의 하루에도 비슷한 활동이 있나요? [책을 보거나 문제를 풀어서요, 학교에서 배우는 과목 같아서요, 저도 학원에 가고 숙제를 해요, 등]

• ○○이처럼 하루를 보냈다면 여러분은 어떤 활동을 가장 좋아했을 것 같나요? 이유는 무엇인가요? [체육 시간에 공을 주고받는 장면이요, 친구들이랑 놀 수 있기 때문에요. 가족과 산책하는 게 좋아 보여요, 기분이 좋은 것처럼 보여요, 등]

[활동 2] 율곡에게서 온 편지(A4용지 크기 정도의 편지 봉투)

> 율곡 이이의 편지를 통해 공부의 참된 의미를 이해하도록 돕는 활동이다. 교사는 A4용지 크기의 편지를 활용하여 율곡 선생님의 목소리로 학생들에게 이야기를 전달한다. 학생들은 편지를 경청하며 공부에 대한 자신의 생각과 율곡이 제시한 공부의 의미를 비교한다.

- (A4용지 크기 정도의 편지 봉투를 보여준다.)
- 우리가 만든 공부 울타리는 잠시 책상에 놔두고 여기를 봐주세요. 이게 뭘까요? [율곡 선생님의 편지입니다.] 네, 학습 활동 안내에서 예고했듯이 이 편지는 율곡 선생님께서 우리 친구들에게 보내온 편지입니다. [율곡 선생님이 살아있어요? 거짓말이에요~ 등]
- 율곡 선생님은 지금 살아계시지 않지만 아까 보여준 『격몽요결』이라는 책을 통해 친구들에게 편지를 보내셨어요. 어떤 내용이 있는지 궁금하지 않으세요? 지금부터 율곡 선생님의 편지를 들어보도록 하겠습니다.

○학년 ○반 여러분 안녕하세요. 율곡 이이입니다. 저는 그동안 공부도 하고 나라의 일도 맡아 아주 바쁘게 지내다가 잠시 벼슬을 내려놓고 산기슭에서 한가로운 시간을 보내고 있습니다. 오랜만에 맑은 공기를 마시며 자연 속에서 시간을 보내니 마음이 상쾌해지고 건강도 좋아지는 것 같아 기분이 참 좋습니다.

그런데 요즘 저에게 한 가지 걱정거리가 생겼습니다. 그것은 바로 많은 학생들이 공부를 지나치게 특별한 일로만 생각한다는 것입니다. 사실 공부란 우리가 살아가면서 만나는 모든 일들을 올바르게 처리하기 위한 것입니다. 예를 들어, 부모라면 자식을 사랑해야 하고, 자식이라면 부모님을 공경해야 하는 일, 형제간에 우애가 있어야 하고 친구 사이에는 믿음이 있어야 하는 일들이 모두 공부에 포함됩니다. 학교에서 줄을 똑바로 서는 일도 공부이고 선생님과 친구들을 보면 밝게 인사하는 일도 공부입니다. 집에서 청소를 하거나 분리수거를 올바르게 하는 일 또한 공부이지요. 이렇게 일상생활에서 선한 마음을 가지고 바르게 행동하는 일이 바로 공부인데 요즘 학생들은 이런 일들을 공부로 생각하지 않는 것 같습니다. 쯧쯧... 공부의 제대로 된 뜻도 모르고 공부를 왜 해야 하는지 이유도 알지 못한 채, 그저 책을 통해 글자를 외우거나 특별한 것을 배우는 것이 공부라고만 여기며 "공부하기 싫어요!"를 외치고 있으니, 어찌 답답하지 않을 수 있겠습니까?

- 율곡 선생님에게서 온 편지를 잘 들어보았나요?
- 율곡 선생님께서 걱정이 생겼다고 합니다. 그 일은 무엇이죠? [학생들이 공부를 특별한 일로 생각한다는 것이요, 공부는 일상생활에서 하는 건데 학생들이 그걸 모른대요, 등]
- 율곡 선생님의 편지를 읽어보니 공부는 무엇인가요? [일상생활에서 올바로 행동하기 위해 배우는 모든 것입니다, 줄을 서는 것과 인사하는 것도 공부라고 하셨어요, 특별한 일이 아니에요, 등]

• 네, 공부는 여러분이 일상에서 겪는 모든 일에 바르고 선한 마음과 행동을 갖도록 하는 일입니다.

• 앗, 율곡 선생님의 편지가 좀 더 남았네요. 계속하여 읽어보겠습니다.

> 사람이 이 세상에 태어나서 공부를 하지 않으면 사람 노릇을 할 수 없다고요. 놀랐나요? 그렇지만 사실입니다. 만약 여러분에게 수저를 이용해 밥 먹는 법을 가르쳐주지 않았거나 친구의 물건을 함부로 사용해서는 안 된다는 법을 가르쳐주지 않았다면 어땠을까요?

• 편지를 읽다 보니 선생님도 궁금해졌습니다. 여러분에게 부모님께서 식사 예절을 가르쳐주지 않았다고 상상해 볼까요? [손으로 밥을 집어 먹을 것 같습니다, 밥 먹으면서 마구 떠들고 여기저기 돌아다녔을 것 같습니다, 등] 만약 친구의 물건을 함부로 사용하거나 훔쳐서 자기 것처럼 쓰고 있을 때도 아무도 그것이 잘못됐다고 말하지 않는다면요? 그런 친구들이 이 교실에 모두 모이면 어떻게 될까요? [교실이 엉망진창이 될 것 같아요, 물건이 매일매일 없어질 것 같아요, 친구들끼리 계속 싸울 것 같아요, 등]

• 네 맞습니다. 여러분들이 이런 예절들을 배우지 않았다면 교실에서 지금처럼 선생님과 만날 수도 없고, 종이 울리면 책상에 앉아 다음 수업을 준비할 수도 없었을 거예요.

이 모든 일들이 공부입니다. 공부는 그래서 하는 것이지요. 공부를 하는 이유에는 특별할 것이 없습니다. 좋은 직업을 갖기 위해서요? 어른이 되어서 돈을 많이 벌기 위해서요? 그런 건 공부의 아주 작은 부분입니다. 사실 그런 일들은 제가 말하는 공부와 상관이 거의 없습니다. 이 사실을 얼른 제 학생들에게도 알려주러 가야겠네요. 그럼 이만 또 다음에 만나요.

- 율곡 선생님의 편지를 읽고 난 후 여러분의 느낌은 어떤가요? [제가 알던 공부와 달라요, 뭔가 부끄러운 마음이 들어요, 등]
- 율곡 선생님은 공부가 직업이나 돈과 같은 특별한 것을 위해서만 하는 게 아니라고 하셨어요. 그럼 공부를 왜 해야 할까요? [바르게 행동하기 위해서요, 친구랑 싸우지 않고 잘 지내려고요, 사람답게 살기 위해서요, 등]
- 자신이 알고 있던 공부와 율곡 선생님이 알려주는 공부를 비교해 볼까요? 무엇이 같고 무엇이 다른지 발표해 봅시다. [같은 점은 뭔가 배운다는 것이고 다른 점은 저는 책으로만 하는 게 공부라고 생각한 점이요, 예전보다 공부가 엄청 많아졌어요, 수학이랑 영어만 공부가 아니라는 것을 알게 되었어요, 공부는 우리가 일상생활을 하면서 배우는 모든 것들이에요, 등]
- 율곡 선생님께서 알려주신 공부 중에서 여러분이 더 해보고 싶은 공부는 무엇인가요? [친구들과 사이좋게 지내는 방법이요, 게임을 하다 그만해야 할 때 쉽게 그만하는 방법이요, 등]

[활동 3] '공부'를 공부하기

■ 나만의 공부 사전 만들기

- 그럼 여러분이 진짜 공부의 의미를 알게 된 것 같으니 정리하는 시간을 가져볼게요. 나누어 준 학습지에 '공부는 ○○이다.'라고 나만의 공부 사전을 만들어 볼까요?

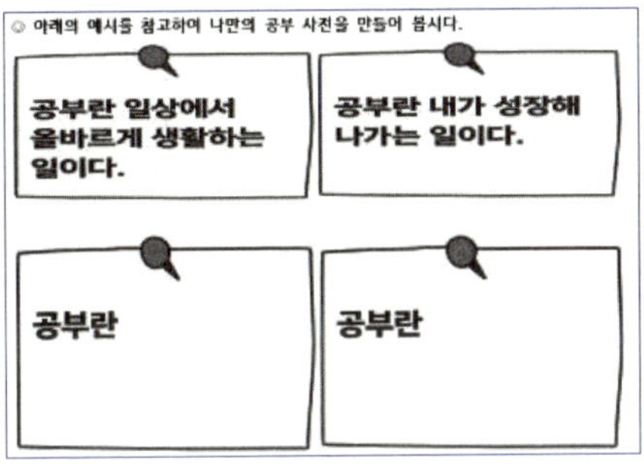

(활동지 예시, 작성 후 발표)

[마무리] '공부 울타리' 확장하기

> 학생들은 [활동 1]에서 만든 '공부 울타리'를 다시 살펴보고 수정하거나 확장하며 공부의 의미를 재구성한다. 자신이 만든 기존 울타리를 휴지를 사용해 지우고, 주간 학습표와 ○○이의 하루에서 모든 활동을 하나의 큰 울타리로 확장하도록 유도한다.

■ [활동 1]에서 만든 '공부 울타리' 확장하기

- 우리 [활동 1]에서 만든 두 가지 '공부 울타리'가 남아있어요. 내가 만든 '공부 울타리'를 다시 살펴볼까요?
- 어떤 느낌이 드나요? 그냥 놔두어도 될 것 같아요? 아니면 좀 더 수정이 필요할까요? [수정이 필요해요.]
- 여러분이 만든 울타리를 보니 어떤 활동이 더 들어가야 할 것 같나요? 여러분이 놓친 활동이 있다면 그것은 무엇인가요? [체육 시간도 공부인 것 같아요, 집에서 심부름하는 것도 넣어야 할 것 같아요, 친구랑 놀면서 배우는 것도 공부 울타리에 들어가야 해요, 등]
- 네, 그럼 수정을 해보도록 하겠습니다. 휴지를 이용해서 내가 만든 울타리를 지우고 '공부 울타리'를 다시 그려주세요.
- 공부 울타리를 더 크게 넓힌 이유는 무엇인가요? 학교에서 배우는 것과 일상생활에서 배우는 것은 어떤 공통점이 있을까요? [모두 배운다는 것이요, 둘 다 연결되어 있는 것 같아요, 모두 공부라고 부를 수 있어요, 등]
- 넓어진 울타리를 보니 여러분은 앞으로 어떤 공부를 더 하고 싶나요? [친구를 더 잘 도와주는 공부를 하고 싶어요, 체육 공부를 더 많이 하고 싶어요, 등]

[평가 예시]

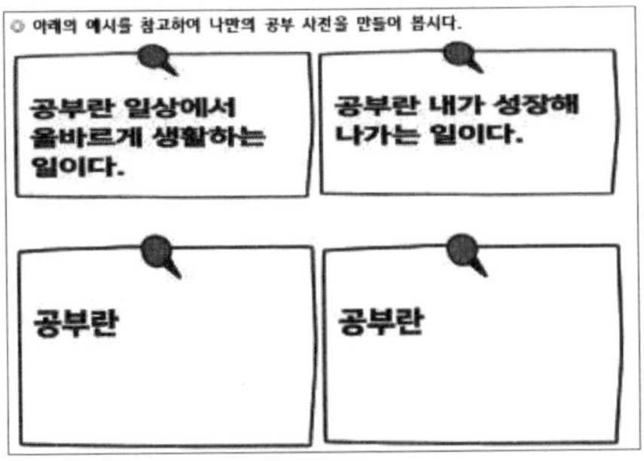

평가 관점	평가 기준	평가 방법
『격몽요결』에서 말하는 '공부'의 의미를 올바로 이해하고, 나만의 언어로 두 개 이상의 공부 사전을 작성한다.	매우 잘함	논술형 평가
『격몽요결』에서 말하는 '공부'의 의미를 이해하고, 나만의 언어로 두 개 이상의 공부 사전을 작성한다.	잘함	
『격몽요결』에서 말하는 '공부'의 의미를 이해하고, 나만의 언어로 공부 사전을 작성한다.	보통	
『격몽요결』에서 말하는 '공부'의 의미를 이해하지 못한다.	노력 요함	

◑ 2-3차시: 공부에 뜻 세우기[立志]

학습목표	공부를 위한 뜻을 세울 수 있다	
내용 요소	• 앎을 실천으로 옮기기 위한 주요한 방법은 무엇인가?: 입지(立志)의 중요성 • '마음먹기[意志]'에 따라 달라지는 과제 수행의 완성도 경험하기 • 우리가 도덕적으로 더 나은 사람이 될 수 있는 근거는 무엇인가?: 사단(四端) • 마음속의 사단(四端) 발견하기 • 공부에 착수하고자 하는 자세	
성취기준	[04도01-06新] 사단(四端)의 개념과 의미를 이해한다. [04도01-07新] 자신의 마음속 사단(四端)을 발견하고 도덕적으로 더 나은 사람이 되겠다는 마음을 갖는다. [2바01-02] 나를 이해하고 존중하며 생활한다. [4도01-01] 자신의 감정을 소중히 여기며 존중하는 태도를 바탕으로 내가 누구인가를 탐구한다.	
수업 환경	시간: 80분	준비물: 전 차시 복습용 퀴즈 PPT, 인당 색종이 2장, 비도덕적인 행동 영상 모음, 사단(四端) 관련 영상, 교실 인원수에 맞는 초콜릿, 초콜릿이 담긴 봉지, 맹자 초상화(패널이나 PPT 화면)

[도입]

◎ 전 차시 복습

■ 전 차시 복습용 퀴즈

1. 지난 시간에 선생님이 어떤 책 한 권을 여러분에게 보여주었

어요. 이 책은 이제 막 공부를 시작한 사람들에게 도움이 되는 공부법을 설명한 책이었어요. 그리고 이 책은 선생님과 우리 반 친구들이 앞으로 배우게 될 내용이 담겨 있기도 하다고 했습니다. 이 책의 이름은 무엇일까요?

2. 또 다른 문제입니다.(지난 시간 보여준 초상화를 띄워주며) 우리 반 친구들 이분 기억할까요? 우리에게 편지도 보내주신 분이었습니다. 『격몽요결』을 쓰신 분이기도 하고요. 이분의 이름은 무엇일까요? [율곡 이이요.]

- 지난 시간에 율곡 이이 선생님이 『격몽요결』을 통해 우리에게 전달해 준 편지 기억나세요? [네], 우리는 이 편지를 통해 '공부'의 진짜 의미를 알아보았어요.
- 공부에는 어떤 의미가 있었죠? [우리가 살아가면서 배우는 모든 게 다 공부입니다, 덧셈과 뺄셈만이 아니라 어른들께 인사하는 것도 공부입니다, 체육 시간에 공놀이를 하는 것도 공부입니다, 현장 체험 학습에 가는 것도 공부예요, 등]

◎ **동기 유발**

■ '마음먹기'의 중요성 알기(인당 색종이 2장)

> 목표와 의도에 따라 행동의 결과가 달라질 수 있음을 체험하는 활동이다. 학생들은 색종이로 두 개의 비행기를 접는데, 첫 번째는 특별한 목적 없이, 두 번째는 체육 시간 비행기 대회를 위해 접는다. 두 비행기를 비교하며 두 번째 비행기가 더 튼튼하고 오래 날 것이라는 점을 발견하게 된다. 이를 통해 '마음먹기'의 중요성을 깨닫고 다른 상황(예: 숙제, 방 청소 등)과 연결지어 생각해 보는 시간을 갖는다.

• 지금부터 색종이 한 장을 가지고 비행기를 접어볼게요. 어떤 비행기이든 상관없습니다. 내가 알고 있는 비행기 접는 방법을 사용해서 비행기를 접어주세요.

• 자, 이제 남은 한 장도 비행기를 접을 텐데요. 사실 선생님이 체육 시간에 비행기 대회를 열려고 계획 중이거든요. 여러분은 오늘 만든 두 가지 비행기 중에 한 비행기를 뽑아서 대회에 나가게 될 겁니다. 나머지 비행기도 만들어 주세요.

• 두 종이 비행기를 양손에 들어서 보여주세요. 여러분은 두 비행기 중에 어떤 비행기를 들고 대회에 나가려고 하나요? [두 번째 만든 비행기요.]

• 많은 친구들이 두 번째에 만든 비행기를 들고 대회에 나가겠다고 하네요. 왜일까요? [두 번째 비행기를 만들기 전에 비행기 대회 소식을 들어서 더 열심히 만들었어요, 대회에 나가기

위해서 두 번째 비행기를 더 날렵하게 만들었어요. 등]

- 첫 번째 비행기를 만들었을 때와 두 번째 비행기를 만들었을 때 내 마음은 어떻게 달랐나요? [첫 번째는 아무 생각 없이 만들었고 두 번째는 잘 만들려고 했어요, 첫 번째는 예쁘게 만들려고 했는데 두 번째는 오래 나는 방법을 생각했어요, 첫 번째는 대충 만들었는데 두 번째는 열심히 만들었어요, 등]
- 두 번째 비행기를 만들 때 왜 더 열심히 만들고 더 많이 고민했나요? [대회에서 이기고 싶어서요, 친구들보다 더 멀리 날리고 싶어서요, 등]
- 선생님이 보아도 여러분들이 두 번째 만든 비행기가 더 튼튼해 보이고 오래 날 것처럼 보이네요. 선생님이 접어보라고 해서 '그냥' 접은 비행기와 대회에 오래 날리기 위해 접은 비행기가 달랐죠? 이런 비슷한 일들은 또 어떤 것들이 있을까요?(방 청소하기와 같은 예시를 먼저 들어준다.) [숙제를 할 때 억지로 하면 아주 오래 걸리고 문제도 많이 틀려요, 달리기 시합을 할 때 최선을 다하지 않은 적이 있었는데 기록이 좋지 않았어요, 방 청소가 하기 싫어서 대충 했더니 깨끗해지지 않았어요, 등]

[학습 문제 확인]

공부를 위한 내 마음을 세워 봅시다.

[학습활동 안내]

1. 이런 사람이 될래요.
2. 내 마음속 착함[善]을 찾아라!
3. 나의 뜻 세우기

[활동 1]

■ 어른들의 비도덕적인 행동들을 모은 영상 보기

한낮의 뜨거운 태양이 내리쬐는 오후. 찜통더위 속 사무실 안에서 작은 선풍기에 의지해 열을 식히는 경비원.(붉고 땀나는 얼굴) 모 아파트 엘리베이터 안에 붙은 공지 사항. "경비실에 에어컨 설치를 반대합니다."(주민 인터뷰) "경비실에 에어컨을 설치하면 관리비가 계속 올라가잖아요. 저희보다 큰 아파트 경비실에도 에어컨이 없는데요."

(화면 전환) 크고 빠르게 울리는 사이렌 소리. 구급차가 의식을 잃은 환자를 태우고 병원으로 향하고 있다. 심각한 표정의 구급대원. "사람들이 길을 안 비켜줘요." 구급차 앞을 꽉 막고 있는 승용차들. 구급차가 이리저리 길을 뚫어보려 해도 앞으로 나아갈 수 없다. 계속 앞을 막고 있는 차량들.

(화면 전환) 사람들이 경기장에서 힘차게 응원하는 모습. 열띤 응원 소리가 울려 퍼진다. 유니폼을 입고 즐거워하는 얼굴들 클로즈업. 중간중간 음료를 마시고 맛있는 음식을 먹는다. 치킨, 피자, 콜라, 맥주 등등 갖가지 음식들이 사라져 가고 빈 접시들이 쌓인다. 경기가 끝나서 퇴장하는 사람들의 뒷모습. 사람들이 떠난 경기장 좌석에는 여기저기 뒹굴고 있는 쓰레기들이 보인다. 몇 명의 청소부들이 큰 봉투를 들고 쓰레기들을 한데 모아 치우는 모습. 고요한 경기장의 풍경.

- 영상에는 어떤 모습들이 담겨 있었나요? [경비실에 에어컨을 설치해 주지 말자는 내용이요, 구급차가 달리는데 길을 비켜주지 않아요, 사람들이 쓰레기를 아무렇게나 버리고 갔어요, 등]
- 이 모습을 보는 여러분은 어떤 마음이 들었어요? [화가 났어요, 답답했어요, 어른들이 왜 그러는지 이해가 안 돼요, 등]
- 선생님도 같은 어른으로서 부끄러운 마음이 드는 영상이었어요. 이 영상의 어른들은 무엇을 잘못했을까요? [힘든 환경에 계신 경비원 아저씨의 처지를 이해하지 못해요, 자기만 생각하고 다른 사람을 함부로 대해요, 이기적으로 행동했어요, 배려하지 않았어요, 자신이 만든 쓰레기를 그냥 버리고 가요, 책임감이 없어요, 등]
- 여러분은 무엇이 잘못되었는지 잘 알고 있네요. 그런데 선생님이 궁금한 점이 생겼어요. 어른들은 과연 저런 행동이 잘못되었다는 것을 몰랐을까요? [아니요]
- 그렇다면 왜 어른들은 알고도 그런 행동을 했을까요? [귀찮아서요, 알고 있지만 하기 싫어서요, 혼내는 사람이 없어서요, 다른 사람들도 안 해서요, 등]
- 여러분들의 생각이 맞아요. 그런데 여기에는 비밀이 하나 있어요. 자신만 생각하지 않고 상대를 배려하려면, 공공질서를 잘 지키고 환경을 보호하는 사람이 되려면

좋은 사람이 되기로 마음 먹어야 한다.

(화면 예시)

- 따라 해보겠습니다. "좋은 사람이 되기로 마음먹어야 한다." [좋은 사람이 되기로 마음먹어야 한다.]
- 좋은 사람이 되기로 마음먹는 게 왜 중요할까요? [좋은 사람이 되려고 해야 행동도 좋아질 것 같아요, 좋은 사람이 되려는 생각이 없으면 대충 편한 대로 행동할 것 같아요, 등]
- 여러분은 어떤 사람이 좋은 사람이라고 생각하나요? [다른 사람을 배려하는 사람이요, 쓰레기를 아무 데나 버리지 않는 사람이요, 어려운 사람을 도와주는 사람이요, 등]
- 좋은 사람이 되기로 마음먹었을 때 행동도 바뀌었다고 느낀 적이 있나요? [환경을 보호해야 한다고 생각하니까 길에 쓰레기를 줍고 쓰레기통에 버렸어요, 다른 사람을 도와주기로 마음먹고 불우 이웃 돕기에 제 용돈을 냈어요, 등]
- 여러분이 좋은 마음을 먹었더니 실제로 좋은 행동을 할 수 있었네요. 이처럼 우리는 좋은 사람이 되기 위해 그렇게 되고자 하는 마음을 먹어야 해요. 방금 전 종이비행기를 접었을 때하고 비슷해요. 대회에서 오~래 나는 비행기를 접으려고 마음먹지 않으면 대회에 나갈만한 비행기가 만들어지지 않아요.
- 여러분들이 이 영상 속 어른들에게 한 가지 알려줄 것이 있다

면 무엇을 말하고 싶나요? [다른 사람을 좀 더 생각해 주세요, 경비 아저씨들도 힘드니까 도와주세요, 공공질서를 잘 지켜야겠다는 생각을 해주세요, 평소에 구급차가 보이면 길을 잘 비켜줘야겠다고 생각해 주세요, 등]

- 그런데 문득 여러분 마음속에 이런 생각이 들 수도 있어요. "정말 마음만 먹으면 다 되는 걸까?", 이런 궁금증이 생긴 친구들은 손 들어주세요. 네, 우리 친구들의 질문에 율곡 선생님은 뭐라고 답하셨을까요? 한번 들어볼게요.

■ 율곡 선생님의 편지 읽기

> 여러분, 사람은 물고기처럼 물에서 살 수 없고, 새처럼 하늘을 날 수 없지요. 곰이나 호랑이처럼 힘이 아주아주 세질 수도 없답니다. 이런 것들은 이미 정해진 것이어서 바꿀 수가 없어요.
>
> 그렇지만 사람들의 마음과 뜻은 지혜롭고 현명하게 만들 수 있답니다. 특히 사람이 가진 지혜로움과 현명함은 무척 귀중한 것이어서 꼭 마음속에 지니고 있어야 할 것들이지요.[354]

354 『栗全』 卷27 「擊蒙要訣」 人之容貌, 不可變醜爲姸, 膂力不可變弱爲强, 身體不可變短爲長, 此則已定之分, 不可改也. 惟有心志, 則可以變愚爲智, 變不肖爲賢, 此則心之虛靈, 不拘於稟受故也. 莫美於智, 莫貴於賢[사람의 용모는 미운 것을 예쁘게 고칠 수 없고, 체력은 약한 것을 강하게 고칠 수 없고, 몸은 키가 작은 것을 크게 고칠 수 없다. 이것들은 이미 타고난 것이어서 바뀔 수가 없는 것이다. 그러나 사람들이 지닌 마음과 뜻만은 어리석은 것을 지혜롭게 고치고 못난 것을 현명하게 고칠 수가 있다. 이는 마음이 텅 비었으면서도 작용은 영묘하여 타고난 성품에 구애받지 않기 때문이다]. 참고하여 변형.

• 율곡 선생님께서는 뭐라고 하셨죠? [타고난 건 바꿀 수 없다고 하셨어요, 인간은 물에서 살 수 없대요, 마음은 지혜롭게 만들 수 있어요, 등]

• 우리의 마음은 지혜롭고 현명하게 바꿀 수 있답니다. 왜냐하면 우리의 마음속에는 지혜로움과 현명함을 키울 수 있는 착한 씨앗이 들어 있거든요. 그런데 이 씨앗은 마음에 숨겨져 있어서 잘 찾아보아야 해요. 다음 활동을 통해서 우리 마음속의 착한 씨앗을 찾아보도록 해요.

[활동 2] 내 마음속 착함[善]을 찾아라!

■ 측은지심 느껴보기

아기가 아장아장 길을 걷고 있다. 돌로 둘러싸인 연못이 보인다. 아기가 계속해서 그곳으로 걸어간다. 아기의 주변에 아무도 없다. 계속해서 걸어가는 아기. 돌을 밟고 일어서는 순간 아이가 중심을 잃고 흔들린다.(화면 정지)[355]

• 이 장면을 보니 마음이 어떠한가요? [마음이 급해졌어요, 아이를 구해주고 싶었어요, 등]

---

355 『孟子』「公孫丑 上」今人乍見孺子將入於井, 皆有怵惕惻隱之心――非所以內交於孺子之父母也, 非所以要譽於鄕黨朋友也, 非惡其聲而然也[이제 사람들이 어린아이가 우물에 빠지려고 하는 모습을 갑자기 보게 되면, 모두 두려움과 불쌍히 여기는 마음을 가진다. 이는 어린아이의 부모와 관계를 맺기 위해서가 아니며, 마을 사람들과 친구들에게 칭찬을 받으려는 것도 아니며, 그 소리를 싫어해서 그런 것도 아니다]. 참고.

• 만약 여러분이 저 장소에 있다면 어떻게 했을 것 같아요? [아이를 구하러 달려갔을 거예요, 들어가지 말라고 소리치면서 뛰어갔을 거예요. 등]

• 혹시 아이를 구하러 달려가겠다고 한 친구 중에 다른 사람에게 칭찬받고 싶거나 아이가 물에 풍덩 빠지는 소리가 듣기 싫거나, 저 아이를 도와주면 아이의 부모님이 나에게 고마워할 테니까 도와주어야겠다고 생각한 친구 있어요? [아니요, 반응 없음, 등]

• 아무도 없죠? 선생님이어도 그 순간에는 '아이만' 보였을 것 같아요. 다른 생각은 하지 못했겠죠.

■ 수오지심 느껴보기

> 한 승용차가 갓길에 차를 멈춰 세운다. 자신이 키우던 강아지를 길거리에 두고 다시 차에 타는 사람. 출발하는 승용차. 어리둥절하던 강아지는 이내 차를 쫓아 달리기 시작한다. 그러나 멀어지는 차.(화면 정지)

• 이 장면에 나온 사람에게 어떤 기분이 들었나요? [너무너무 화가 나요, 저 주인들은 벌 받아야 해요, 강아지가 불쌍하지도 않은가 봐요, 등]

■ 시비지심 느껴보기

> 이번에는 선생님의 이야기를 들어주세요. 여러분이 친구와 같이 길을 가는데 과일을 파는 트럭을 만났어요. 트럭에 있는 복숭아가 아주 탐스러워 보여요. 복숭아 향이 얼마나 짙은지 향긋한 냄새가 주변에 퍼져 있습니다. 입 안에 침이 고여요. 참을 수가 없어진 나는 복숭아를 하나 사려고 지갑을 꺼냈습니다. 그런데! 돈이 없지 뭐예요! 다행하게도 우리 집은 바로 근처입니다.

- 자, 질문입니다. 1번, 집에 들어가서 돈을 가져온다. 2번, 돈을 내지 않고 먹고 싶은 복숭아 하나를 집어 먹는다. 여러분이라면 어떤 선택을 하겠어요? [1번이요]
- 왜요? [돈을 내고 먹어야 하니까요, 그냥 먹으면 도둑질이에요, 복숭아가 내 것이 아니니까요, 등]

■ 사양지심 느껴보기

> ☞ 활동 유의점: 초콜릿 나눔 활동에서 장난끼가 많은 학생이나 타인에 대한 배려심이 부족한 학생의 행동은 자연스러운 수업 활동의 일부이기도 하다.
>
> 의도적으로 초콜릿을 여러 개 가져가려는 학생에게는 눈맞춤으로 진지함을 전달해야 한다. 타인에 대한 배려심이 부족한 학생의 경우, 교사는 해당 학생에게 자연스럽게 마지막에 초콜릿을 가져가도록 상황을 유도한다.

> (큰 초콜릿 봉지를 보여준다.) 선생님이 우리 반 친구들을 위해서 맛있는 초콜릿을 준비했습니다. 여기에는 ○○개의 초콜릿이 들어있어요.(반 인원 수에 맞춘다.) 우리 반 친구들이 다 합해서 몇 명이죠?(○○이요.) 선생님이 교실을 돌아다닐 테니 근처에 가면 초콜릿을 가져가세요.(몇 개씩 가져가라는 말을 하지 않는다.)

• 받은 초콜릿을 들어보세요. 각자 몇 개씩 가졌나요? [한 개요.]
• 가만히 생각해 보세요. 선생님이 한 개씩 가져가라고 하지 않았어요! 그런데도 여러분은 어떻게 했죠? [한 개씩 가졌어요.]
• 왜 그랬을까요? [우리 반 친구들이 다 먹어야 하니까요, 제가 여러 개 가져가면 다른 친구가 초콜릿을 받지 못해요, 등]

■ 내 마음속 네 가지 착한 씨앗 정리하기

• 선생님은 지금 여러분들이 알지 못하는 사이에 친구들의 '마음속 착한 씨앗 네 가지'를 발견했답니다. 한 사람도 빠짐없이 이 네 가지 착한 씨앗을 가지고 있었어요. 여러분들은 발견했나요? [어리둥절하게 바라보는 학생, 뭔지 알 것 같다고 이야기하는 학생, 등]
• 선생님이 첫 번째 보여준 아기의 동영상 생각나나요? [네] 이 영상을 보고 아기를 걱정하며 발을 동동 구르고 있는 친구들의 모습에서 선생님은 "사랑하는 마음"을 발견했답니다.

마음 속 네 가지 착한 씨앗
1.사랑하는 마음(仁, 인)

(화면 예시)

• 율곡 선생님과 같이 옛날 어른들께서는 이 마음을 '인'이라고

도 불렀답니다.

- '인'이라는 마음은 상대방을 안쓰럽게 바라보고 불쌍히 여기는 마음이기도 해요. 우리가 힘든 처지에 있는 사람들을 보면 마음이 아프고 도와주고 싶은 마음이 드는 것은 바로 우리 마음속의 '인'이라는 착한 씨앗이 심겨 있기 때문이랍니다.
- 두 번째 착한 씨앗도 발견했어요. 그게 무엇일까요? 그건 바로,

내 마음속 네 가지 씨앗 1. 사랑하는 마음(仁) 2. 잘못을 부끄럽게 여기고 미워하는 마음

네, 선생님이 발견한 여러분이 가지고 있는 두 번째 착한 씨앗은 바로 '잘못을 부끄럽게 여기고 미워하는 마음'이었습니다. 언제 여러분이 잘못을 미워하는 마음을 보여줬을까요? [강아지를 놓고 가는 사람들에게요, 그 사람들한테 화낼 때요, 등] 네, 맞습니다. 여러분이 강아지를 마음대로 버리고 가는 사람들을 보고 화를 내고 그래서는 안 된다고 말하는 모습을 보았을 때 선생님은 여러분 마음속에 있는 '잘못을 부끄럽게 여기고 미워하는' 착한 씨앗을 발견했어요.

- 친구들 '양심'이라는 단어 들어봤나요? 어떤 뜻일까요?(뜻을 정확히 말하기 어려워하는 경우가 많다.) 어떤 경우에 많이 쓰이

나요? [잘못을 했을 때요, 거짓말 했을 때요, 등]

• '양심'이란 인간이 본래 가지고 있는 착한 마음을 말합니다. 다른 사람을 사랑하고 옳은 행동을 좋아하는 마음이지요.[356]

• 우리 친구들 거짓말한 경험이 있나요? 혹은 바닥에 쓰레기가 떨어져 있는데 '아잇 귀찮아~ 선생님도 안 계시는데 뭐, 그냥 지나가야지~' 하고 모른 척 지나간 적 있나요? 그런 경험이 없더라도 한 번 상상해 볼까요? 그때 나는 어떤 마음일까요? [두근두근해요, 찝찝해요, 양심에 찔려요, 등]

• '마음이 콕콕 찔리다'라는 표현 들어본 적 있나요? [네, 들어본 적 있어요.], 혹시 '마음이 콕콕 찔리는' 경험을 한 적 있나요? [잘못한 일을 하고 나서 마음이 콕콕 찔렸어요, 부모님께 거짓말을 하고 나서 마음이 찔렸어요, 등]

• 맞아요, 그런 상황에 우리는 '마음이 콕콕 찔리고는' 해요. 왜 잘못한 일을 하고 아무도 나를 혼내거나 비난하지 않았는데도 스스로 마음이 '콕콕' 찔리는 걸까요? [잘못한 걸 알고 있어서요, 양심 때문에요, 혼날까 봐 조마조마해서요, 등] 네, 맞습니다. 우리 마음속의 '잘못을 부끄러워하는 씨앗'이 옳지 못한 일을 할 때마다 나에게 말을 걸기 때문이에요. "○○야~ 그러

---

356 양심이란 인(仁)과 의(義)의 마음으로 사람이라면 모두가 가지고 있는 본래의 착한 마음이라 할 수 있다. 주자는 이 양심을 외물과 접촉하기 전의 청명한 기를 가리킨다고 하였다. 『擊蒙要訣』「聖學輯要」 朱子曰, 良心者, 本然之善心, 卽所謂仁義之心也. 참고.

면 안 돼~" 하고 말이죠. 이 마음을 뭐라고 한다고요? [잘못을 부끄럽게 여기고 미워하는 마음이요!]

• 그럼 선생님이 여러분 마음속에서 발견한 세 번째 씨앗은 무엇일까요? 같이 따라 읽어보겠습니다. 옳고 그름을 구별할 줄 아는 마음. [옳고 그름을 구별할 줄 아는 마음]

내 마음속 네 가지 씨앗
1. 사랑하는 마음(仁)
2. 잘못을 부끄럽게 여기고 미워하는 마음
3. 옳고 그름을 구별할 줄 아는 마음

세 번째 마음은 언제 발견했을까요? [강아지를 버렸을 때요, 복숭아를 그냥 먹지 않았을 때요, 등] 맞아요. 여러분이 무엇이 옳고 옳지 않은지를 구별할 줄 알 때 발견하게 되었어요. 복숭아가 먹고 싶지만 지갑을 가지러 집으로 돌아갔을 때도, 강아지를 유기한 사람이 잘못되었다고 말했을 때 말입니다.

• 우리 마음속에 어떤 일이 옳고 옳지 않은지 알 수 있는 씨앗이 심겨 있답니다. 이 씨앗이 처음 싹을 틔울 때는 무엇이 옳고 무엇이 그른지 아는 것이 적지만 점점 자라면서 더 많은 것들을 구별할 수 있게 해준답니다.[357] 그래서 우리는 계속 옳고 그

---

357 『栗全』 卷27 「擊蒙要訣」 禮與非禮, 初學難辨, 必須窮理而明之. 번역 주179

름에 대해 배워야 해요.

- 선생님이 여러분의 마음속에서 마지막으로 발견한 착한 씨앗은, 따라 읽어주세요. 다른 사람에게 양보하는 겸손한 마음. [다른 사람에게 양보하는 겸손한 마음]

> 내 마음속 네 가지 씨앗
> 1. 사랑하는 마음(仁)
> 2. 잘못을 부끄럽게 여기고 미워하는 마음
> 3. 옳고 그름을 구별할 줄 아는 마음
> 4. 다른 사람에게 양보하는 겸손한 마음

- 선생님은 여러분에게서 다른 사람에게 양보하는 겸손한 마음을 발견했답니다. 언제 발견했을까요? [이제 다 알아요! 선생님이 초콜릿을 나눠주실 때요. 저희가 다 한 개씩만 집었어요, 등] 네, 이제 모두 눈치챘군요?
- 우리 반이 모두 ○○명이지요? 선생님이 일부러 초콜릿을 딱 우리 반 친구들만큼만 가지고 왔어요. 그리고 친구들에게 미리 말을 해주었지요. 우리 반 친구들이 총 ○○명인데 초콜릿이 ○○개 있다고요! 그런데 여기 비밀이 있어요. 선생님이 친구들에게 초콜릿을 몇 개씩 가져가라고 말해주지 않았다는 것이지요.

참고.

- 그런데도 우리 친구들은 자연스럽게 한 개씩만 초콜릿을 집어 갔답니다! 물론 중간에 여러 개를 집어보려고 하는 친구도 있었는데 선생님과 눈이 마주치더니 민망한 듯 웃으며 한 개만 집었어요. 그 친구도 진심은 아니었던 거죠. 게다가 자신이 어떻게 해야 하는지도 알고 있었답니다.
- 다른 사람에게 양보하는 겸손한 마음이란 바로 여러분들이 초콜릿을 한 개씩만 가져가는 행동들에 담겨 있답니다. 선생님이 여러분들에게 왜 한 개씩만 가져갔느냐는 질문에 뭐라고 답했지요? [다른 친구들도 먹어야 한다고요, 여러 개를 집어가면 모자르니까요, 등] 맞아요, 여러분은 선생님이 다른 친구들을 배려하라고 말하지 않았는데도 자연스럽게 다른 친구들이 먹을 초콜릿까지 생각해서 한 개씩만 가져갔어요. 우리가 어떻게 이런 행동을 할 수 있었다고요? [마음속에 다른 사람에게 양보하는 겸손한 씨앗이 있기 때문에요, 착한 씨앗이 말해줘서요. 등]
- 우리 마음속에 다른 사람에게 양보하는 착한 씨앗이 심겨 있답니다. 이 착한 씨앗 덕분에 우리는 서로 양보하고 배려하면서 화목하게 생활할 수 있는 거예요.
- 이 네 가지 씨앗들을 처음 발견한 사람은 바로 이분입니다.(맹자 패널) 이분의 이름은 '맹자'예요. 들어본 친구 있나요? 이분은 사람의 마음속에 이 네 가지 착한 씨앗이 있다는 것을 가장

먼저 발견했어요. 그래서 누구나 마음먹고 노력하면 훌륭한 사람이 될 수 있다고 말했지요. 율곡 이이 선생님께서도 맹자의 말이 옳다고 생각했어요.

- 율곡 선생님도 우리 안에 있는 이 네 가지 착한 씨앗을 발견했어요. 그래서 누구든지 이 씨앗을 잘 가꾸기로 마음먹으면 훌륭한 사람이 될 수 있다고 말씀하신 것이지요.

[활동 3] 나의 뜻 세우기(활동지)

- 우리 친구들 이 네 가지 씨앗을 잘 가꾸고 싶어요? 아니면 싹이 나지 않게 내버려 두고 싶어요? [잘 가꾸고 싶어요.]
- 맹자 선생님과 율곡 선생님께서 네 가지 착한 씨앗은 가꾸어야 자랄 수 있다고 말씀하셨어요. 여러분은 어떻게 하면 이 씨앗을 잘 가꿀 수 있을까요? [다른 사람을 도와주고 착한 일을 해야 할 것 같아요, 나쁜 행동을 하면 안 될 것 같아요, 등]
- 네 모두 맞습니다. 좀 더 자세하게 이 네 가지 씨앗을 잘 가꾸는 방법을 알려줄게요. 그 첫 번째 방법이 바로 '○○○○'입니다. 무엇일까요? 힌트는 수업을 시작했을 때 했던 활동을 떠올려 보세요. 혹은 활동 1의 내용을 떠올려도 좋습니다. ['노력하기'요, '잘 가꾸기'요, '마음먹기'요, 등]
- 네 이 "마음먹기"는 훌륭한 사람이 되기 위해 마음속 착한 씨앗을 틔우는 첫 번째 단계입니다. 그리고 율곡 선생님은 이 모

든 과정을 "○○"이라고 불렀답니다. 뭘까요? [공부요.] 맞습니다. 우리는 훌륭한 사람이 되기 위한 공부의 첫 번째 발걸음을 이미 내딛은 것이랍니다.

- 여러분의 착한 씨앗이 잘 자라면 어떤 모습이 될 것 같나요? 상상해서 한번 이야기해 볼까요? [큰 나무가 될 것 같아요, 열매가 많이 열릴 것 같아요, 크게 자라서 다른 사람들이 그늘로 쉬러 올 것 같아요, 등]
- (학습지) 땅속에 네 가지 씨앗이 심겨 있네요. 이 땅속은 내 마음이에요. 우리 친구들이 내 마음속의 네 가지 씨앗을 잘 틔워서 아주 큰 나무가 되고 열매가 맺는 모습을 상상해 보세요. 그리고 그 모습을 학습지에 가득 차게 그려주세요.

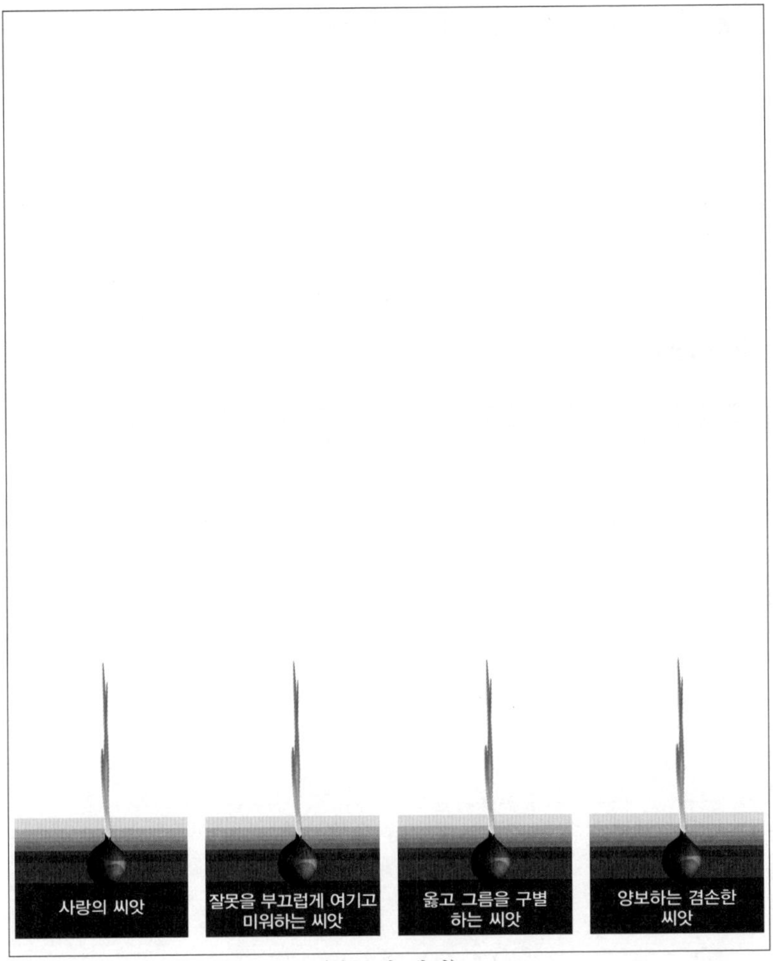

(활동지 예시)

[마무리]

■ 자신이 틔우게 될 마음속 네 가지 착한 씨앗 발표하기

- 실물화상기를 통해 발표
- 완성된 학습지는 학급 게시판에 게시하여 학생들이 수시로 '입지'를 경험하게 한다.

[평가 예시]

<table>
<tr><th>『격몽요결』</th><th colspan="2">2. 입지(立志): 공부를 위한 뜻을 세워요.</th><th>이름:</th></tr>
<tr><td colspan="4">◎ 오늘 발견한 '네 가지 착한 씨앗'이 각각 어떤 마음을 가졌는지 설명해 주세요.</td></tr>
<tr><td></td><td></td><td></td><td></td></tr>
<tr><td colspan="4">◎ '마음속 네 가지 착한 씨앗'을 잘 가꾸기 위한 다짐을 적어주세요.</td></tr>
<tr><td colspan="4"></td></tr>
</table>

평가 관점	평가 기준	평가 방법
'마음속 착한 네 가지 씨앗'을 3개 이상 설명할 수 있고 이를 잘 가꾸겠다고 다짐하는 글을 쓴다.	매우 잘함	서술형, 논술형 평가
'마음속 착한 네 가지 씨앗'을 2개 설명할 수 있고 이를 잘 가꾸겠다고 다짐하는 글을 쓴다.	잘함	
'마음속 착한 네 가지 씨앗'을 1개 설명할 수 있고 이를 잘 가꾸겠다고 다짐하는 글을 쓴다.	보통	
'마음속 착한 네 가지 씨앗'을 잘 가꾸겠다고 다짐하는 글을 쓴다.	노력 요함	

◑ 4차시: 나쁜 습관 버리기[革舊習]

학습 목표	나쁜 습관을 버릴 수 있다.	
내용 요소	• 공부에 착수하지 못하는 원인 알기: 구습의 의미 • 마음과 기질을 해치는 나쁜 습관 알기 • 자신의 일상 속 습관 돌아보고 고쳐야 할 구습 탐색하기 • 나쁜 습관에 물들지 않겠다는 태도 • 자신의 구습을 개선하겠다는 의지	
성취기준	[2바03-01] 하루의 가치를 느끼며 지금을 소중히 여긴다. [2바04-04] 지금까지의 생활 습관과 학습 습관을 되돌아본다. [4도01-02] 정직의 의미를 알고 모범적인 사례를 탐색하여 바르게 행동하려는 태도를 기른다.	
수업 환경	시간: 40분	준비물: PPT, 활동지

[도입]

◎ **전 차시 복습하기**

■ 네 가지 마음속 착한 씨앗 상기하기

• 지난 시간에 우리는 마음속의 네 가지 착한 씨앗을 발견하는 활동을 해보았습니다. 각각의 씨앗이 어떤 마음을 가지고 있었는지 기억하나요? [사랑하는 마음, 잘못을 미워하는 마음, 양보하는 마음, 옳은 것과 옳지 않은 것을 구분하는 마음이요.]

■ 씨앗을 틔우기 위한 첫 번째 단계 상기하기

• 이 씨앗들을 무럭무럭 자라게 하기 위해서는 첫 번째, 무엇을 해야 한다고 했었죠? '네 글자'였는데 기억이 나는 사람 있을까요? [마음먹기요.]

◎ **동기 유발**

• 우리 첫 시간에 만난 '○○이'라는 친구 기억하나요? [네] 이 친구도 여러분처럼 마음속의 네 가지 착한 씨앗을 틔우기로 마음먹었는데요. 문제가 하나 생겼다고 합니다. 바로 이렇게 되어버렸어요.

(겨우 싹을 틔웠지만 시들어버린 씨앗들, 아직 싹 피우지 못한 씨앗들)

(화면 예시)

• 화면의 씨앗들은 지금 어떤 상태인가요? [힘이 없어요, 어딘가 아파 보여요, 전부 축 쳐져 있어요, 싹을 틔우지 못한 씨앗도 있어요, 등]

• 어쩌다 이렇게 되어버렸을까요? 무엇이 문제였을까요? [씨앗이 불량품이라서요, 마음먹는 일을 잊어버렸어요, 실제로 착한 행동을 하지 않았어요, 등]

• 씨앗에 문제가 있었을까요? 아니면 해가 비추지 않고 비도 내리지 않아서 씨앗이 자라지 못했던 걸까요? [씨앗에 문제가 있어요, 날씨 때문이에요, 잘 돌보지 않아서 그래요, 등] 씨앗에 문제가 있다고 하는 친구도 있고, 씨앗을 돌보아 주지 않았다고 하는 친구도 있네요. ○○이도 정확히 무엇이 문제인지 알고 싶었대요.

• 우리 몸이 아프면 어디로 가지요? [병원이요.] 맞아요, ○○이도 자신의 씨앗들을 들여다보고 너무 놀라서 의사 선생님을 모셔 왔답니다. 그 의사 선생님은 누굴까요? [○○이네 동네

의사 선생님이요, 진짜 선생님은 아닐 것 같아요, 등]

- 그 의사 선생님은 바로 … "자기 자신"입니다. ○○이는 자신을 스스로 '내 마음 의사 선생님'이라고 생각했어요. 그리고 무엇이 문제인지 마음속에 청진기를 대고 스스로를 살펴보았다고 합니다.

(* 활동지 배부)

- 활동지 제목이 뭐지요? [나쁜 습관 버리기요.] 오늘의 학습 목표를 함께 읽고 ○○이에게 어떤 문제가 있었는지 살펴보도록 하겠습니다.

[학습 문제 확인]

나의 나쁜 습관을 고쳐봅시다.

[학습활동 안내]

1. ○○이의 마음속 씨앗에 영양제 만들어 주기[358] 2. 내 마음속 의사 선생님 되기

---

358 『栗全』 卷21 「聖學輯要」 黃氏曰, 爲學須隨其氣質, 察其所偏與其所未至, 擇其最切者而用吾力焉. 譬如用藥, 古人方書, 亦言其大法耳. 病證多端, 則亦須對證而謹擇之也[황씨(黃氏)가 말하길, "학문을 함에 있어 반드시 그 사람의 기질에 따라야 한다. 그의 치우친 점과 아직 이르지 못한 점을 살펴보고, 가장 긴요한 것을 골라 거기에 나의 힘을 쏟아야 한다. 약을 사용하는 것으로 비유하면 옛사람들이 쓴 처방전에서도 단지 큰 원칙만을 말했을 뿐이다. 그러나 병의 증상이 여러 가지로 나타나면 역시 증상에 따라 신중하게 선택해야 하는 것과 같다."]. 참고하여 변형.

[활동 1] ○○이의 마음속 씨앗에 영양제 만들어 주기

■ ○○이의 마음속 살펴보기(활동지)

> ○○이의 마음속 상태를 활동지를 통해 점검하며, ○○이의 문제 행동이 씨앗 자체의 결함이 아니라 씨앗을 제대로 가꾸지 못한 데서 비롯된 것임을 이해한다. 여기서는 이를 퀴즈 형식으로 제시하여 강조하는데, 학생들이 자신의 도덕적 성장 가능성에 대한 확신을 기르도록 하기 위함이다. 씨앗이 건강하게 성장하기 위해 필요한 '마음속 영양제'를 제안하며 특별 처방의 중요성을 강조하고, 자연스럽게 다음 활동으로 연결한다.

• 활동지에 보면 ○○이가 스스로 의사 선생님이 되어 자신의 마음이 어떠한지 진단한 내용이 적혀 있습니다.

○○이의 진단	○○이의 처방
• 부모님의 말씀을 잔소리라고 듣기 싫어했다. • 유튜브와 게임이 재밌어서 계속 보다가 학원을 가지 못했다. • 학급 규칙 중 쉽고 편한 것만 골라서 지켰다. • 어른들께 공손하게 인사하지 않았다. • 차분하게 앉아서 숙제하지 않고 계속 노래를 부르며 돌아다녔다.	

(화면, 활동지 동일)

• 자세히 보았나요? ○○이의 마음속 문제는 무엇 때문일까요? 퀴즈입니다.

1번, 처음부터 좋은 씨앗이 아니었다.
2번, 씨앗이 무럭무럭 자라도록 잘 가꾸지 못했다.

(화면 예시)

- 정답은 몇 번일까요? [2번입니다.] 이유는 무엇일까요? [씨앗에 문제가 있기보다 ○○이가 씨앗을 못 돌본 것 같아요, ○○이가 고쳐야 하는 행동들이 있어요, 등]
- 네 맞습니다. 씨앗에는 특별히 문제가 없네요. 문제는 씨앗이 잘 자라는지 신경을 쓰지 못한 데 있군요. 그래서 ○○이는 다음과 같은 "특별" 처방을 내렸답니다.

마음속 "영양제"가 필요해!

(화면 예시)

■ 맞춤 영양제 처방하기

- 우리 몸이 무럭무럭 자라고 건강하고 튼튼하려면 영양분이 필요하답니다. 영양분은 음식과 물, 햇볕을 쬘 때도 생겨나요. 그런데 이런 영양분이 우리 몸에 더 이상 공급되지 않으면 어떻게 될까요? [병이 들어요, 키가 안 자라요, 등] 맞습니다, 건강하던 몸도 영양이 공급되지 않고 돌봐주지 않으면 서서히 병이 들어갈 거예요. 우리의 마음도 마찬가지입니다.

• 나누어 준 활동지에 들어있는 영양제가 보이나요? [네] ○○ 이의 진단을 보고 알맞은 영양제를 넣어 표를 채워주세요.

(예시 자료)

[활동 2] 내 마음속 의사 선생님 되기

자신의 마음을 성찰하고 필요한 마음 영양제를 스스로 진단하고 처방하는 활동들이다. 먼저 ○○이의 마음 진단서를 참고해 자신의 마음 상태를 돌아보고 자랑스러운 행동과 고쳐야 할 행동을 떠올린다. 활동지에 자신에게 필요한 영양제와 마음속 씨앗의 성장을 방해하는 요소들을 적어본다. 이후 '내 마음 영양제' 약봉지를 배부받아 진단한 내용을 기반으로 필요한 영양제를 잘라 봉투 안에 넣는다.
☞ 활동 유의점: 학생들이 답변을 어려워 할 경우 구체적인 예시를 들어주는 것이 좋다. 예를 들어 "숙제를 미루지 않는 영양제는 무엇일까요?"라는 힌트를 제공하거나 ○○이의 처방을 참고할 수 있도록 안내한다.

■ 내 마음속 의사 선생님 되기

- ○○이의 마음 진단서를 보니 꼭 내 마음 같았다 하는 친구 조용히 손 들어줄래요? 혹은 완전히 똑같지 않아도 내 마음에도 영양제가 필요하다고 생각하는 친구 손 들어주세요. 지난 시간에 배운 우리 친구들의 '양심'에 맡겨볼게요.
- 거의 대부분의 친구가 손을 들었네요. 역시 우리 반 친구들의 '양심'은 살아있습니다. '양심'의 씨앗을 잘 키우고 있나 봐요. 씨앗들이 더 무럭무럭 잘 클 수 있도록 혹은 잘 크지 못하게 방해하는 것들을 없애기 위해서, 우리도 지금부터 '내 마음속 의사 선생님'이 되어봅시다.
- 내 마음을 잘 들여다보기 위해서는 차분한 마음을 가지고 나 자신을 생각해 보아야 해요. 지난주에 나는 어땠는지, 혹은 지금껏 나는 어떤 행동을 했었는지, 어떤 마음을 가지고 있었는지 말이죠.
- (차분한 분위기를 만들고 스스로를 돌아보는 성찰의 시간을 제공한다. 3~5분)
- 여러분이 생각하기에 지난주 나의 행동 중에서 가장 자랑스러웠던 일은 무엇인가요? [친구가 힘들어할 때 도와줬어요, 이웃 어른께 먼저 인사했어요, 분리수거를 잘했어요, 등] 반대로 조금 고쳐야겠다고 느끼는 행동도 있었나요? [엄마 말씀을 잔소리로 듣고 짜증 냈어요, 친구와 다투고 사과하지 않았어요,

숙제를 미루고 놀기만 했어요, 등]

- 활동지에 나의 마음은 어떤 영양제가 필요한지 진단을 내려보도록 할게요. ○○이가 한 것처럼 해주면 됩니다.
- 내 마음속 씨앗이 잘 자라려면 어떤 영양제가 필요할까요? [성실하게 행동하는 마음이요, 다른 사람을 배려하는 마음이요, 등] 그렇다면 반대로 우리 마음속 씨앗이 무럭무럭 자라나는 데 방해가 되는 것들은 무엇일까요? [게으름이요, 짜증 내는 거요, 내 마음대로 하고 싶은 마음이요, 친구랑 놀 때 양보하기 싫은 마음이요, 등]

■ 내 마음 맞춤 영양제 처방하기

*(〈내 마음 영양제〉 약봉지 배부)(예시)

- 진단을 내린 마음에 필요한 영양제를 잘라서 봉투 안에 넣어주세요.
- 어떤 영양제를 넣었는지 발표해 주세요.
- 자신이 필요한 영양제를 꾸준히 사용하면 어떤 변화가 생길까요? [더 좋은 행동을 할 수 있을 것 같아요, 가족과 친구들이

저를 더 좋아할 것 같아요, 마음이 편안하고 기분이 좋아질 것 같아요, 등] 네, 여러분의 말처럼 영양제를 꾸준히 사용하면 정말 멋진 변화가 있을 것 같아요!

[마무리] 과제 제공

■ '내 습관 길들이기' 과제 제공

『격몽요결』	2. 혁구습(革舊習) : 잘못된 습관을 고쳐요.	이름:

◎ 처방받은 '내 마음 맞춤 영양제' 붙이기 (칸이 모자라면 표 밑에 붙이세요.)

◎ 영양제가 필요한 상황과 종류를 써 봅시다.

상황	숙제할 때				
영양제 종류	차분한 마음, 집중하기				

◎ 한 주간 달라진 마음과 행동, 생각, 느낌은 무엇인가요?

(과제 예시)

- 약 봉투에서 영양제를 꺼내 활동지에 붙이고 한 주간 어떤 변화가 있었는지 체크해 주세요. 예를 들어 숙제를 해야 할 때는 '차분한 마음'과 '집중'의 영양제가 필요하겠죠? 방 청소를 할 때는 '불평NO'와 '규칙적인 생활'과 같은 영양제가 필요하고요. 이와 같은 방식으로 영양제가 필요한 상황과 종류에 대해 적어보고, 일주일간 내가 처방한 영양제의 효과를 살펴보도록 해요.

[평가 예시]

『격몽요결』	2. 혁구습(革舊習) : 잘못된 습관을 고쳐요.	이름:

◎ 처방받은 '내 마음 맞춤 영양제' 붙이기 (칸이 모자라면 표 밑에 붙이세요.)

◎ 영양제가 필요한 상황과 종류를 써 봅시다.

상황	숙제할 때				
영양제 종류	차분한 마음, 집중하기				

◎ 한 주간 달라진 마음과 행동, 생각, 느낌은 무엇인가요?

평가 관점	평가 기준	평가 방법
자신의 나쁜 습관을 고치기 위해 필요한 '마음 영양제'를 고르고, 영양제가 필요한 상황과 종류를 알맞게 서술할 수 있으며, 활동지에 자신의 실천을 성실하게 기록한다.	매우 잘함	논술형 평가
자신의 나쁜 습관을 고치기 위해 필요한 '마음 영양제'를 고르고, 영양제가 필요한 상황과 종류를 서술할 수 있다.	잘함	
자신의 나쁜 습관을 고치기 위해 필요한 '마음 영양제'를 고르거나 영양제가 필요한 상황과 종류를 적절하게 서술하지 못한다.	보통	
자신의 나쁜 습관을 고치기 위해 필요한 '마음 영양제와 영양제'가 필요한 상황과 종류를 적절하게 서술하지 못한다.	노력 요함	

◑ 5-6차시: 몸과 마음 단속하기[持身 I]

학습 목표	나의 몸가짐과 마음을 바르게 할 수 있다.	
내용 요소	• 몸과 마음은 어떤 연관이 있을까?: 心 · 身의 통합적 관점 • 몸과 마음을 바르게 하는 방법은 무엇이 있을까?: 구용 · 구사(九容 · 九思) • 감정과 신체 변화의 연관성 체험하기 • 구용(九容) · 구사(九思) 체화하기 • 몸가짐을 바르게 하려는 태도 • 생각을 정돈시키고자 하는 의지 • 규칙을 잘 지키려는 자세	
성취기준	[4도01-08新] 몸과 마음의 밀접한 연관성을 이해하고 몸가짐을 단정하고 정성스럽게 한다.	
수업 환경	시간: 80분	준비물: 운동장이나 넓은 공간이 확보된 교실, 주렴이 달린 모자, 콘, 모래주머니 활동지, 올림픽 탁구 결승전 영상, 월드컵 영상

[도입]

◎ 전 차시 과제 확인

■ '마음 영양제'를 먹은 한 주를 돌이켜보기

• 활동지 체크 및 발표

• '마음 영양제'를 실천하는 동안 어려운 점이 있었다면 무엇이었나요? 어떻게 극복하려고 노력했나요? [처음에는 성실하게 숙제를 끝내야겠다고 마음먹었지만, TV를 보고 싶은 마음이 들어서 어려웠어요. 그렇지만 꾹 참고 숙제를 끝냈더니 기분

이 좋아졌어요, 등]

- '마음 영양제'를 먹는 일이 어떤 행동으로 이어졌나요? 한 가지 예를 들어 발표해 주세요. [스스로 정한 시간을 지키며 숙제를 끝냈어요, 엄마가 무거운 짐을 들고 계실 때 같이 들어드렸어요, 등]
- 이번 과제를 통해 '마음 영양제'를 꾸준히 먹는 것이 왜 중요한지 느낀 점이 있다면 발표해 주세요. [계속 실천하다보니 뿌듯한 마음이 들었어요, 부모님이 저를 칭찬해 주어서 기뻤어요, 계속 실천하니까 더 쉬워졌어요, 등]
- 앞으로 더 잘 실천하고 싶은 '마음 영양제'가 있다면 무엇인가요? ['양보 영양제'를 먹고 동생에게 더 많이 양보하고 싶어요, '인사 영양제'를 먹고 많은 사람들에게 먼저 인사하고 싶어요, 등]

◎ 동기 유발

■ 상황에 따른 내 모습 몸으로 표현하기

> 교사는 다양한 상황(쉬는 중, 친척 어른 방문, 괴물 출현)을 제시하고 학생들은 이를 상상하며 몸짓으로 표현한다. 이를 통해 상황에 따라 몸의 반응이 어떻게 달라지는지 경험하며 몸과 마음이 서로 밀접하게 연결되어 있다는 점을 깨닫도록 한다. 이 활동은 '몸과 마음의 연결성'이라는 수업 주제로 이어지는 데 초점을 둔다.

• 여러분은 지금부터 선생님이 보여주는 상황에 알맞은 몸짓을 표현할 거예요. 상황을 잘 상상하며 표현해 주세요.

1. 모든 일과가 끝나고 집에 돌아와서 쉬는 중

[자유롭게 돌아다니며 몸으로 표현, 눕는 친구들, 편하게 앉는 모습, 등]

2. 쉬는 중에 자주 뵙지 못한 친척 어른이 집에 방문함.

[벌떡 일어나는 모습, 공손히 인사하는 모습, 등]

3. 어른들이 다 나가시고 혼자 있는데 괴물이 문을 쾅쾅 두드리기 시작.[360]

[손을 모으고 벌벌 떠는 모습, 인상을 찌푸리고 발을 동동 구르는 모습, 등]

• 쉬는 모습을 표현할 때는 몸이 어떻게 됐나요? [힘을 빼고 누웠어요, 긴장이 풀렸어요, 잠이 왔어요, 등] 표정은 어땠어요? [편안했어요, 웃고 있었어요, 등]

• 그럼 갑자기 친척 어른이 방문하셨을 때는요? [긴장해서 일어났어요, 공손하게 인사했어요, 등] 여러분의 목소리는 어땠을까요? [밝았어요, 공손했어요, 등]

• 괴물이 내 집 문을 쾅쾅 두드렸을 때는요? [너무 무서워서 몸

359 긴박한 상황을 표현한 배경음악이 함께 제시되면 학생들이 상황에 몰입하는 데 도움이 된다. 배경음악은 분위기를 형성하고 상상력을 자극하는 데 효과적이므로 활용을 권장한다.

이 작아졌어요, 어딘가로 숨었어요, 긴장 때문에 땀이 났어요, 등] 그 순간의 내 호흡이 어땠는지 기억하나요? [빨라졌어요, 헐떡였어요, 등]

• 우리 친구들은 이번 활동에서 ○과 ○○이 서로 연결되어 있다는 걸 알게 되었을 거예요. ○과 ○○은 무엇일까요? [몸과 마음이요.]

• 오늘은 몸과 마음이 얼마만큼 가깝게 연결되어 있는지 알아보고, 나의 몸가짐과 마음을 바르게 하는 연습을 해볼 거예요.

[학습 문제 확인]

나의 몸가짐과 마음을 바르게 해 봅시다.

[학습활동 안내]

1. '몸과 마음의 연결' 발견하기
2. 아홉 가지 바른 몸가짐 배우기
3. 아홉 가지 바른 몸가짐 생활에 적용하기

[활동 1] '몸과 마음의 연결' 발견하기

첫 번째 활동에서는 올림픽 탁구 경기 장면을 보며 마음과 반대되는 감정을 표현하는 '미션'을 수행한다. 이를 통해 학생들은 마음과 몸의 반응을 분리하기 어렵다는 점을 깨닫는다. 두 번째 활동에서는 월드컵 승부차기 장면을 보며 마음에 따라 자연스럽게 몸이 반응하는 경험을 한다. 이를 통해 마음과 몸이 서로 긴밀히 연결되어 있음을 이해한다. 이후 수업 시간에 학생의 상반된 몸가짐을 그림으로 보여주며 몸가짐을 통해 그 사람의 마음을 추측해 보는 활동을 진행한다.

■ 상황과 반대로 감정 표현하기

• 이번에는 미션을 드리겠습니다. 지금부터 선생님이 올림픽 탁구 경기 장면을 보여줄 텐데요. 이 경기에는 금메달이 걸려 있습니다. 여러분은 우리나라 선수가 득점을 하면 "안타까워하거나 아쉬워하는" 반응을 보여야 하고, 상대편 선수가 득점을 하면 마치 우리나라 선수가 점수를 딴 듯이 마구마구 "기뻐하는" 반응을 보여야 해요. 반대로 하면 안 됩니다. 시작할게요.

올림픽 금메달이 걸린 탁구 경기 장면[363]

• 내 마음과 반대로 반응하려니 어땠나요? [쉽지 않았어요, 저도 모르게 우리나라 선수가 점수를 따면 박수를 쳤어요, 자리

360 탁구 종목이 빠르게 진행되어 긴장감을 높일 수 있기 때문에 학생들이 자신의 마음과 몸의 반응을 따로 분리시키기 어려운 측면이 있어서 선택하였지만 다른 종목도 좋다.

에서 일어났어요, 너무 답답했어요, 등]

- 여러분이 반대로 감정을 표현하는 동안 몸과 마음은 서로 협력했나요, 아니면 충돌했나요? 왜 그렇게 느꼈는지 이야기해 볼까요? [충돌했어요, 몸이 마음이랑 따로 움직이니까 힘들었어요, 마음은 슬프고 아쉬운데 몸으로는 웃고 기뻐하려니 이상했어요, 등] 만약 매일 이런 식으로 몸과 마음을 반대로 움직여야 한다면 어떻게 될까요? [너무 피곤할 것 같아요, 이상한 사람이 될 것 같아요, 등]

■ 상황에 알맞은 감정 표현하기

- 이번에는 상황에 "맞게", 내 마음이 가는 대로 표현해 주세요. 경기 장면을 하나 더 보여주겠습니다. 월드컵 승부차기 장면입니다. 이번 승부차기에서 얻은 득점으로 우리나라의 4강 진출이 결정됩니다.

월드컵 승부차기 장면[358]

- 내 마음이 가는 대로 반응했을 때 내 몸은 어땠나요? [박수를 마음껏 쳤어요, 승부차기 전에는 긴장에서 주먹을 쥐었어요, 신나서 소리를 지를 수 있었어요, 등]

---

361 감정의 고조를 위하여 양측의 승부차기 장면을 모두 보여준다.

• 마음이 몸을 따라가면서 어떤 점이 편했나요? [마음대로 움직이니까 속이 후련했어요, 박수를 치거나 소리를 지를 때 반대로 하려고 신경 쓰지 않아도 돼서 좋았어요, 등]
• 여러분이 월드컵 경기를 보면서 기뻐했을 때 몸은 어떤 변화가 있었나요? 예를 들어 심장이 빨리 뛰거나 소리를 지른 것 같은 변화요. [몸이 뜨거워졌어요, 막 뛰고 싶었어요, 손이 저절로 올라가고 박수를 쳤어요, 등] 만약 몸이 마음처럼 반응하지 않았다면 어땠을까요? [답답했을 것 같아요, 기쁜데 뭔가 충분히 기쁘다고 느끼지 않을 것 같아요, 등]
• 이것으로 보아 우리 마음은 몸과 ○○되어 있다는 걸 알 수 있죠? [연결이요.]
• 네, 우리 마음은 몸과 무척 친한 사이입니다. 마음이 힘들면 몸도 힘들고, 마음이 기쁘면 몸도 기뻐요. 반대로 몸이 힘들고 아프면 마음도 어떨까요? [아프고 힘들어요, 등]

• 다음은 수업 시간에 한 학생의 모습을 그린 장면입니다. 각 장면을 보고 학생의 마음이 어떨지 짐작하며 말해 봅시다.

(예시)  

- 첫 번째 그림의 아이는 어떤 마음인 것 같나요? [선생님 말씀에 집중하고 있는 것 같아요, 수업을 열심히 들으려고 해요, 등]
- 그림의 어떤 점을 보고 그런 마음이라고 생각했나요? [눈을 크게 뜨고 있어서 집중하려는 것 같아요, 허리를 반듯이 펴고 의자에 똑바로 앉아있는 모습을 보고요, 책상도 깨끗하게 정리되어 있어요, 등]
- 두 번째 그림의 아이는 어떤 마음인 것 같나요? [수업하기 싫어해요, 집중하지 않아요, 선생님께 예의가 없어요, 등]
- 이 학생은 어떻게 하면 더 나은 마음과 몸가짐을 가질 수 있을까요? [자리에 똑바로 앉으면 선생님 말씀을 더 잘 들을 수 있을 것 같아요, 팔을 괴지 않고 고개를 똑바로 하고 눈을 선생님 쪽으로 보면 좋을 것 같아요, 등]
- 참 신기하게 우리는 사람의 몸가짐만 보아도 그 사람의 마음을 알 수 있네요. 어떤 이유 때문일까요? [몸과 마음이 연결되어 있어서요, 마음은 바깥으로 드러나기 때문이에요, 등]

• 맞아요, 그렇기 때문에 우리는 우리의 몸가짐을 바르게 해야 합니다. 몸가짐을 바르게 해야 바른 생각과 마음이 자라나거든요.

• 우리가 몸가짐을 바르게 하려면 어떤 연습을 하면 좋을까요? [자리에 똑바로 앉는 연습을 해요, 숙제할 때 차분히 앉아 있는 연습을 해요, 허리를 구부리고 앉지 않아요, 다리를 꼬지 않아요, 등]

[활동 2] 아홉 가지 바른 몸가짐 배우기

■ 선비들의 바른 몸가짐 알아보기

교사의 안내에 따라 선비들이 지켜야 했던 아홉 가지 바른 몸가짐(이하 '구용')을 익히고 따라 한다. 학생들이 몸가짐을 직접 따라 하며 마음의 변화를 느껴보고 친구들과 서로의 자세를 비교한다.

☞ 활동 유의점: 구용을 익히는 과정에 등장하는 어려운 표현들은 학생들이 이해하기 쉽게 풀어서 설명해야 한다. 예를 들어 "숨 쉬는 모습은 엄숙해야 한다."는 말을 "숨소리를 최대한 조용하고 천천히 내어 다른 사람에게 방해가 되지 않도록 해보는 것"이라고 덧붙여 안내하는 것이 좋다. "서 있는 모습은 덕이 있어야 한다."는 표현은 "배에 힘을 주고 어깨를 펴서 자신감 있는 자세를 유지하는 것"으로 이해시킬 수도 있다. 이처럼 구용의 각 동작을 설명할 때는 학생들의 언어로 재해석해야 한다. 또, 각 동작을 직접 해본 뒤 그 감각을 느껴볼 수 있도록 충분한 시간을 제공해야 한다.

• 옛날 우리 선비들은 아홉 가지 바른 몸가짐을 통해 공부를 잘

해 나가는 방법을 가지고 있었습니다. 어떤 몸가짐인지 알아 볼까요?

* 모두 일어서서 따라 한다.

- 첫째, 발의 모습은 무거워야 한다. [첫째, 발의 모습은 무거워야 한다.] 짝다리를 짚거나 가만히 서 있지 못하고 마구 움직이는 발이 있다면 잘 모아봅시다. 발에 무거운 추가 달렸다고 생각하고 서 있겠습니다.
- 둘째, 손의 모습은 공손해야 한다. [손의 모습은 공손해야 한다.] 두 손을 포개어 단정히 해봅시다.
- 셋째, 눈의 모습은 단정해야 한다. [눈의 모습은 단정해야 한다.] 차분한 눈길로 선생님을 바라봐 주세요. 다른 친구를 곁눈질하거나 교실(혹은 운동장)의 다른 물건으로 시선이 빼앗기지 않도록 하세요.
- 넷째, 입의 모습은 멈추어 있어야 한다. [입의 모습은 멈추어 있어야 한다.] 불필요하게 웃거나 지금 자신의 감상을 혼잣말로 내뱉지 않도록 합시다. 입을 무겁게 해보는 거예요.
- 다섯째, 목소리는 고요해야 한다. [목소리는 고요해야 한다.] 재채기나 기침 같은 소리를 최대한 내지 않고 고요하게 해봅시다.
- 여섯째, 머리의 모습은 곧아야 한다. [머리의 모습은 곧아야 한다.] 고개를 기울이거나 돌리지 않고 목에 적당히 힘을 주어

머리를 똑바로 하겠습니다.

- 일곱째, 숨 쉬는 모습은 엄숙해야 한다. [숨 쉬는 모습은 엄숙해야 한다.] 숨을 고요하게 쉬어서 옆 사람에게 자신이 숨 쉬는 소리가 들리지 않게 해주세요.
- 여덟째, 서 있는 모습은 덕이 있어야 한다. [서 있는 모습은 덕이 있어야 한다.] 배에 힘을 주고 어깨를 펴서 바르게 서 봅시다.
- 아홉째, 얼굴은 안정되어 있어야 한다. [얼굴은 안정되어 있어야 한다.] 아까 화면에 나온 아이처럼 얼굴에 게으른 빛이 드러나지 않도록 초롱초롱하고 밝은 얼굴을 만들어 봅시다.
- 자, 이렇게 아홉 가지 몸가짐을 모두 갖추니 어떤 느낌이 나나요? [마음이 차분해져요, 자꾸 움직이고 싶었어요, 등] 처음이라 어려운 친구도 있고 벌써 마음이 차분해진 친구도 있네요.
- 아홉 가지 몸가짐 중에서 내가 가장 자신 있거나 따라 하기 쉬웠던 동작은 무엇인가요? 그 이유는요? [저는 '손을 공손하게 모으기'가 익숙해서 쉬웠어요, 손을 가만히 모으면 마음이 안정되는 기분이 들어요. 등]
- 그렇다면 가장 어렵게 느껴지는 몸가짐은 무엇인가요? 어떻게 하면 더 잘할 수 있을까요? [발에 힘을 주고 무겁게 서 있는 게 힘들었어요, 저도 모르게 짝다리를 짚고 서는 버릇이 들

어서 바르게 서는 게 익숙하지 않았기 때문이에요, 등]

• 이번에는 친구를 바라보며 아홉 가지 몸가짐을 익혀보도록 할게요.

■ 바른 몸가짐과 그렇지 않은 몸가짐 비교하기

* 친구와 짝을 지어 마주 보고서기

• 오른쪽 친구들 손 들어주세요. 이 친구들은 방금 배운 아홉 가지 바른 몸가짐을 할 겁니다.

• 선생님이 아홉 가지를 순서대로 말하면 손을 든 친구들은 선생님의 안내를 듣고 몸가짐을 바르게 해주세요.

• 발은 무겁게 – 손 모으기 – 눈을 단정히 – 입은 멈추기 – 잡음 내지 않기 – 머리를 곧게 – 고요하게 숨쉬기 – 배에 힘을 주고 어깨 펴기 – 표정은 편안하고 또랑또랑하게

• 왼쪽 친구들은 내 짝꿍의 모습을 봐주세요. 평소에 친구를 볼 때의 느낌과 비교해 보세요.

* 왼쪽–오른쪽 바꾸어 반복

• 친구가 어떤 자세를 취했을 때 더 선한 마음을 가진 것처럼 보였나요? [바른 몸가짐을 했을 때요.]

• 평소에도 아홉 가지 몸가짐을 꾸준히 지킨다면 내 주변 친구들에게 어떤 영향을 주게 될까요? [제가 조용히 있으면 옆 친구도 덜 방해를 받기 때문에 사이가 좋아질 것 같아요, 주변 친구들

도 바른 자세를 따라 하면 모두 다 건강해질 것 같아요, 등]

- 여러분이 선생님이라면 여러분의 학생들에게 둘 중 어느 몸가짐을 추천해 줄 건가요? [바른 몸가짐이요, 등]

■ 움직이면서 구용(九容) 익히기(모래주머니, 주렴이 달린 모자, 콘)

※ 모자 대신 미술 시간을 이용하여 종이 접시로 만든 sun cap을 활용해도 좋다.

(예시)

- 이 모자에 뭐가 달려있죠? [구슬이요.] 이 구슬을 '주렴'이라고도 하는데요. 옛날 왕실의 왕세자는 걸어다닐 때 이런 구슬이 달린 모자를 썼다고 해요. 왕세자가 썼던 모자와 완전히 같지는 않지만 비슷하게 만들어 보았어요.
- 왕세자는 왜 이런 구슬이 달린 모자를 쓰고 궁궐을 걸어 다녔을까요? [멋있어 보이려고요, 천천히 가라고요, 등]
- 만약 빠르게 걷는다면 어떻게 될까요? [구슬끼리 부딪쳐서 소

리가 세게 나요, 주변을 시끄럽게 만들어요. 등]

- 왕세자가 이런 구슬이 달린 모자와 옷을 입고 궁궐을 걸어 다녔던 이유는, 발걸음을 무겁게 하여 행동을 조심하라는 의미가 담겨 있답니다.
- 우리도 오늘 발에 모래주머니를 차고, 이 모자를 쓴 뒤 왕세자처럼 천~천히 발걸음을 무겁게 걸어보려고 해요. 내가 왕세자나 점잖은 선비가 되었다고 생각하고 걸어주세요.
- 단, 주의사항이 있어요. 우리가 아홉 가지 몸가짐을 배웠는데 발걸음만 무겁게 걸어 다닌다고 바른 몸가짐이라 할 수 있을까요? [아니요.] 발걸음을 무겁게 하면서 손과 시선, 고개를 신경 쓰고 불필요한 말을 하지 않은 채 고~요하게 걸어야 합니다.

(예시)

[활동 3] 아홉 가지 바른 몸가짐 생활에 적용하기(※ 장소 이동: 교실 혹은 책걸상 원위치)

『격몽요결』	3. 지신(持身) : 몸과 마음을 바르게 해요.	이름:

◎ 아홉 가지 바른 몸가짐(九容)에 대해 알아봅시다.

✓. 알맞은 곳에 번호를 붙여봅시다.

①	足容重	발의 모습	무겁게
②	手容恭	손의 모습	공손하게
③	目容端	눈의 모습	단정하게
④	口容止	입의 모습	꾹 다물고
⑤	聲容靜	목소리는	고요하게
⑥	頭容直	머리는	곧게
⑦	氣容肅	숨쉬는 모습	조용하게
⑧	立容德	서 있는 모습	덕스럽게
⑨	色容莊	얼굴빛은	밝고 초롱초롱

◎ 다음의 상황을 보고 특별히 더 주의해야 할 몸가짐을 번호로 모두 써주세요.

급식 시간	①, ④, ⑤
도서관에서	
쉬는 시간 복도에서	
선생님이 말씀 중일 때	
친구를 바라볼 때	
다른 사람이 발표할 때	
수업 시간 교실에서	
어른을 만났을 때	

◎ 방과 후나 가정에서 특별히 더 주의해야 할 몸가짐과 상황을 떠올려 보세요.

(활동지 예시)

- 아홉 가지 바른 몸가짐은 모두 동시에 이루어지는 것이 좋지만 상황에 따라 특히 주의를 기울여야 하는 부분도 있습니다.(활동지 작성)
- 급식 시간을 떠올려 봅시다. 급식실로 이동하기 위해 손을 씻는 순간부터 줄을 서고 이동하는 과정을 떠올려 보아요. 급식실에 도착한 뒤 줄을 설 때 우리의 모습도 떠올려 봅시다. 이제는 식판을 가지고 자리에 앉아 식사하는 장면을 떠올려 보아요. 급식실에서도 올바로 생활하기 위해서는 필요한 몸가짐이 많이 있지요? 어떤 몸가짐이 특히 필요할까요? [1번, 4번,

5번이요, 등]

- 활동지 순서로 '도서관–쉬는 시간–수업 중 교실–' 등 학생들이 학교에서 생활하는 장소에 특히 주의를 기울여야 하는 몸가짐들을 확인해 본다.

[마무리] 과제 제공

■ 아홉 가지 바른 몸가짐 지키기

- 일주일간 아홉 가지 바른 몸가짐을 잊지 말고 지켜보도록 합시다. 특히 교실에서 이 몸가짐들이 필요한 순간이 몇 개 있었죠? 한 주간 우리 교실 친구들은 선비가 되었다고 생각하고 아홉 가지 몸가짐을 지켜보도록 합시다.

* 과제 배부(예시)

『격몽요결』	3. 지신(持身) : 몸과 마음을 바르게 해요.	이름:

◎ 한 주 동안 아홉 가지 바른 몸가짐을 지키고 체크 해 봅시다.

	발의 모습	손의 모습	눈과 얼굴빛	입과 목소리	고요한 호흡	머리는 곧게	바르게 서기
월(月)							
화(火)							
수(水)							
목(木)							
금(金)							
토(土)							
일(日)							

<매우 잘함 : ◎ 잘함 : ○ 보통 : △ 노력하자 : ✔>

◎ 아홉 가지 바른 몸가짐을 지키고 난 후 달라진 점이나 느낌, 생각을 써주세요.

[평가 예시] 관찰 평가

<table>
<tr><td colspan="2"><동료 관찰 평가지>
* 일주일 동안 짝꿍이 교실에서 '아홉 가지 바른 몸가짐'을 얼마나 잘 지키고자 노력했는지 평가해 주세요.
* 매우잘함◎, 잘함○, 보통△, 노력요함✓</td></tr>
<tr><td>관찰자(내 이름):</td><td>친구의 이름 :</td></tr>
<tr><td>1. '아홉 가지 바른 몸가짐'을 잊지 않고 지키기 위해 노력하는 모습을 보였나요?</td><td></td></tr>
<tr><td>2. '수업 시간'에 필요한 바른 몸가짐을 지켰나요?(앉은 자세, 입, 눈, 얼굴빛 등)</td><td></td></tr>
<tr><td>3. '쉬는 시간'에 소리 지르며 복도를 뛰어다니지 않고 발걸음을 무겁게 했나요?</td><td></td></tr>
<tr><td>4. '급식실'에서 질서를 지켜 조용히 식사했나요?</td><td></td></tr>
<tr><td>가장 잘한 점</td><td>아쉬운 점</td></tr>
<tr><td></td><td></td></tr>
</table>

<table>
<tr><td colspan="2"><자기 평가지>
• 일주일 동안 나는 교실에서 '아홉 가지 바른 몸가짐'을 얼마나 잘 지키고자 노력했나요?
• 매우잘함◎, 잘함○, 보통△, 노력요함✓</td></tr>
<tr><td>관찰자(내 이름):</td><td>친구의 이름 :</td></tr>
<tr><td>1. '아홉 가지 바른 몸가짐'을 잊지 않고 지키기 위해 노력하는 모습을 보였나요?</td><td></td></tr>
<tr><td>2. '수업 시간'에 필요한 바른 몸가짐을 지켰나요?(앉은 자세, 입, 눈, 얼굴빛 등)</td><td></td></tr>
<tr><td>3. '쉬는 시간'에 소리 지르며 복도를 뛰어다니지 않고 발걸음을 무겁게 했나요?</td><td></td></tr>
<tr><td>4. '급식실'에서 질서를 지켜 조용히 식사했나요?</td><td></td></tr>
<tr><td>가장 잘한 점</td><td>아쉬운 점</td></tr>
<tr><td></td><td></td></tr>
</table>

◑ 7-8차시: 신중하게 말하기 [持身 II]

학습 목표	말을 신중하게 하여 마음을 가다듬을 수 있다.	
내용 요소	• 때와 장소에 알맞은 말을 해야 하는 이유는 무엇일까?: 신중한 언어 사용의 필요성 • 말을 신중하게 하기 위한 방법 토론하기 • 신중하고 올바르게 말하려는 태도 • 자신을 돌아보고 반성하는 습관	
성취기준	[4도01-09新] 말의 중요성을 알고 신중하고 올바른 언어생활 습관을 기른다.	
수업 환경	시간: 80분	준비물: '미다스의 손' 영상, PPT 화면, 활동지, OHP 필름, 네임펜, 채색 도구, A4용지

[도입]

◎ 이전 학습 상기하기

• 지난 시간에 어떤 바른 몸가짐을 했었는지 기억하나요? [네] 선생님이 일주일간 과제를 내주기도 해서 그런지 모두 잘 기억하고 있는 것 같아요.

• '아홉 가지 바른 몸가짐' 떠올려 봅시다. 이제 자리에서 일어나 다시 한번 '아홉 가지 바른 몸가짐'을 따라 해보아요.

◎ **지난 차시 과제 나누기**

■ '아홉 가지 바른 몸가짐'을 실천한 한 주의 경험 나누기

- 활동지 체크
- 지난주에 우리가 '아홉 가지 바른 몸가짐'을 직접 실천해 보자고 했는데 여러분은 얼마나 잘 지킬 수 있었나요? [처음에는 기억이 잘 안 나서 놓칠 때도 있었는데 나중에는 자세를 바로 하려고 노력했어요, 생각보다 어렵지 않았어요, 전 자꾸만 잊어 버려서 못할 때가 많았어요, 등]
- 처음에는 기억이 안 나서 놓치는 경우가 있었다고 했는데 시간이 지날수록 자세를 바로 하려고 노력했다니 정말 대단해요. 잊어버려 못할 때가 많았던 친구도 생각이 날 때는 최선을 다했다는 점을 알고 있습니다. 여러분의 노력하는 모습이 참 보기 좋아요.
- '아홉 가지 바른 몸가짐' 중에서 가장 많이 활용해 본 것은 무엇인가요? 그리고 언제 그런 몸가짐이 필요했나요? [저는 '입을 멈추는 것'을 제일 많이 활용했어요, 떠들고 싶은 것을 참으면서 집중하려고 노력했어요, 등]
- 친구들 말이 궁금하기도 하고 나도 얘기하고 싶은 것들이 있었을 텐데, 이를 꾹 참고 집중력을 발휘했네요. ○○이 덕분에 수업 분위기가 더 차분해졌어요. 고마워요.
- 반대로 실천하기 가장 어려웠던 것은 무엇이었나요? [쉬는 시

간에 복도에서 친구들하고 놀고 싶은 마음 때문에 '발걸음을 무겁게 하기'는 제대로 지키지 못했어요, 저는 저도 모르게 허리가 구부정해져서 고치려고 해도 잘되지 않았어요, 등]

• 완벽하게 하지 못했어도 계속 시도했다는 점이 멋집니다. 이번에 실패했어도 잊어버린 뒤 다시 시도하는 게 중요한 거예요.

◎ **동기유발**

■ 학습 주제 도입

• 어느 날 율곡 이이 선생님의 제자가 율곡 선생님께 질문을 하나 합니다. "선생님 몸과 마음을 닦는 데 제일 먼저 해야 하는 건 무엇일까요?"

(자료 예시)

• 율곡 선생님의 대답은 무엇이었을까요?

힌트1) 우리가 배운 아홉 가지 바른 몸가짐 중 하나입니다.

힌트2) 발 없는 ○이 천리 간다, 가는 ○이 고와야 오는 ○이 곱다.

• 오늘 공부할 주제는 '말'과 관련되어 있습니다. 율곡 선생님은 '말'을 '어떻게' 하라고 대답했을까요? [고운 말을 사용해요, 욕하지 않아요, 거짓말하지 않아요, 등]

■ '미다스의 손' 만화 감상하기

• 지금부터 그리스 신화인 '미다스의 손'이라는 만화를 감상하게 될 텐데요, 이 영상을 다 보고 나면 율곡 선생님이 제자에게 말을 '어떻게' 사용하라고 대답했을지 짐작할 수 있을 것 같습니다.

* '미다스의 손' 감상

• 이 영상의 주인공은 누구죠? [미다스요.]

• 미다스는 디오니소스에게 어떤 능력을 달라고 했죠? [손에 닿는 것마다 황금이 되게 해달라고요.]

• 미다스는 이 능력을 가지고 결국 어떻게 되었나요? [빵도 금으로 변하고, 모든 게 금으로 변해서 먹지도 마시지도 못했어요, 등]

• 미다스가 소원을 빌 때 디오니소스는 무슨 생각을 했을까요?

[그보다 나은 소원도 있을 텐데 어리석다고 생각했을 것 같아요, 불쌍하다고 생각했을 거예요, 등]

- 미다스가 말하기 전에 한 번 더 생각해 보았더라면 어땠을까요? [다른 소원을 빌었을 것 같아요, 소원에 조건을 붙였을 수도 있어요, 물이나 빵은 빼달라고 말해요, 등]
- 여러분이라면 디오니소스 앞에서 어떤 말을 조심스럽게 하려고 노력할 것 같나요? 왜 그렇게 말해야 한다고 생각하나요? [소원이 이루어진 다음에 일어날 일도 생각하고 다른 사람에게 피해가 가지 않을 말을 하려고 해요, 결과가 달라질 수 있으니까 곰곰이 생각해 보고 이야기해요, 등]
- 여러분은 혹시 일상생활에서 자신이 했던 말 중 '조금 더 생각하고 말할 걸 그랬다' 하고 후회한 적이 있나요? 그때 어떻게 하면 상황이 달라졌을까요? [친구에게 화내서 후회한 적이 있어요, 화가 가라앉고 차분히 말했으면 좋았을 것 같아요, 부모님께 짜증을 냈는데 금방 후회했어요, 부모님의 말씀을 차분하게 들었으면 더 나았을 것 같아요, 등]
- 여러분들의 경험처럼 말은 큰 힘을 가지고 있답니다. 우리는 미다스 왕처럼 말을 함부로 했다가 곤란에 빠지면 안 되겠죠? [네] 오늘은 말을 신중하게 해야 하는 이유와 방법을 알아보도록 하겠습니다.

[학습 문제 확인]

말을 신중하게 하여 마음을 가다듬어 봅시다.

[학습활동 안내]

1. 말을 신중하게 해야 하는 이유 찾아보기 2. 말을 신중하게 하는 방법 토론하기 3. 토론 결과 기록하기(*미술 교과 연계)

[활동 1] 말을 신중하게 해야 하는 이유 찾아보기

이 활동에서는 먼저 '신중하다'의 뜻(매우 조심스럽다)을 찾아본 뒤 여러 상황에서 신중하지 못한 발화를 찾아보고 밑줄 긋는 활동을 진행한다. 우리 안에 있는 착한 마음이 "이건 상대를 아프게 하는 말이야"라고 알려주고 있음을 학생들이 깨닫게 한다. 이후에 말을 신중하게 하는 방법을 모둠 토의를 통해 논의하고 발표하는 시간을 갖는다.

■ '신중하게 말하기'의 의미 알기

- '신중하다'의 뜻이 무엇일까요? [함부로 말하지 않는 것이요, 생각하고 말하는 거요, 등]
- 국어사전에서 '신중하다'를 검색해 보겠습니다.[362] '매우 조심스럽다'는 뜻이네요.
- '말을 매우 조심스럽게 한다'는 것은 무엇일까요? [한 번 더 생각하고 말하는 것이요, 다른 사람을 기분 나쁘게 하지 않는 것

362 인터넷 화면을 검색 과정을 함께 보여주어 화면에 집중할 수 있게 한다.

이요, 등]

• 선생님이 활동지에 여러 가지 상황을 적어보았습니다. 이 중 '신중하게 말하기'에 알맞은 행동에는 ○를, 그렇지 않은 행동에는 ×를 해주세요.

『격몽요결』	3. 지신(事親) : 신중하게 말해요.	이름:

◎ 다음은 말과 관련된 여러 가지 상황입니다. '신중하게 말하기'와 어울리는 상황이면 O, 그렇지 않으면 X 해주세요.

1. (수업 시간 교실) 선생님 : 주말 잘 보냈나요? 주말에 있었던 일을 한 사람씩 발표해 주세요. 철수 : 저는 놀이공원을 다녀왔어요. 사람이 많았지만 즐거웠어요. 선생님 : 또 다른 사람은요? 영수 : 전 주말에 캠핑에 다녀왔어요… 텐트를 치려고 못을 박… 철수 : (영수의 말을 끊고) 거기서 츄러스 사 먹었는데 진짜 맛있었어요.	2. (수업 시간 교실) 선생님 : 영희가 칠판에 나와서 문제를 열심히 풀었는데 살짝 실수한 부분이 있네요. 동희 : 야 김영희 넌 그것도 틀리냐?

(활동지 예시)

3. (엘리베이터 안) 엘리베이터에 같이 탄 아저씨를 보고, "아저씨는 왜 대머리가 됐어요?"	4. (심청전) 심청의 아버지는 물에 빠진 자신을 구해준 어느 절의 스님과 대화를 나누었습니다. 스님은 눈이 보이지 않는 심청의 아버지에게 "공양미 삼백 석을 절에 시주하면 당신의 눈이 뜨이게 될 것이요."라고 말했습니다. "네? 그게 정말입니까? 며칠 내로 공양미 삼백 석을 마련하여 시주하겠습니다." 심청의 아버지는 눈을 뜰 수 있다는 스님의 말을 듣자마자 즉시 쌀 삼백 석을 절에 시주하겠다고 약속했습니다. 그러나 심청이의 집은 당장 내일 먹을 쌀도 부족한 상황이었지요.

5. (아침 자습 시간) 옆 반 선생님 : 오늘 여러분 담임선생님께서 일이 생겨 조금 늦게 도착하신다고 합니다. 자리에 앉아 자습하도록 할께요. 기현 : (짝꿍인 민혁이에게) 민혁아, 담임선생님께서 늦으시다니… 무슨 일이실까? 민혁 : 담임선생님께서 출근하시다가 큰 교통사고가 나셔서 병원에 실려 가셨어. 기현 : 정말이야? 민혁 : 그렇다니까~ 옆 반에 현우 있지? 현우네 누나가 들었대. 기현 : 네가 직접 본 건 아니고? 민혁 : 응? 으응… 직접 본 건 아니고 들은 거야.	6. (방과 후 놀이터) 기현 : 형원아, 민혁이랑 놀지마. 형원 : 왜? 기현 : 민혁이는 맨날 거짓말만 해. 형원 : 진짜? 기현 : 게다가 공부도 못하고 체육도 못해. 잘하는 건 하나도 없으면서 맨날 잘난 척만 하고 다녀.

• 활동지의 모든 예시가 '신중하게 말하기'와는 좀 거리가 있었죠? [네.]

• 어떤 부분이 문제가 있었을까요? 신중하게 말하지 못한 부분에 밑줄을 그어주세요.

• 활동지 예시 답안

1. 철수: (영수의 말을 끊고) 거기서 츄러스를 사 먹었는데 진짜 맛있었어요.	2. 동희: 야 김영희 넌 그것도 틀리냐?	3. "아저씨는 왜 대머리가 됐어요?"
4. "… 며칠 내로 공양미 삼백 석을 마련하여 시주하겠습니다."	5. 민혁: 담임선생님께서 출근하시다가 큰 교통사고가 나셔서 병원에 실려 가셨어. 민혁: 그렇다니까~ 옆 반에 현우 있지? 현우네 누나가 들었대.	6. 기현: 형원아, 민혁이랑 놀지 마. 민혁이는 맨날 거짓말만 해. 게다가 공부도 못하고 체육도 못해. 잘하는 건 하나도 없으면서 맨날 잘난 척만 하고 다녀.

■ 말을 신중하게 해야 하는 이유 찾기

• 선생님이 교실을 순회하면서 여러분이 밑줄 그은 부분을 보았는데 모두 같은 곳에 문제가 있다고 표시했어요.

• 선생님도 이렇게 여러분과 같은 곳에 밑줄을 그었답니다. (밑줄 그은 화면 제시) 우리의 마음이 하나로 모였어요. 신기하죠? 우리 한 사람 한 사람은 좋아하는 음식도, 색깔도, 옷도 다르지만 신중하게 말하지 못했다고 느끼는 부분은 같았어요. 이유가 무엇일까요? [기분이 나빴어요, 느낌이 그래요, 같은 사람이라서요!, 등]

• 네, 그것은 바로 우리 마음속 '네 가지 착한 씨앗'이 "저건 신중하지 못한 말하기야, 상대의 마음을 아프게 하는 말하기야, 예의 바르지 못한 말하기야" 하면서 끊임없이 속삭이고 있기 때문입니다.

• 여러분이 최근에 들은 말 중에서 '아, 이건 좀 심하다'고 느꼈던 말이 있나요? 그때 기분이 어땠고 어떻게 대처했나요? [친구가 저를 별명으로 부르면서 놀렸는데 속상했어요, 처음에는 참으려다가 나중에는 하지 말라고 화를 냈어요. 친구가 저한테 욕을 했는데 계속 마음에 남아서 집에 가서도 생각이 났어요, 친구에게 사과받고 싶어요, 등]

• 지금부터 여러분의 마음속 네 가지 착한 씨앗의 이야기에 귀 기울여 볼게요. 왜 우리는 말을 조심스럽게 해야 할까요? 말을 함부로 하면 어떤 문제가 생길까요?(활동지)

『격몽요결』	3. 지신(持身) : 신중하게 말해요.	이름:

◎ 신중하게 말하지 못하면 어떤 문제가 일어날까요? 물음에 답해주세요.

1. (수업시간 교실) 선생님 : 주말 잘 보냈나요? 주말에 있었던 일을 한 사람씩 발표해 주세요. 철수 : 저는 놀이공원을 다녀왔어요. 사람이 많았지만 즐거웠어요. 선생님 : 또 다른 사람은요? 영수 : 전 주말에 캠핑에 다녀왔어요.. 텐트를 치려고 못을 박.. 철수 : (영수의 말을 끊고) 거기서 츄러스를 사 먹었는데 진짜 맛있었어요.	다른 사람의 말을 끊고 자신이 하고 싶은 말만 하고 있어요. 어떤 문제가 생길까요? →
2. (수업시간 교실) 선생님 : 영희가 칠판에 나와서 문제를 열심히 풀었는데 살짝 실수한 부분이 있네요. 동희 : 야 김영희 넌 그것도 틀리냐?	큰 목소리로 친구의 실수를 여러 사람 앞에서 비난하고 있어요. 어떤 문제가 생길까요? →
3. (엘리베이터 안) 엘리베이터에 같이 탄 아저씨를 보고, "아저씨는 왜 대머리가 됐어요?"	다른 사람의 생김새에 대해 함부로 말하고 있어요. 어떤 문제가 생길까요? →
4. (심청전) 심청의 아버지는 물에 빠진 자신을 구해준 어느 절의 스님과 대화를 나누었습니다. 스님은 눈이 보이지 않는 심청의 아버지에게 "공양미 삼백 석을 절에 시주하면 당신의 눈이 뜨이게 될 것이오."라고 말했습니다. "네? 그게 정말입니까? 며칠 내로 공양미 삼백 석을 마련하여 시주하겠습니다." 심청의 아버지는 눈을 뜰 수 있다는 스님의 말을 듣자마자 즉시 쌀 삼백 석을 절에 시주하겠다고 약속했습니다. 그러나 심청이의 집은 당장 내일 먹을 쌀도 부족한 상황이었지요.	자신이 할 수 없는 일인데도 깊이 고민하지 않고 약속했어요. 어떤 문제가 생길까요? →
5. (아침 자습 시간) 옆 반 선생님 : 오늘 여러분 담임선생님께서 일이 생겨 조금 늦게 도착하신다고 합니다. 자리에 앉아 자습하도록 할께요. 기현 : (짝꿍인 민혁이에게) 민혁아 담임선생님께서 늦으시다니.. 무슨 일이실까? 민혁 : 담임선생님께서 출근하시다가 큰 교통사고가 나서서 병원에 실려가셨어. 기현 : 정말이야? 민혁 : 그렇다니까~ 옆 반에 현우있지? 현우네 누나가 들었대. 기현 : 네가 직접 본 건 아니고? 민혁 : 응? 으응.. 직접 본 건 아니고 들은거야.	사실인지 아닌지 확인해 보지 않고 말을 전달했어요. 어떤 문제가 생길까요? →
6. (방과 후 놀이터) 기현 : 형원아, 민혁이랑 놀지마. 형원 : 왜? 기현 : 민혁이는 맨날 거짓말만 해. 형원 : 진짜? 기현 : 게다가 공부도 못하고 체육도 못해. 잘하는 건 하나도 없으면서 맨날 잘난척만 하고 다녀.	다른 사람에게 친구를 험담하고 있어요. 어떤 문제가 생길까요? →

- 활동지 빈칸 채우기 활동 및 발표
- 1번처럼 다른 사람의 말을 끊고 자신이 하고 싶은 말만 한다면 어떤 문제가 생길까요? [말을 하는 도중에 끼어들면 상대방은 서운하거나 기분이 나쁠 수 있어요, 이야기를 다 듣지 못해서 제대로 소통할 수 없어요, 등] 맞습니다. 자신이 말하는 차례에 누군가 내 말을 끊는 일이 반복되면 속상해질 거예요. 그래서 우리는 서로의 말을 끝까지 들어 주고 한 사람씩 차례대로 이야기하는 태도를 지녀야 해요.
- 2번처럼 큰 목소리로 친구의 실수를 여러 사람 앞에서 말한다면 어떤 문제가 생길까요? [친구가 부끄러워하고 상처받아요,

교실이 시끄러워져서 공부하는 데 방해가 돼요, 등] 네, 우리는 실수한 친구를 놀리기보다는 어떻게 하면 함께 고쳐나갈 수 있을지 도와주고 격려하는 태도가 필요해요. 또 서로의 잘못을 감싸주는 따뜻한 마음으로 상대를 대하는 태도를 가지는 것이 중요하고요.

- 3번의 문제는 어떨까요? 상대방의 생김새를 함부로 말한다면요? [상대방이 불편하고 상처받을 수 있어요, 상대와 싸움이 날 수도 있어요, 어른에게 혼날 수도 있어요, 등] 우리가 서로를 존중하고 배려하기 위해서는 상대의 외모에 대해 말하기 전에 한 번 더 생각하는 습관이 필요합니다. 특히 상대방의 외모를 지적하는 일은 그 사람의 잘못이나 행동을 말하는 게 아니라 타고난 모습이나 바꿀 수 없는 부분을 문제 삼는 것입니다. 이렇게 생김새를 함부로 말하는 것을 '인신공격'이라고 부르는데, 이것은 상대방을 이유 없이 아프게 하고 상처 입게 만드는 것이라 더욱더 조심해야 해요.
- 4번은 우리가 잘 알고 있는 이야기네요. 심봉사는 자신이 할 수 없는 일임에도 덜컥 약속을 하고 곤란에 빠져 있어요. 이러면 어떤 문제가 생길까요? [나중에 심청이를 바쳐야 했어요, 더 큰 문제가 생겼어요, 자기 딸을 더 힘들게 만들었어요, 등] 네, 약속을 하기 전에는 자신의 상황을 신중하게 생각해야 합니다. 잘못된 약속은 자신뿐 아니라 주변 사람들까지 곤란에

빠뜨리게 만들 수 있거든요.

- 5번처럼 사실인지 아닌지 확인해 보지 않고 말을 전달하면 어떤 문제가 생길까요? [듣는 사람들은 잘못된 말을 그대로 믿고 걱정해요, 반 친구들이 담임선생님이 괜찮으실지 불안해해요, 등] 맞아요, 사실이 아닌 말을 전하면 듣는 사람들 모두가 혼란에 빠질 수 있어요. 그래서 어떤 정보를 전달할 때는 확실하지 않은 이상 말을 아끼는 편이 좋습니다. 그렇지 않으면 모두에게 피해가 갈 수도 있거든요.
- 6번의 경우는 어떤가요? 친구의 험담을 몰래 늘어놓는 경우는요? [험담을 당한 친구는 크게 상처를 받게 돼요, 친구 사이가 안 좋아지고 서로를 믿지 못하게 돼요, 등] 다른 사람에 대해 함부로 험담하지 않는 태도는 무척 중요합니다. 특히 이 경우는 학교폭력 사안으로도 이어질 수 있는 예민한 문제이기도 해요. 여러분은 다른 사람에 관한 불평을 늘어놓거나 정확하지 않은 말을 전달하지 않아야 해요.

[활동 2] 말을 신중하게 하는 방법 토의하기

'브레인라이팅'[364] 토의 방법을 활용한다. '브레인라이팅'은 독일의 홀리제르(Hermann Holliger)가 창안한 방법으로 침묵을 지키며 진행하는 집단 발상 기법이다. 진행 방식은 다음과 같다.

- 준비물: 모둠원 6명(학급의 상황에 따라 조절), 아이디어 카드

모둠원들은 각각 말없이 카드의 '아이디어 A항'에 문제 해결을 위한 자신의 생각을 적는다.

각자의 카드를 책상 가운데에 올려놓는다.

다음으로 다른 사람의 카드를 집어서 읽고 '신중하게 말하는 방법'과 관련된 또 다른 생각이 떠오르면 '아이디어 B항'에 적는다.

적어도 C항까지는 반복할 수 있도록 하고 토의 시간을 살펴 D항까지도 허용한다.

끝으로 산출된 아이디어에 대한 평가 작업[365]을 통해 가장 좋은 의견을 두 개 선택하도록 한다.

---

363 추병완(2011), 앞의 글, 223~225쪽.

364 본래 '브레인라이팅' 토의 방식에서는 구성원들이 유용한 아이디어라고 생각하는 곳에 점을 찍거나 같은 부류의 아이디어를 한군데 모으는 방식으로 의견을 채택한다. 그러나 본 수업에서는 의견 채택 방식을 모둠의 재량에 맡긴다. 학년 발달 상황을 고려해 토의 진행을 단순화하기 위함이다.

☞ 활동 유의점: 1. 모둠 토의 활동은 반 인원수에 맞게 모둠 구성 인원을 조정한다. 평소라면 활발한 토의를 위해 가급적 한 모둠에 4명이 초과하지 않도록 해야 하지만, '브레인라이팅' 활동은 아이디어 확산을 위해 최대한 다양한 의견을 공유하고 접하는 것이 중요하다. 따라서 6명 정도의 모둠원 구성이 적당하다.

2. 토의 시간은 활동 진행 상황과 학생들의 토론 참여도를 참고하여 융통성 있게 조절할 수 있다. 경험상 대략 10–15분 정도의 시간을 주면 토의를 마무리할 수 있다.

3. '브레인라이팅' 토의 기법을 처음 접하는 학생들은 진행 방식을 익히는 데 다소간의 시행착오를 겪을 수 있다. 저학년일수록 이런 경향이 심해지므로 교사는 토의 단계를 작게 나누어 자세하게 안내해야 한다.

『격몽요결』	3. 지신(事親) : 신중하게 말해요.	이름:

◎ 신중하게 말하는 방법에는 어떤 것들이 있을까요? 모둠원과 함께 토의해 봅시다.

(　　)모둠	신중하게 말하기 위한 방법에는 어떤 것들이 있을까?			
	아이디어 A	아이디어 B	아이디어 C	아이디어 D
이름 :				

[366](토의 카드 예시)

■ 신중하게 말하는 방법 토의하기

- 신중하게 말하지 않으면 여러분이 발표해 준 것처럼 친구와 친해질 수도 없고, 친구의 마음을 아프게 하기도 하고, 약속을 지키지 못해서 곤란한 상황이 벌어지기도 하겠네요.
- 말을 신중하게 사용하기 위한 방법을 찾아봅시다. 적어도 2가지 이상 찾아주면 좋겠어요. 모둠별로 토론한 뒤 발표해 주세요.

365 추병완(2011), 앞의 글, 225쪽.

• 토론 시간 제공 및 결과 발표

• 활동지에 제시된 예시 상황을 참고하도록 한다.

• 토론 결과는 칠판을 활용하여 기록하고 종합한다.

〈토론 결과〉	
1모둠:	4모둠:
2모둠:	5모둠:
3모둠:	6모둠:

*토론 예상 결과
• 다른 사람의 입장을 생각한다.
• 자신이 지킬 수 있는 말인지 생각한다.
• 다른 사람을 험담하는 말인지 생각한다.
• 내용이 정확한 사실인지 확인한다.
• 마음속 착한 네 가지 씨앗들이 자랄 수 있는 말인지 생각한다. 등.

[활동 3] 토론 결과 그림으로 표현하기(*미술 교과 연계)

■ '신중하게 말하는 방법' 그림으로 표현하기

* '시화 그리기'와 같은 방법을 활용한다.

* OHP 필름에는 네임펜으로 앞서 토론한 결과를 기록한다.

* A4용지는 '시화 그리기'를 할 때처럼 '배경' 역할을 한다.

* 두 장을 포개어 완성한 뒤 교실에 전시한다.

[평가 예시] 관찰 평가

	평가결과			
토의 주제 이해도	아주 잘함	잘함	보통	노력 요함
	문제 상황의 맥락을 정확히 파악함	문제 상황의 맥락을 이해함	문제 상황을 피상적으로 이해함	문제 상황에 대해 정확하게 파악하지 못함
아이디어 적합성	아주 잘함	잘함	보통	노력 요함
	토의에서 제시한 방안이 문제 해결에 매우 적절함	토의에서 제시한 방안이 문제 해결에 적절함	토의에서 제시한 방안에 근거가 있음	토의에서 제시한 방안과 근거가 적절하지 않음
토의 참여도	아주 잘함	잘함	보통	노력 요함
	상대방의 주장을 진지하게 검토하고 존중하는 태도가 매우 우수함	상대방의 주장을 진지하게 검토하고 존중하는 태도가 우수함	상대방의 주장을 검토하고 주의를 기울임	상대방의 주장에 주의를 기울이지 않음

◑ 9-10차시: 배움에 대한 올바른 마음과 태도 갖기[讀書]

학습목표	새로운 배움이 필요한 이유를 알고 배움에 대한 올바른 자세와 마음을 가질 수 있다.	
내용 요소	• 새로운 배움(지식)이 필요한 이유는 무엇일까?: 궁리(窮理)의 필요성 • '배움'에 임하는 올바른 자세는 무엇일까?: 誠 · 경의 원리 • '배움'을 대하는 나의 감정 발표하기 • '배움'을 대하는 바른 자세 연습하기 • 올바른 '배움'의 전략 이해하기 • 집중[敬]의 필요성 체험하기 • '배움'에 즐거이 참여하는 자세 • 성실한 마음 • 끈기 있게 집중하는 태도	
성취기준	[4도01-11新] 새로운 배움의 필요성을 안다. [4도01-12新] 성 · 경(誠 · 敬)의 자세로 학습에 임한다.	
수업 환경	시간: 80분	준비물: 전 과목 교과서, 활동지, 주먹보다 작은 크기의 공 5개(혹은 투호 놀이 세트), 물이 끓는 과정이 담긴 영상, PPT 화면, 동요 및 가요(각 2~3곡)

[도입]

◎ **동기 유발**

■ 교과서 살펴보기

• 첫 번째 시간에 우리는 '공부'의 의미에 대해서 살펴봤었죠. 기억나는 친구! [공부는 일상생활에서 올바로 행동하기 위해 필

요한 것입니다, 학교에서 하는 모든 일들이 다 공부입니다, 공부가 꼭 수학이나 영어만은 아닙니다, 등]

- '공부'는 우리의 마음에 네 가지 싹을 무럭무럭 키워서 일상 생활을 올바로 하는 사람이 되기 위해 하는 것입니다. 그래서 우리가 책을 통해 배우는 공부도 공부이고, 학교에서 체험 학습을 가는 일도 공부이고, 집에서 부모님을 도와드리는 일도 모두 공부라고 했었죠.
- 이번 학기 학교에서 함께 공부하는 교과서가 총 몇 권인지 세어볼까요?

(저학년 5~6권, 중학년 11~12권, 고학년 13~14권 예상)

- 우리가 이 교과서를 다 배운다고 생각하니 어때요? [생각보다 많아서 놀랐어요, 언제 다 배우지 하는 생각이 들어요, 등]
- 그럼 우리는 이 교과서를 왜 배울까요? [모르겠어요, 배우기 싫어요, 배워야 똑똑해져서요, 꼭 알아야 하는 거라서요, 등]

[학습 문제 확인]

새로운 배움이 필요한 이유를 알고 배움에 대한 올바른 자세와 마음을 가져 봅시다.

[학습활동 안내]

1. 새로운 배움이 필요한 이유 알기
2. 공부할 때의 올바른 태도와 마음가짐 알기
3. 공부를 위한 올바른 자세와 마음가짐의 필요성 체험하기

[활동 1] 새로운 배움이 필요한 이유 알기(활동지)

■ 율곡 선생님의 메세지 듣기

『격몽요결』	4. 독서(讀書) : 지식을 익혀야 하는 이유를 알아보아요.	이름:

◎ 율곡 선생님의 이야기를 듣고 물음에 답해주세요.

📖 **우리가 올바른 일을 하기 위해서 먼저 해야 할 일은 무엇인가요?**

(활동지 예시)[366]

---

366 『栗全』 卷21 「聖學輯要」 朱子曰, 不明乎善, 不能卽事窮理, 無以眞知善之所在也. 遊氏曰, 欲誠其意, 先致其知, 不明乎善, 不誠其身矣[주자가 말하기

• 율곡 선생님은 우리가 올바른 일을 하기 위해 무엇을 먼저 해야 한다고 했죠? [먼저 아는 과정이 필요해요, 무엇이 옳은 일인지 아는 일이요, 등]

• 네 그래서 율곡 선생님은 특히 책을 통해서 새로운 지식을 얻어야 한다고 생각했어요. 책 안에는 선조들이 남긴 지혜와 아름다운 마음이 담겨 있기 때문이지요.

• 율곡 선생님이 추천했던 책들은 이만큼이나 있답니다.

(화면 예시)

• 인터넷 검색을 통해 실물 서적을 보여준다.(자료 대체) 물론 오늘은 이 책들을 모두 공부하지 않아요. 대신 우리는 학교에서 교과서를 통해 새로운 지식을 얻고 있지요.

를, [무엇이] 선인지 모르면 일을 맡아 궁리할 수 없어서 어디에 선한 것이 있는지를 참으로 알지 못한다." 하였다. 유씨(游氏)가 말하기를, "그 뜻을 정성되게 하려면 먼저 그 앎을 지극히 해야 할 것이니, [무엇이] 선인지 모르면 그 몸을 정성되게 할 수 없다." 하였다].

■ '배움'을 활용했던 경험 떠올리기

• 학교에서 배웠던 일 중 내 일상생활에 실제로 도움이 되었던 일을 떠올려 봅시다.

(화면 예시)

• 예를 들어, 한글을 배워서 우리는 책도 읽을 수 있고 길거리의 간판도 읽을 수 있고 물건도 살 수 있지요. 친구와 편지를 주고받기도 해요.

• 여러분도 가족이나 친구와 편지를 주고받은 적이 있죠? [생일에 카드를 써줬어요, 어버이날에 부모님께 편지를 썼어요, 등]

(화면 예시)

• 영어를 배우고 있어서 외국인과 인사를 할 수도 있죠. 어떻게 하죠? [Hello, Hi, 등]

(화면 예시)

• 분리수거 하는 법을 배워서 올바르게 분리수거 할 수 있어요.
• 우리 교실에도 분리수거함이 마련되어 있죠? 여러분은 종이를 다 쓰고 나서 어디에 갖다두죠? [폐휴지함이요, 손가락으로 가리키기도 한다, 등]
• (필통을 들고) 그렇다면 이 물건도 폐휴지함에 버릴 수 있을까요? [아니요.] 왜요? [종이가 아니라서요, 그건 재활용이 안 되기 때문이에요, 등]
• (플라스틱 물건을 들고) 그렇다면 이 물건은 어때요? 폐휴지함으로 가야 하나요? [아니요, 그건 플라스틱에 따로 넣어야 해요, 등]
• 맞아요. 여러분들은 어떤 물건은 재활용이 되고 어떤 물건은 재활용이 안 되는지도 알고 있고요, 종이는 종이끼리, 플라스

틱은 플라스틱끼리 모아서 분리수거해야 한다는 사실도 잘 알고 있어요. 이런 건 어떻게 알게 된 거죠? [학기 초에 선생님께서 가르쳐 주셨어요, 책을 읽다 알게 됐어요, 등]

- 선생님이 말한 예 외에도 여러분들의 경험이 있을 것입니다. 여러분의 경험을 떠올려 활동지에 먼저 써 주세요.

◎ 생활하면서 '새로운 배움'을 활용했던 경험을 떠올려 봅시다.

예) 덧셈, 뺄셈을 배워서 물건의 가격을 계산할 수 있습니다. 학교 가는 길에 있는 '행복주민센터'가 어떤 곳이고 무슨 일을 하는지 배웠습니다.

(활동지 예시)

- 작성한 내용을 발표해 봅시다. 여러분이 작성한 새로운 배움 중 가장 기억에 남는 것은 무엇인가요? [횡단보도 표지판을 읽고 안전하게 길을 건넜어요, 길을 잃었을 때 어떻게 해야 하는지를 배웠어요, 놀이공원에서 부모님을 잃어버렸을 때 배운 그대로 따라 했던 적이 있어요, 등]
- 그 배움을 활용했을 때 어떤 기분이 들었나요? [뿌듯했어요, 자신감이 생겼어요, 배운 것을 직접 써보니까 재밌었어요, 등]

■ '배움'이 필요한 이유 정리하기

- 우리는 학교나 집에서 또는 학원에서 무언가를 '배움'으로써 생활에서 일어나는 일들에 더 잘 대처하고 보다 알맞은 행동을 할 수 있었네요.
- 특히 초등학교에서 배우는 과목들은 여러분이 살아가면서 반드시 알아야 하는 기초적인 내용들이 많이 담겨 있답니다. 그렇기 때문에 조금 힘들고 어렵다고 느껴지더라도 여러 과목을 익혀서 나의 것으로 만드는 것이 중요해요.

[활동 2] 공부할 때의 올바른 태도와 마음가짐 알기

■ 『격몽요결』에 나온 다섯 가지 공부 자세 알아보기

- 율곡 선생님은 우리가 무언가를 새로 배우고 지식을 습득하는 일을 무척 중요하게 생각했답니다. 그래서 학생들이 공부할 때의 자세나 마음가짐도 중요하게 생각했어요.
- 율곡 선생님이 말씀한 다섯 가지 중요한 태도와 마음가짐은 무엇이 있는지 알아볼까요?

1.똑바로 앉아서
2.공손한 마음 갖기
3.정신을 집중하고
4.내용을 골똘히 생각하기
5.새로 알게 된 내용을
반드시 실천하기

(화면, 활동지 동일, *활동지는 빈칸 채우기로 제시)

- 함께 읽어보겠습니다. 첫째, 똑바로 앉아서 [똑바로 앉아서]. 실제로 허리를 펴고 자세를 바르게 해보겠습니다. 똑바로 앉아서 공부하는 자세는 왜 중요할까요? [자세가 바르면 몸이 아프지 않아요, 더 집중이 잘 돼요, 등]
- 둘째, 공손한 마음 갖기 [공손한 마음 갖기]. 공손한 마음을 갖는다는 건 어떤 의미일까요? [공부를 너무 싫어하지 않는 것이요, 선생님께 공손한 마음을 갖는 것이요, 등]
  율곡 선생님은 실제로 "공경히 책을 대해야 한다."[367]고 말씀하셨어요. 책을 공경히 대하는 건 무슨 의미일까요? [책을 함부로 대하지 않는 것이요, 책에 담긴 내용을 잘 읽는 것이요, 등]
- 예전 사람들은 책 이외에는 새로운 지식을 얻을 방법이 없었

367 『栗全』 券27 「擊蒙要訣」 凡讀書者, 必端拱危坐, 敬對方册.

거든요. 요즘은 책뿐만 새로운 지식을 얻을 수 있는 곳이 많아졌어요. 어디 일까요? [유튜브요, 체험학습이요, 영화요, 등] 맞아요, 우리는 이제 다양한 곳에서 지식을 얻을 수 있답니다. 율곡 선생님은 "책"이라고 말씀하셨지만 우리는 반드시 '책'이라고만 생각할 필요는 없어요. 책이든 동영상이든 수업 중이든 여러 방법을 통해 새로 배우게 되는 내용을 떠올리면 되겠습니다.

- 그럼 다시 책을 공경히 대한다는 말이 무엇인지 생각해 봅시다. 힌트를 주자면, '책'을 쓴 사람들을 떠올려 보면 좋겠어요. [책을 쓴 사람들을 공경히 대하라는 뜻이요, 등]
- 네, 맞습니다. 율곡 선생님은 '책'에 담긴 조상들의 지혜와 마음을 공경히 대해야 한다고 말씀하신 거예요. 우리의 상황에서 생각해 보면, 우리가 새로 배우게 될 내용들은 누군가의 지혜가 모인 것이기 때문에 공손하고 감사한 마음으로 배워야 한다고 생각하면 되겠습니다.
- 셋째, 정신을 집중하기 [정신을 집중하기]. 옛날 사람들은 '정신을 집중하는 일'을 무척 중요하게 생각했어요. 이것을 한 마디로 '경(敬)'이라고 부르기도 했답니다. 이 '경'의 자세를 갖는 일은 무척 중요한데요, 이 부분은 선생님과 따로 연습해 보기로 합시다.
- 넷째, 배운 내용을 골똘히 생각하기 [배운 내용을 골똘히 생각

하기]. 내용을 골똘히 생각한다는 건 어떤 의미일까요? [배운 내용을 깊게 생각한다는 것이요, 잘 몰라도 오래 생각해 보는 것이요, 등] 네, 배운 내용을 골똘히 생각하는 일에는 여러 의미가 있겠죠. 우선 깊게 이해하기 위해 혼자 고민해 보는 시간을 갖는 일도 있고요, 잘 모르는 내용이 있어도 포기하지 않고 여러 번 살펴보는 일도 있습니다. 새로운 내용을 배우다 보면 한 번에 이해하기 어려운 것도 많고 익숙해지는 데 시간이 걸리는 내용도 많을 텐데요. 우리 친구들은 공부를 하다 어려움에 닥쳤을 때 어떻게 행동했나요? [하다가 안 해버리고 다른 걸 해요, 짜증을 냈어요, 오래 생각하지 않고 모른다고 했어요, 등]

- 공부를 하다 보면 어렵고 힘든 과정이 있게 마련입니다. 율곡 선생님도 이렇게 말씀하셨어요. “처음 공부할 때는 궁금한 점이 있는지조차 모르다가 다음에는 점차 모르는 것이 늘어납니다. 중반에 이르면 전보다 더 이해하기 어려운 것들로 가득하게 됩니다. 이 과정을 충분히 겪어야 어렵고 이해되지 않았던 것들이 점차 해결되고 모르는 것이 없어집니다. 그제야 비로소 ‘배움’이라고 할 수 있지요.”[368]

---

368 『栗全』 卷20 「聖學輯要」 讀書, 始讀未知有疑, 其次則漸漸有疑, 中則節節是疑, 過了這一番後, 疑漸漸釋, 以至融會貫通, 都無可疑, 方始是學. 참고하여 변형.

• 다섯째, 새로 알게 된 내용을 반드시 실천하기. [새로 알게 된 내용을 반드시 실천하기] 우리가 어떤 내용을 새로 배우고 깨달은 바가 있다면 머리로만 알고 있지 않고 반드시 행동으로 옮겨야 한다는 뜻입니다. [그런데 바로 실천할 수 없는 건 어떡해요?][369] 네 우리가 배우고 바로 실천할 수 없는 것들도 배우고 있죠. 그렇지만 우리가 배움을 통해 느끼는 바들이 마음속에 차곡차곡 쌓이면 언젠가는 행동으로 드러날 수 있게 됩니다. 지금 바로 실천할 수 있는 것들은 실천하고, 그렇지 않은 것들은 잘 간직하고 있다가 알맞은 상황이 온다면 실천으로 옮겨질 수 있을 거예요. 새로 배운 것을 실천하지 않으면 어떤 일이 생길까요? [배운 것을 금방 잊어버려요, 열심히 배운 것이 아무 소용 없어요, 등]

369 "우리가 배우고 바로 실천할 수 없는 것들도 있다"는 의문이 제기될 수 있다. 특히 수학 같은 과목은 '배우고 즉시 실천할 수 없지 않느냐'는 의문을 던지는 학생들이 많다. 교사는 학생의 질문에 공감을 표하면서 다음과 같이 답할 수 있다. "맞아요, 수학은 당장 쓰이지 않을 수도 있어요. 하지만 수학을 배우면서 논리적으로 생각하는 힘이 길러지죠. 이 논리력은 우리가 문제를 해결하거나 올바른 결정을 내릴 때 아주 중요한 역할을 해요."

[활동 3] 공부를 위한 올바른 자세와 마음가짐의 필요성 체험하기

■ 마음을 집중하는 방법

• 지금부터는 재미있는 도전을 해보겠습니다.

〈게임 방법〉 • 준비물: PPT 화면, 교사용 마이크, 동요 및 가요 2~3곡

1. 도전자는 앞으로 나와서 화면을 보고 비스듬히 선다.

2. 화면에서는 학생들이 좋아하는 가요가 흘러나온다. 반 전체가 모두 같이 따라부른다.

3. 중간에 PPT 화면이 전환된다.(예시)

어린 송아지가 부뚜막에 앉아
울고 있어요~
엄마~ 엄마~ 엉덩이가 뜨거워.

4. 모두가 따라부르던 노래를 멈추고 도전자는 화면에 나온 동요를 불러야 한다.(학생들이 알고 있는 쉬운 동요 위주) 가요는 계속 흘러나온다.

5. 배경으로 흘러나오는 노래와 상관없이 끝까지 동요를 부르면 성공. 동요를 부르는 동안 귀를 막아서는 안 된다.

* 도전자는 5~6명 정도를 받고, 마지막에는 모두가 도전하는 방식을 활용.

• 도전해 본 친구들 어땠나요? [헷갈려요, 쉽지 않아요, 음이 생각이 안 나요, 노래 소리가 방해돼요, 귀를 막고 싶었어요, 등]

• 가요 소리가 들릴 때 동요에 집중하려면 어떻게 해야 했나요? [가요를 안 들으려고 노력했어요, 동요 가사에만 집중하려고 했어요, 머릿속으로 동요를 계속 떠올렸어요, 등]

• 그럼 이번에는 방해하는 노래 없이 가사를 보여줄 테니 같이 불러보도록 해요.

떴다 떴다 비행기
날아라 날아라
높이 높이 날아라 (화면 예시)

- 이번에는 어땠어요? [부르기 훨씬 쉬웠어요, 끝까지 다 부를 수 있었어요, 음이 생각 났어요, 등]
- 방해물이 있을 때보다 없을 때 끝까지 동요를 다 부를 확률이 훨씬 높네요. 방해물이 있을 때는 동요에 집중하기 어려웠죠. 결국 끝까지 부르지 못했어요.
- 그럼 우리가 책을 읽거나 수업을 들을 때, 숙제를 하거나 개인 공부 시간을 갖고 있을 때를 생각해 봅시다. 마음을 하나로 모으고 집중하기 위해서는 어떻게 해야 할까요? [방해되는 물건을 치워요, 다른 생각을 하지 말아야 해요, 노래를 부르면서 공부하면 안 돼요, 등]
- 네, 맞습니다. 우리의 집중을 방해하는 물건이나 생각 등은 모두 치워야 해요.
- 물건은 치울 수 있는데 다른 생각이 나는 건 치우기 어려워요 ~ 하는 친구 있나요? 이럴 때는 잠시 몸가짐을 바르게 하고 눈을 감은 뒤 숨을 크게 들이마시는 시간을 가지면 도움이 된답니다.
- 점심시간에 운동장에서 열심히 뛰고 온 뒤 바로 수업을 시작하면 집중이 안 되죠? 그 이유는 무엇일까요? [계속 놀고 싶

어서요, 마음이 운동장에 가 있어요, 산만하기 때문이에요, 등] 네, 그래서 점심시간에 예비종이 있는 거예요. 예비종이 치면 교실로 들어와 마음을 가다듬고 그다음 수업을 준비하라는 의미이지요. 앞으로는 예비종이 치면 어떻게 해야 할까요? [마음을 가다듬고 수업 준비를 해요, 교과서를 꺼내고 자리에 앉아요, 등]

■ 배운 내용을 골똘히 생각해야 하는 필요성 알기 1.[370]

• 다음으로 또 재미있는 게임을 시작하겠습니다.

〈게임방법〉 준비물: 주먹보다 작은 크기의 공 다섯 개, 장난감 농구 골대나 바구니(투호 놀이 세트로 대체 가능)

1. 공을 던져 목표지점에 통과시키기.(투호 놀이 가능)
2. A팀, B팀으로 나누기.
3. A팀은 하나의 공을 목표물에 던진다. B팀은 다섯 개의 공을 한 번에 목표물로 던진다.
4. 반 전체가 시도한 뒤 들어간 공의 개수만큼 점수를 계산한다.
5. A팀, B팀의 포지션을 바꾸어 다시 시도한다.

---

370 『栗全』 卷27 「擊蒙要訣」 凡讀書, 必熟讀一册, 盡曉義趣, 貫通無疑, 然後乃改讀他書, 不可貪多務得, 忙迫涉獵也[독서를 할 때에는 반드시 책 한 권을 숙독(熟讀)하여서 의미를 모두 알아 의심이 없이 훤히 알게 된 후에 다른 책으로 바꿔 읽어야 하니, 많이 읽으려고 욕심내고 무언가 얻어 내는 데만 힘써 이것저것 바삐 보아 넘겨서는 안 된다]. 참고하여 변형.

- 처음에는 어떤 팀에 들어가고 싶었어요? [B팀이요] 왜요? [공을 여러 개 넣어서 점수를 많이 얻으려고요, 등]
- 게임을 다시 하면 어떤 팀에 가고 싶나요? [A팀이요] 왜요? [하나의 공만 던지는 게 더 잘 들어가요, 다섯 개를 한 번에 던지기 어려워요, 등]
- 어째서 공 여러 개를 한꺼번에 던지는 것이 더 어려웠을까요? [공이 서로 부딪혀요, 제대로 목표까지 가지 않아요, 힘 조절이 어려워요, 등] 반대로 하나의 공을 던질 때는 무엇이 달랐나요? [하나에 집중하니까 목표에 맞추기 위해 힘 조절하기 편했어요, 여러 개를 던질 때보다 쉬웠어요, 등]
- 여러분이 게임을 할 때도 하나의 공을 완벽하게 잘 던지는 것이 중요하다고 느꼈지요? 많은 공이 이리저리로 튕기는 것보다요. [네] 우리가 책을 읽거나 공부를 할 때는 어떨까요? [하나를 완전히 이해하는 게 중요해요, 한 번에 너무 많은 것을 배우려고 하면 아무것도 제대로 못 해요, 등]
- 여러분은 책을 읽거나 공부할 때 어떤 경험이 있었나요? 한꺼번에 많은 공부를 해야했던 경험이 있나요? 그때의 느낀 점을 떠올려 보세요. [헷갈려서 다시 공부해야 했어요, 어디부터 해야 할지 몰라서 힘들었어요, 금방 다 까먹었어요, 등]
- 우리는 많은 내용을 배우고 많은 책을 읽는 것보다는 하나를 배워도 깊이 알고 이해하는 게 중요합니다. 그래서 율곡 선생

님은 배운 내용을 "골똘히" 생각해야 한다고 말씀하셨어요. 여러 책을 많이 읽는 게 절대 중요한 게 아니라면서요.

- 하나를 깊이 배우고 이해하면 어떤 점이 좋을까요? [배운 내용을 오래 기억할 수 있을 것 같아요, 자신감이 생겨요, 등]

■ 배운 내용을 골똘히 생각해야 하는 필요성 알기 2.[371](물이 끓는 과정이 담긴 영상)

- 배운 내용을 골똘히 생각해야 하는 이유가 하나 더 있습니다. 이번에는 동영상을 보겠습니다.

냄비에 물이 담겨 있고, 물의 온도를 측정하는 온도계가 함께 놓여있다. 물을 끓이기 위해 불을 켜는 모습.(화면 정지)

- 지금 무엇을 하려는 것 같나요? [요리를 하려는 것 같아요, 물을 끓이려고 해요, 등]
- 네, 어떤 목적인지는 모르겠지만 이 사람은 물을 끓이려고 하는 것 같습니다. 계속 볼게요.

---

371 『栗全』 卷20 「聖學輯要」 澄以靜養, 以培其本, 資以問辨, 以暢其趣, 積功之久, 一朝豁然貫通, 至於物無不格[마음을 깨끗이 하여 고요히 기름으로써 그 근본을 배양하고, 잘 헤아려 질문하고 판단함으로써 그 뜻을 통하게 하니, 오랫동안 이러한 공이 쌓이면 불현듯 어느 날 활연히 관통하여 어느 사물이건 끝까지 궁구하지 못할 것이 없게 될 것이다]. 참고하여 변형.

미동 없는 냄비의 물, 간간히 냄비 가장자리에 거품이 올라온다. 점점 올라가는 온도계의 온도.(화면 정지)

- 혹시 여러분 물이 몇 도에서 끓는지 아나요? [100도요, 몰라요, 등]
- 네, 물은 100도가 되면 끓기 시작해요.

겉으로 봐서는 크게 변화가 없는 물. 90도에 다다른 온도계의 온도.(화면 정지)

- 여러분 온도는 계속해서 올라가는데 물에는 변화가 거의 없네요. 가끔 거품만 올라오고 있어요. 물이 끓으려면 10도 정도가 남았는데 그 전에 어떤 변화가 생길 것 같아요? [그대로일 것 같아요, 등]

100도에 다다른 온도계. 끓기 시작하는 물, 곧이어 팔팔 끓는 모습.(화면 정지)

- 몇 도가 되니까 물이 꿈틀거리기 시작하나요? [100도요] 네, 100도가 되니까 물이 꿈틀꿈틀하더니 끓기 시작했어요. 그 전까지 물에 큰 변화가 있었나요? [아니요]
- 우리가 배운 내용을 골똘히 생각해야 하는 이유도 비슷해요.

스스로 느끼기에는 골똘히 생각해도 큰 변화가 느껴지지 않을 수 있지만 끈기 있게 생각하고 이해하려고 애쓰면 어느 순간 아! 하고 깨닫게 되는 순간이 온답니다.

• 여러분은 혹시 공부를 하다가 '아!' 하고 깨닫게 된 순간이 있을까요? 그런 경험이 있다면 발표해 주세요. [어려운 수학 문제를 풀 때 처음에는 답답했는데 어느 순간 방법을 알게 됐어요, 책을 읽다가 '아!'하는 느낌을 받은 적이 있어요, 등]

[마무리]

■ 배운 내용 정리

• 오늘 게임에서 배운 점을 앞으로 공부할 때 어떻게 적용할 수 있을까요? [공부할 때 한 가지에 집중할 거예요, 집중력을 높이기 위해 방해되는 것들을 치울 거예요, 배운 내용을 잘 이해하고 어려운 문제가 나와도 쉽게 포기하지 않을 거예요, 골똘히 생각해 보는 연습을 할 거예요, 등]

■ 집중력 높이기 훈련(과제 제공)

• (활동지 배부) 여러분은 앞으로 선생님과 일주일간 집중력을 높이는 훈련을 해보겠습니다. 아침 자습 시간에 하루를 차분한 마음으로 열기 위해서 다 같이 이 훈련을 해보겠습니다.

- 이 방법은 명상을 하는 분들에게 아주 유명해요. 여러분은 매일 초콜릿이나 건포도, 견과류 등을 2분 정도 입에 넣고 그 느낌에만 집중해 볼 거예요.(사탕은 기도가 막힐 위험이 있으므로 지양) 2분 뒤에 어떤 느낌이 들었는지 적어보세요. 초콜릿이나 건포도, 견과류 등을 물고 있는 동안에는 다른 데에 생각이 쏠리지 않고 입 속의 느낌에만 집중해 보는 연습을 하는 겁니다.
- 여러분이 훈련을 잘 이어가기 위해서 선생님이 팁을 하나 드리겠습니다. 만약 집중 훈련 중간에 다른 생각이 난다면 어떻게 해야 할까요? 1번, 떠오른 생각을 계속 곱씹는다. 2번, 다른 생각이 떠올랐으니 이번 훈련은 망했다고 포기한다. 3번, 다른 생각이 났다는 것을 알아차리고 다시 초콜릿에 집중한다. 몇 번일까요? [3번이요] 네, 맞습니다. 2분간 다른 생각을 하지 않고 입 속의 느낌에만 집중하는 훈련은 생각보다 어려워요. 처음에는 자주 다른 생각이 떠오를 수도 있어요. 이것은 무척 자연스러운 일입니다. 그러니 당황하지 않고 다시 초콜릿으로 마음을 집중시키면 돼요.

[평가 예시] (1)

* 율곡 선생님이 말씀하신 '배움이 필요한 이유'에 대해 써 주세요.				
* 공부를 위한 다섯 가지 자세를 설명해 주세요.				
앉는 자세는?	책을 대하는 마음은?	공부할 때 나의 정신은?	어렵고 모르는 내용이 나온다면?	새로 배운 내용은 공부가 끝나면…

평가 관점	평가 기준	평가 방법
율곡이 말한 '배움이 필요한 이유'를 바르게 서술하고, 공부를 위한 다섯 가지 자세를 4가지 이상 알고 있다.	매우 잘함	서술형, 논술형 평가
율곡이 말한 '배움이 필요한 이유'를 바르게 서술하고, 공부를 위한 다섯 가지 자세를 3가지 알고 있다.	잘함	
율곡이 말한 '배움이 필요한 이유'를 서술하고, 공부를 위한 다섯 가지 자세를 2가지 알고 있다.	보통	
배움이 필요한 이유나 공부를 위한 자세를 설명하지 못한다.	노력 요함	

[평가 예시] (2)

〈나의 집중력 높이기 훈련 보고서〉				이름:	
* 집중력 훈련을 한 뒤 느낀 점을 매일 기록해 봅시다.					
	월 일 요일	월 일 요일	월 일 요일	월 일 요일	월 일 요일
훈련 시작 전 나의 기분					
훈련이 끝난 뒤 느낀 점					
어려웠던 점, 더 나아진 점					
오늘의 훈련 점수(1~5점)					

평가 관점	평가 기준	평가 방법
집중력 높이기 훈련 시간에 적극적이고 진지한 자세로 참여하며 활동지를 성실하게 기록함.	매우 잘함	관찰 평가
집중력 높이기 훈련 시간에 빠지지 않고 참여하며 활동지에 기록함.	잘함	
집중력 높이기 훈련 시간에 참여하여 교사의 지시를 따름.	보통	
잦은 지각으로 집중력 높이기 훈련 시간에 거의 참여하지 못함.	노력 요함	

◑ 11-12차시: 효도의 의미와 마음[事親]

학습 목표	효도의 의미와 필요성을 알고 나를 길러주신 분께 감사한 마음을 가질 수 있다.		
내용 요소	• 옛 선조들에게 '효'란 어떤 의미였을까?: 도덕규범의 기초로서의 효 • 부모님과 나 사이의 올바른 관계란 무엇일까?: 부모–자식 간의 공경 • 부모님(보호자)께 자신이 할 수 있는 효도의 방식 찾아보기 • 부모님(보호자)과 나 사이의 '예' 세우기 • 부모님(보호자)께 감사한 마음 갖기 • 부모님(보호자)을 공경하는 태도 • 자신을 소중히 여기는 마음		
성취기준	[2바01–03] 가족이나 주변 사람을 배려하며 관계를 맺는다. [2바04–04] 공동체에서 내가 할 수 있는 일을 찾아보고 실천한다. [4도02–01] 효, 우애의 의미와 필요성을 명료하게 이해하고 가족의 행복을 위해 할 수 있는 일을 탐색하여 실천 계획을 세운다.		
수업 환경	시간: 80분	준비물	설문 조사 결과가 담긴 화면 자료, 설문 조사 결과 출력지(개인별로 준비), 활동지

[도입]

◎ 지난 차시 과제 나누기

■ 집중력 높이는 훈련 감상 나누기

• 활동지 체크

• 추가 발문: "이번 훈련을 하면서 어떤 점이 가장 어려웠나요?"

[다른 생각이 자꾸 떠올랐어요, 초콜릿에만 집중하기 어려웠

어요, 시간이 얼마 갔는지 신경 쓰게 돼요, 등], "입 속의 느낌에만 집중했을 때 평소와 달랐던 점이 있나요?" [맛을 더 잘 느낄 수 있었어요, 마음이 조용해진 것 같았어요, 등], "다음 훈련 때는 어떤 점을 더 신경쓰고 싶나요? [다른 생각이 나지 않게 더 집중하고 싶어요, 시간을 3분으로 늘려보고 싶어요, 등]

◎ 동기 유발

■ 『효자가 된 불효자』[372] 함께 읽기

> ☞ 활동 유의점: 1. 저작권법 제29조(교육 목적 등으로의 복제와 사용)에 따르면 교실 내 비영리 교육 활동에서는 교사가 책을 직접 낭독하거나 구두로 내용을 전하는 것은 허락된다. 따라서 해당 저서를 학생들 앞에서 직접 읽는 방식으로 내용을 전달한다. 도서를 직접 복사하거나 디지털화하여 배포하는 것은 허용되지 않는다.
>
> 2. 반드시 이 도서만을 선정할 필요는 없다. 학생들에게 효도의 가치를 일깨울 수 있는 다양한 저서를 자유롭게 선정하고 활용할 수 있다. 다만, 선정한 책이 학생들의 수준과 관심사에 적합한지 검토하며 읽는 시간이 지나치게 길어 학생들의 집중도가 저하되지 않도록 유의해야 한다.

- 주인공이 부모님을 대하던 태도는 어떤 점에서 잘못되었을까요? [부모님을 때리고도 까르르 웃었어요, 그게 잘못됐다고 생각하지도 않았어요, 맛있는 음식은 자기가 먼저 먹었어요, 등]
- 주인공이 부모님을 위해 변화하려고 노력한 모습 중 기억에

372 박신식, 배민경, 『효자가 된 불효자』, 하루놀, 2019.

남는 장면이 있나요? [부모님께 예의 바르게 인사하기 시작한 것이요, 더 이상 부모님을 때리지 않았어요, 맛있는 반찬도 먼저 먹지 않았어요, 등]

- 이 책의 주인공은 효도의 의미도 모르고, 효도해야 한다는 생각도 하지 못했어요. 그러다 효도의 진짜 의미를 깨달았을 때는 부모님이 돌아가셔서 효도할 기회를 놓치고 말았어요. 여러분은 이 주인공의 이야기를 듣고 어떤 생각이 드나요? [주인공이 정말 안타까워요, 미리 효도를 했으면 좋았을 텐데요, 부모님이 돌아가시고 후회하는 모습이 너무 슬퍼보여요, 부모님께 더 잘해야겠다는 생각이 들었어요, 등]
- 우리 친구들은 이런 후회하는 일이 생기면 안 되겠지요? [네] 그래서 오늘은 부모님께 효도하는 방법과 효도의 진짜 의미에 대해 함께 배워보려고 합니다. 효도를 미리 실천하는 게 왜 중요한지도 이야기해 봅시다.

[학습 문제 확인]

효도의 의미와 필요성을 알고 나를 길러주신 분께 감사한 마음을 가져 봅시다.

[학습활동 안내]

1. 효도를 위한 마음 열기 2. '효'의 진정한 의미 이해하기

[활동 1] 효도를 위한 마음 열기

교사는 사전에 학부모를 대상으로 설문 조사를 진행하여 자녀가 태어났을 때의 마음, 자녀와 바꿀 수 있는 것, 자녀의 장점 등 진심 어린 마음을 담은 답변이 수집될 수 있도록 한다. 학교 현장에서 설문 조사가 용이한 어플리케이션이 활용되고 있기 때문에 수업을 위한 설문 협조가 보다 용이하게 이루어지리라 생각한다. 설문 내용을 바탕으로 학생들은 감사한 마음을 표현하거나 효도하려는 결심을 다지며 느낀 점을 나누는 시간을 갖는다.

☞ 활동 유의점: 1. 설문 조사는 아이들과 함께 열람할 예정임을 미리 안내한다. 2. 설문이 완료된 후 결과를 인쇄하여 학생별로 설문 결과를 제공한다. 3. 시간이 걸리더라도 반 전체 친구들 앞에서 자신의 부모님의 마음을 공유해 보는 시간을 갖는 것이 좋다. 이는 공언의 효과를 가져와 학생들에게 더 큰 울림을 줄 수 있다.

(설문 예시)

자녀가 태어났을 때의 마음을 1~2문장으로 표현해 주세요.
2. 다음 중 무엇을 얻게 된다면 자녀와 바꿀 수 있나요? ① 돈 ② 건강 ③ 집 ④ 멋진 외모 ⑤ 어떤 것으로도 바꿀 수 없다.
3. 자녀의 장점 3가지를 써 주세요.

■ 부모님의 사랑 체험하기

• 우리 친구들은 부모님이나 조부모님, 혹은 나를 지금까지 길러주신 분들(이하 부모님)에게 감사한 마음을 갖고 있지요? [네] 그럼 부모님을 위해드리고 부모님을 기쁘게 해 드려야 한다는 사실도 알고 있겠네요? [네]

• 우리 이런 행동을 두 글자로 뭐라고 하지요? [효도요] 네, '효도'입니다. 여러분 모두 부모님께 효도해야 한다는 사실을 알고 있군요.

• 그렇다면 나는 효자 · 효녀와 같은 행동을 했는지 생각해 볼까요? [네, 아니요, 등] 잘한 점도 있지만 그렇지 못한 점도 있을 겁니다. [네] 지금까지 내가 잘했던 행동에는 어떤 것이 있을까요? [부모님께 사랑한다고 말씀드렸어요, 집안일을 도왔어요, 등]

• 그런데 옛날 사람들도 효도해야 한다는 것을 알면서도 실천하지 못한 사람들이 많았나 봐요. 율곡 선생님의 이야기를 한 번 들어볼까요?

(화면 예시)

• 효도를 다해야 한다는 것을 알면서도 효도를 하는 사람이 드문 이유는 뭘까요? [귀찮아서요, 마음을 먹지 않아서요, 등]

• 맞아요, 마음을 먹지 않아서 혹은 귀찮아서 등등 모두 공감이 가는 이유네요.

• 우리가 선한 행동을 하려면 마음을 먹어야 한다고 했어요. 그러면 이제 자연스럽게 효도하려는 마음을 세우는 방법을 알아볼까요? 율곡 선생님이 답해주실 거예요!

(화면 예시)

• 어떻게 하면 효도하고자 하는 마음을 세울 수 있다고요? [부모님의 사랑을 깊이 알게 되면요. 등]
• 네, 부모님의 사랑을 깊이 알게 되면 우리에게 그 사랑에 대한 감사의 마음이 생겨날 것입니다. 그러면 자연스럽게 그 사랑에 보답하고자 하는 마음도 커지겠죠? [네]

• 그래서 선생님이 부모님의 사랑을 전부 보여줄 수는 없지만 여러분을 향한 부모님의 마음이 어떠한지 조금이나마 준비해 온 것이 있답니다. 선생님이 여러분의 부모님께 수업 전에 미리 설문 조사를 해보았어요. 화면을 봐주세요.

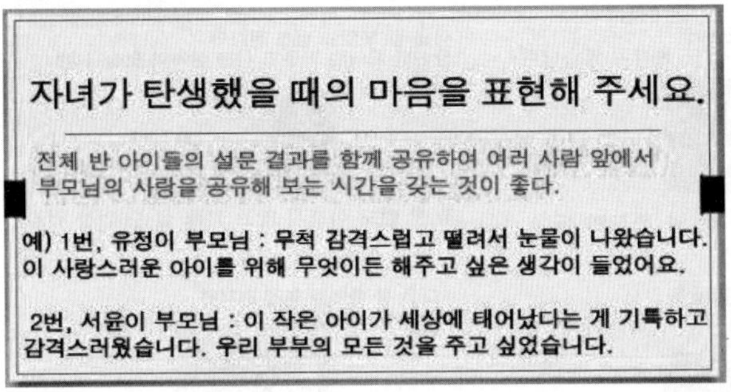

(화면 예시)

- (한 사람씩 나와서 자신의 설문 결과를 읽는다.)
- 우리는 태어난 순간이 기억나지 않지만 여러분이 세상에 나왔을 때 누구보다 기뻐하며 행복해하던 분들이 계셨어요. 부모님뿐만 아니라 할머니, 할아버지, 고모, 이모, 삼촌들도 모두 여러분의 태어남을 축하하고 기뻐했지요.
- 여러분이 태어났을 때 부모님이 어떤 표정을 지으셨을 것 같나요? 상상해서 말해 보세요. [눈물을 흘리면서 좋아하셨을 것 같아요, 행복해하셨을 것 같아요, 웃으셨을 거예요, 등]
- 부모님이 여러분을 키우시면서 가장 기뻤던 순간은 언제일까요? ['사랑해요'라고 말했을 때요, 학교에 처음 갔을 때요, 시험을 잘 봤을 때요, 등]
- 선생님이 여러분을 위해 준비한 설문 조사가 더 남아있습니다. 다음은 무엇일까요? 화면을 보도록 하겠습니다.

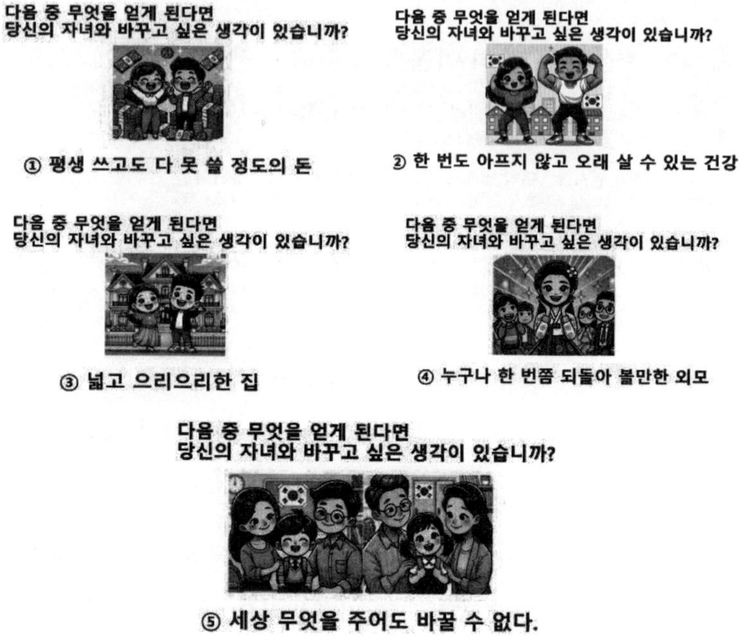

(화면 예시)

- 여러분의 부모님들은 우리 친구들을 무엇과 바꿀 수 있다고 답하셨을까요? [5번이요, 등]
- 부모님은 여러분을 너무나 사랑하기 때문에 세상의 어떤 것과도 바꿀 수 없으시답니다. 세상에서 가장 소중한 것은 여러분이거든요.
- 두 가지 설문 조사 결과를 확인하고 나니 기분이 어떤가요? [감동적이에요, 눈물이 날 것 같아요, 부모님께 감사해요, 등]
- 나를 이렇게 많이 사랑해 주시는 부모님께 어떤 마음이 드나

요? [감사하고 효도하고 싶어요, 사랑한다고 말하고 싶어요, 부모님을 기쁘게 해드리고 싶어요, 등]

- 네, 여러분에게서 부모님을 더 기쁘고 행복하게 만들어 드리고 싶은 마음이 솟아났네요. 어떤 일을 할 수 있을까요? [열심히 공부해서 시험을 잘 보고 싶어요, 부모님 말씀을 잘 들을 거예요, 방 청소를 잘할 거예요, 등]

[활동 2] '효'의 진정한 의미 이해하기

■ 선조들의 '효' 알아보기

- 우리의 선조들은 이 '효도'를 무척 중요하게 생각했답니다. 우리 마음속 네 가지 씨앗 중 '사랑하는 마음'인 '仁' 기억나나요? [네]
- 옛날 어른들은 이 '사랑하는 마음'의 씨앗을 기르기 위해 가장 중요한 일이 바로 부모님께 효도하는 일이라고 생각했어요.
- 왜 이 씨앗을 기르기 위해서 부모님께 효도하는 것이 가장 중요한 일이라고 했을까요? [효도하는 일이 가장 중요해서요, 부모님이 나를 낳아주셨으니까요, 등]
- 네 맞습니다. 부모님은 우리가 태어나자마자 세상에서 가장 먼저 만나게 되는 사람입니다. 그리고 세상에서 나와 가장 가까운 분이기도 해요. 옛날 어른들은 가장 가깝고 친밀한 부모님을 사랑하는 마음이 길러져야 다른 사람도 다른 동물

도 자연의 모든 것도 사랑하는 마음으로 대할 수 있다고 생각했어요.

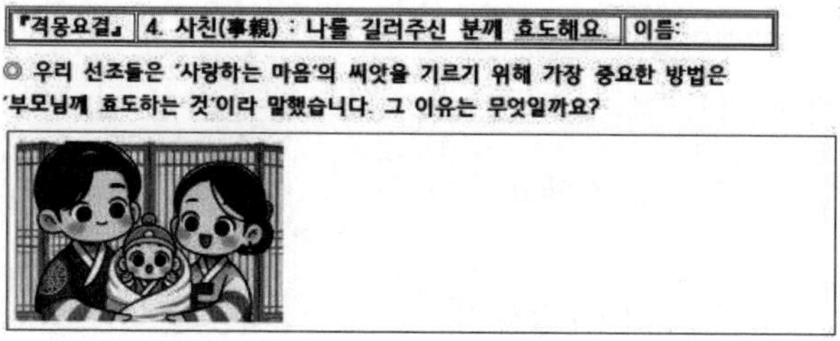
『격몽요결』 | 4. 사친(事親) : 나를 길러주신 분께 효도해요. | 이름:

◎ 우리 선조들은 '사랑하는 마음'의 씨앗을 기르기 위해 가장 중요한 방법은 '부모님께 효도하는 것'이라 말했습니다. 그 이유는 무엇일까요?

(활동지 예시)

- '효도'는 단순히 부모님을 사랑하는 일에서 끝나지 않아요. '효도'는 일종의 연습과 같거든요. 다른 사람을 사랑하기 위한 연습이요. 게다가 나 자신을 사랑하는 연습이기도 해요. 왜일까요? [부모님이 나를 많이 사랑하시니까 부모님을 위해 나를 더 잘 돌봐야 해요, 내가 스스로를 아껴야 부모님도 기뻐하세요, 등] 맞아요, 부모님이 나를 기르시고 낳아주신 은혜가 크고, 세상 무엇보다 나를 사랑하시기 때문에 그런 부모님의 마음을 아프게 하지 않기 위해서라도 우리는 스스로를 사랑하고 아껴줘야겠죠? [네]
- 그런데요, '효도'가 무엇인지 잘 알고 있어야 효도를 '진짜' 잘 할 수 있어요.[373] 부모님이 쉬고 싶어 하시는데 나는 부모님과

373 『栗全』卷20「聖學輯要」如欲爲孝, 則當知所以爲孝之道, 如何而爲奉養之宜, 如何而爲溫凊之節, 莫不窮究, 然後能之, 非獨守夫孝之一字而可得也.

대화를 많이 하려고 자꾸만 말을 걸어 휴식을 방해한 경우를 생각해 봅시다. 물론 부모님께 효도하고 싶은 마음에 한 행동이지만 이것은 진정한 효도라고 볼 수 있을까요? [아니요]

• 우리가 가진 '효'의 마음이 부모님께 잘 전달될 수 있도록 활동지를 통해 '효도'의 진정한 의미에 대해 정리해 볼게요.

◎ '효도'에 관한 O,X 퀴즈입니다. 문제를 잘 읽고 맞으면 O, 틀리면 X 해 주세요.

1) '효도'를 할 때는 부모님의 마음을 어떠한지 살피고 잘 헤아려야 한다. (　　　)

2) '효도'를 할 때는 부모님을 사랑하는 마음보다 맛있는 음식을 드리는 것이 더 중요하다. (　　　)

3) '효도'는 우리 부모님만 사랑하고 친구의 부모님은 사랑하지 않는 것이다. (　　　)

4) '효도'를 잘하면 우리 가족만 사랑하게 된다. (　　　)

5) 자신의 마음과 몸을 소중히 하고 건강하게 생활하는 것도 '효도'이다. (　　　)

* 헤아리다 : 상대의 마음을 조심스럽게 살피고 짐작해 보는 일.

(활동지 예시)

• (활동지를 통해 '효도'의 진짜 의미를 정리하는 시간을 갖는다.) 효도를 '진짜' 잘하려면 무엇이 중요할까요? [부모님이 뭘 원하시는지 생각해 보는 것이요, 우선 나 자신이 건강해야 해요, 등]

■ '효' 가치 사전 만들기

• '효'의 진정한 의미를 알게 된 친구들은 이제 자신 나름대로 '효도'가 무엇인지 정리할 수 있을 것 같습니다.(활동지 제공)

번역 주173 참고.

◎ 나만의 '효도' 가치 사전 만들기

* 예시를 통해 자유롭고 개성 있는 서술이 될 수 있도록 유도한다.

(화면 예시)

- 활동지 정리 및 발표

■ 내가 할 수 있는 '효도' 찾아보기

- 율곡 선생님은 『격몽요결』에서 부모님께 효도하는 방법을 화면과 같이 써놓으셨어요.

『격몽요결』	5. 사친(事親) : 나를 길러주신 분께 효도해요.	이름:

◎ 다음은 옛날 선조들이 했던 효도의 목록입니다.
이 중 나도 할 수 있다고 생각하는 방법에 동그라미 치세요.

옛날 선조들이 했던 효도의 방법		나도 할 수 있어요!
1.	어떤 일이나 행동을 할 때 부모님께 허락을 받는다.	
2.	아침에 일어나 부모님께 안부 인사를 드린다.	
3.	저녁에 부모님의 이부자리를 정돈해 드린다.	
4.	언제나 부모님을 웃는 얼굴로 공손히 대한다.	
5.	집을 나가고 들어올 때 인사를 드린다.	
6.	맛있고 좋은 음식은 부모님께 드린다.	
7.	집안일을 도와드린다.	
8.	부모님이 편찮으시면 정성스럽게 병간호해 드린다.	
9.	부모님이 앉거나 누웠던 곳에 앉거나 눕지 않는다.	
10.	부모님이 잘못한 경우에는 부드럽고 따뜻한 얼굴로 공손하게 사실을 말씀드린다.	
11.	한 순간도 부모님을 잊지 않고 지낸다.	
12.	몸가짐과 말을 공손하게 한다.	

(화면, 활동지 동일)

- 활동지의 목록을 읽어보세요. 이 중 여러분도 할 수 있다고 생각하는 것은 무엇이 있나요? 나도 할 수 있다고 생각하는 일에 ○ 해주세요.[374]
- 활동지의 목록 외에도 자신이 할 수 있는 효도는 무엇이 있는지 써 주세요. 정리 후 발표. [부모님이 무엇을 좋아하시는지 알아보고 싶어요, 부모님께 감사한 마음을 자주 전달하고 싶

374 부모님의 이부자리를 정돈해 드리는 일과 같은 목록은 학생들로부터 '매일 해야 하는지'와 같은 질문을 받는다. 이때는 '일주일에 ○번, 한 달에 ○번'처럼 기간과 횟수를 생각해 보고 함께 적는 것도 좋다고 안내한다. '효도'란 일회성 이벤트가 아님을 인지시키고 자신이 지속할 수 있는 것들을 솔직하게 체크해 보도록 한다.

어요, 등]

[마무리] 과제 제공

■ 새롭게 보기

- 오늘부터 일주일간 여러분은 부모님이 내게 해주시는 일들을 새롭게 보는 연습을 해 볼 것입니다.
- 부모님께서 아침에 나를 학교에 가라고 깨워주시는 일, 식사를 차려주시는 일, 내가 입은 옷을 깨끗하게 빨아주시는 일, 화장실이 늘 깨끗한 일 등을 당연하게 생각하지 않는 것입니다.
- 일주일간 부모님을 잘 관찰해서 내가 그간 당연하게 느꼈던 일들을 부모님께서는 어떻게 관리하고 계셨는지 찾아보겠습니다. 다음 시간에 발표하겠습니다.

『격몽요결』	5. 사친(事親) : 나를 길러주신 분께 효도해요.	이름:

◎ 부모님께서 내게 해주시는 일들을 새롭게 보는 연습을 해 보아요. 일주일간 부모님을 잘 관찰해서 내가 그간 당연하게 느꼈던 일들을 부모님께서는 어떻게 관리하고 계셨는지 찾아보겠습니다.

날짜, 요일	0월 0일 0요일				
나의 관찰	아버지께서 화장실 변기를 닦는 모습				
느낀 점	늘 깨끗한 화장실은 부모님께서 꾸준히 청소하고 계셨던 것이라는 사실을 알게 되었다.				

(활동지 예시)

[평가 예시]

평가 관점	평가 기준	평가 방법
우리 선조들이 효를 중요하게 생각했던 이유를 바르게 이해하고 설명하며, 효도 가치 사전 만들기 활동에 적극적으로 참여한다.	매우 잘함	관찰 평가
우리 선조들이 효를 중요하게 생각했던 이유를 설명하며, 효도 가치 사전 만들기 활동에 참여한다.	잘함	
우리 선조들이 효를 중요하게 생각했던 이유를 설명하지 못하며, 효도 가치 사전 만들기 활동에 참여한다.	보통	
우리 선조들이 효를 중요하게 생각했던 이유를 설명하지 못하며, 효도 가치 사전 만들기 활동에 불성실한 태도로 임한다.	노력 요함	

◑ 13-14차시: 재물(돈)을 대하는 올바른 자세[居家]

학습 목표	재물(돈)을 대하는 올바른 자세를 기르고 도덕적인 사람이 되기 위한 마음을 다져 봅시다.
내용 요소	• 재물(돈)의 의미와 역할 이해하기 • 도덕과 재물(돈)의 특성 비교하기: 내적 가치 vs. 외적 가치 • 어떤 것이 더 중요한 가치일까?: 도덕 vs. 나의 이익 • 자신이 중요하게 생각하는 가치가 무엇인지 확인하기 • 헌신적인 위인의 삶 탐색하기 • 올바른 일을 해야 하는 이유 토론하기 • 도덕적인 삶을 살겠다는 다짐 • 자신을 소중히 여기고 가꾸겠다는 자세

성취기준	[4도01-13新] 재물의 역할과 의미를 이해하고 물질적 가치를 대하는 올바른 자세와 태도를 기른다. [4도01-14新] 물질적 가치와 도덕적 가치를 비교하며, 도덕적 선택이 개인과 공동체에 미치는 영향을 이해한다.	
수업 환경	시간: 80분	준비물: PPT 자료, 활동지, 영상자료

[도입]

◎ 전 차시 과제 확인

- 지난 한 주 동안 부모님께서 해주신 일들 중 어떤 점을 새롭게 보게 되었나요? 구체적으로 관찰한 것을 공유할 친구 손 들어 주세요. [아침마다 깨워주시는 게 제가 늦지 않게 챙겨주시는 사랑이라는 것을 알았어요, 화장실이 깨끗한 게 당연한 줄 알았는데 엄마가 자주 청소하셨기 때문이라는 것을 알게 됐어요, 등]
- 지난 과제를 통해 부모님에 대한 생각이 어떻게 달라졌나요? 앞으로 부모님께 어떤 태도를 지니면 좋을지 생각해 봤나요? [부모님이 해주시는 일을 당연하게 여기지 않고 감사한 마음을 가져야겠다고 생각했어요, 부모님을 도와드릴 수 있는 일이 무엇인지 찾아보고 싶어요, 등]

◎ **동기유발**

■ '청렴결백' 뜻 이해하기

清廉潔白 (화면 예시)

- 여러분, 선생님이 조금 어려운 한자를 보여줄게요. 이 한자는 무엇일까요? [모르겠어요, 한자가 너무 어려워요, 맨 뒷글자만 읽을 수 있어요, 등]
- 복잡해 보이죠? 이 한자는 '청렴결백'이라고 읽습니다. 따라 해 볼까요? 청렴결백! [청렴결백], 혹시 이 말에 대해 들어본 사람 있나요? [처음 들어봤어요, 전 들어본 적 있어요, 등]
- '청렴결백'이란 (한자를 가리키며) 맑고, 검소하며, 깨끗하고, 순수함을 뜻해요. 우리 선조들은 마음속 씨앗을 잘 키워 훌륭한 사람이 되고자 하는 데 관심이 있고, 돈이나 물건에는 욕심을 갖지 않았던 사람에게 '청렴결백하다', '참 청렴결백한 사람이야.'라는 말을 붙여줬다고 해요.
- 조선시대에 청렴결백으로 유명했던 분들은 누가 있을까요?
- 맹사성 초상화(화면으로 제시)
- 맹사성은 세종대왕을 도와 조선이라는 나라를 발전시킨 분입니다. 세종대왕은 맹사성을 무척 아꼈다고 해요. 맹사성 선생님은 조선시대 가장 높은 벼슬인 영의정과 우의정을 지냈답

니다. 그런데 사람들은 이 분을 '청백리'라고 불렀습니다. '청백리'는 '청렴결백한 관리'라는 뜻입니다. 무엇이 맹사성을 청렴결백한 관리라고 불리게 했을까요? [일을 정직하게 했어요, 뇌물을 받지 않아서요, 가난하게 살아서요, 등]

* 맹사성 영상시청

(#장면1) 작고 허름한 방에 맹사성과 어린아이들이 놀고 있다. 어느 관료가 찾아와 절을 한다. "대감 정말로 부끄럽습니다. 한 나라의 정승께서 이렇게 헛간과 다름없는 집에 살고 계실 줄은 참으로 몰랐습니다." 껄껄 웃는 맹사성.

(#장면2) 맹사성의 고향집. 맹사성이 고향집에 내려온다는 소식이 전해진다. 그곳의 현감은 그 소식을 듣자 맹사성에게 잘 보이려고 하인들을 시켜 맹사성이 지나갈 길을 깨끗이 쓸고 닦게 한다. 그러나 예정된 시간에도 맹사성은 나타나지 않는다.

한참이 지나 기다리던 맹사성은 오지 않고 그 길에 검은 소를 타고 허름한 행색을 한 노인이 지나가는 것을 발견한 현감은 노발대발한다. 하인들이 그 노인을 잡아오려고 길을 막자 노인은 허허 웃으며 "맹고불이 내 소를 타고 간다오." 하고 말한다. 그 말을 들은 현감은 그가 맹사성인 줄 알아보고 탄식한다. "검소하셔서 가마를 타고 오지 않으셨구나! 아이고!"

(#장면3) 인터뷰 장면.

질문, 왜 맹사성은 조선의 대표적인 청백리상으로 기억되고 있습니까?

답변, 맹사성은 뛰어난 능력과 해박한 지식, 무엇보다도 성실한 자세로 인해 왕의 신임을 얻게 됩니다. 게다가 나라의 높은 벼슬을 하면서도 그 자리를 이용하여 다른 사람을 업신여기거나, 비리를 저지르지 않고 평생을 청렴결백한 관리로서의 삶을 살았기 때문입니다.

- 이 영상을 보니 맹사성이란 분이 어떻게 느껴지나요? [친절한 분일 것 같아요, 모두가 좋아할 것 같아요, 겸손한 분 같아

요, 등]

- 옛날 선조들은 맹사성과 같이 청렴결백한 삶을 살아가는 사람을 존경하고 자신도 그렇게 되고자 노력했습니다.
- 그럼 퀴즈입니다. 청렴결백하고 무척이나 검소했던 맹사성은 무조건 “돈이나 재물은 필요 없어! 난 그런 것 가지지 않아도 돼!”라고 생각했던 걸까요? [네, 아니요, 등]
- ‘아니요’라고 답한 친구들은 무엇 때문에 그렇게 대답한 건가요? 이유를 알려주세요. [돈이 아예 필요 없다고 하면 살 수가 없어요, 돈이 없으면 밥도 없고 옷도 사지 못해요, 등] 네, 맞아요. 맹사성은 돈을 완전히 나쁜 것으로 여기고 그런 건 하나도 가질 필요 없다고 생각한 게 아니죠. 그렇지만 또 ‘돈이 최고야! 돈만 있으면 돼!’라고 생각한 것도 아니겠죠? [네.]
- 오늘은 돈이나 재물을 대하는 올바른 우리의 마음과 태도는 어때야 하는지 살펴보는 시간을 갖겠습니다.

[학습 문제 확인]

재물(돈)을 대하는 올바른 자세를 기르고 도덕적인 사람이 되기 위한 마음을 다져 봅시다.

[학습활동 안내]

1. '돈'은 무엇일까? 2. '그래, 결심했어!' 게임 하기 3. 가치 비교하기

[활동 1] '돈'은 무엇일까?

■ '돈'의 역할 이해하기

- 용돈을 받는 친구 있나요? [손을 든다, 아니요, 등] 혹은 필요할 때마다 부모님께서 주시는 경우도 있고요? [전 편의점에 갈 때마다 주세요, 필요할 때 달라고 해요, 등]
- 여러분은 용돈을 많이 받고 싶나요, 아니면 적게 받고 싶나요? [많이요, 최대한 많이요, 등]
- 많이 받고 싶은 이유는 무엇인가요? [좋아하는 음식을 많이 먹을 수 있어요, 갖고 싶은 장난감을 살 수 있어요, 게임 아이템도 살 수 있어요, 등]
- 우리는 가게에 가서 돈을 내고 물건을 사죠. 맛있는 음식도 먹을 수 있고요. 또 돈으로 할 수 있는 일은 무엇이 있을까요? [여행을 갈 수 있어요, 버스나 지하철을 탈 수 있어요, 등]

- 다양한 것들을 할 수 있네요. 여러분이 미용실에 가서 머리를 자르거나 파마를 했던 경험을 떠올려 봅시다. 머리를 다 자르고 나서 어떻게 했나요? [돈을 냈어요, 등] 맞아요, 물건을 바꾸지 않더라도 돈을 내야만 미용사가 여러분의 머리를 잘라주거나 예쁘게 가꿔주지요.
- 음식점에서 우리에게 컵이나 수저, 젓가락 등을 가져다주는 분들은 어떨까요? [그분들께는 돈을 낸 적이 없어요.]
- 그렇다면 그분들은 공짜로 여러분에게 음식을 가져다주고 필요한 물건이 없는지 살펴봐 주시는 걸까요? [아니요, 가게 사장님이 월급을 줘요, 등]
- 그럼 가게 사장님은 어떻게 돈을 벌죠? [우리가 음식을 사 먹고 돈을 내요, 음식을 팔아서요, 등]
- 맞아요. 그럼 사장님이 종업원분께 주는 월급은 모두 누가 내는 걸까요? [우리가 음식을 살 때 내요, 음식에 포함되어 있어요, 등]
- 이렇게 눈으로 보이는 물건은 아니지만 사람의 시간과 노력을 얻는 일을 '서비스'라고 해요. 그리고 이 '서비스'도 돈을 내야만 받을 수 있는 것이랍니다.
- 이처럼 우리는 돈과 물건, 돈과 서비스를 교환하고 있어요. 그렇기 때문에 더 많은 물건과 서비스를 누리려면 더 많은 용돈이 필요하고, 여러분은 더 많은 용돈을 받고 싶은 것이지요.

■ '돈'의 가치중립성 이해하기

- 그렇다면 돈은 좋은 것일까요, 나쁜 것일까요? [좋은 것이요, 나쁜 것이요, 좋지도 나쁘지도 않아요, 등]
- 그렇게 생각한 이유는 무엇인지 발표해 주세요. [돈은 좋은 것이에요, 돈이 있으면 가족을 도울 수도 있고 친구 선물을 사서 친구를 기쁘게 해줄 수도 있어요, 등], [전 나쁜 것이라고 생각해요, 돈 때문에 친구들끼리 싸울 때가 있어요, 돈을 더 갖고 싶어서 욕심이 생겨요, 등], [돈은 그냥 필요한 것을 살 때 쓰이는 것일 뿐이지 좋은 것도 나쁜 것도 아니에요, 등]

- 여러분 지금부터 이야기를 하나 들려줄게요.(화면의 장면과 함께 이야기를 들려주는 것이 학생들에게 보다 실감 나게 전달될 수 있다.)

화면 속 여자의 이름은 ○○입니다. ○○은 돈을 열심히 모아서 부모님께 아주 멋진 자동차를 사드렸어요. 자동차를 받은 부모님은 무척 행복해 하시며 ○○을 자랑스러워하셨어요. 그뿐이 아니었어요. ○○은 학교가 없는 마을에 큰돈을 기부하여 그 동네 아이들이 공부를 하는 데 도움이 되는 일을 하기도 했어요.

- 그렇다면 ○○이 사용한 돈은 좋은 것일까요? 나쁜 것일까요? [좋은 것이요.]

> 며칠이 지났어요. 부모님의 자동차를 본 여자는 갑자기 이런 마음이 들었어요. '나도 자동차가 갖고 싶어! 멋진 차를 타고 드라이브 한다면 얼마나 좋을까!' 그래서 ○○이는 돈을 더 열심히 모으기로 해요. ○○이는 돈을 더 많이 벌기 위해 일을 하고 또 하고 또 했어요. ○○이 밤낮없이 일만 하는 동안 가족과의 연락도 끊기고 친구들과도 멀어져 갔어요. ○○이의 건강도 안 좋아졌죠. 그런데도 ○○이는 돈을 벌기 위해 일하는 것을 멈출 수 없었어요.

- ○○이 갖고 싶어 했던 돈은 나쁜 걸까요? [나쁜 것도 좋은 것도 아니에요, 나쁜 것이 맞아요, 등]
- 여러분들의 생각이 모두 일리가 있네요! 이야기를 들어보니 돈을 좋은 곳에 쓰면 무엇이 되죠? [좋은 것이요!]
- 그런데 돈을 가지고 싶어서 지나치게 욕심을 부리거나 싸움을 일으키면 어떻게 되죠? [나쁜 것이 돼요.]
- 네, 돈은 '○○하는 방법'에 따라 좋은 일에도 쓰이고, 나쁜 일에도 쓰일 수 있군요. ○○은 무엇일까요? [사용이요, 등]
- 네, 맞습니다. 돈은 '사용'하는 방식이 중요해요.
- 정리해 보겠습니다. 여러분, 돈이란 그 자체로는 좋은 것도 나쁜 것도 아닙니다. 단순히 물건이나 서비스를 교환하는 수단일 뿐이니까요.

- 만약 돈이 없다면 나는, 우리 가족은 어떻게 될까요? [밥을 못 먹어요, 옷도 못 사요, 학원도 못 가요. 잠잘 곳도 없어요, 등]
- 돈은 우리가 살아가는 데 꼭 필요한 것이도 하네요. 돈이 있어야 음식도, 옷도, 우리가 잠을 자고 쉬는 장소도 마련할 수 있으니까요.
- 그럼 맹사성은 어땠을까요? [맹사성도 돈을 아예 싫다고 한 건 아니에요, 필요할 때가 있다고 생각했어요, 등]
- 그렇다면 돈은 꼭 필요한 것이기에 가장 중요한 것일까요? 여러분은 어떻게 생각하나요? 재미있는 게임을 통해 살펴봅시다.

[활동 2] '그래, 결심했어!' 게임

〈게임방법 설명〉 준비물: 게임 진행 화면, 종이(학생 개인), 연필

1. 모든 학생의 처음 출발은 '재산 0원, 양심 0'이다.
2. PPT 화면을 통해 제시되는 상황에서 하나의 행동을 선택한다.
3. 자신이 선택한 행동의 결과가 공개되면(예시: 용돈 +5000원, 양심 −1) 그에 따라 자신의 재산과 양심을 계산한다.
4. 모든 단계가 끝나고 자신의 총재산과 인품을 비교하고 무엇을 더 중요하게 생각하는지 판단해 본다.

〈화면 및 문제 예시〉

1. 아버지가 만 원을 주시고 두부 심부름을 시키셨다. 잔돈은 내가 가지라고 하셨다. 아싸! 그런데.. 가게 사장님이 계산을 잘못하여 잔돈으로 3천원 대신 7천원을 주셨다. 나의 선택은? A.돌려드린다. B. 모른 체 한다	A. 돌려드린다 : 용돈 +3000원, 양심 +1 B. 모른 체 한다 : 용돈 +7000원, 양심-2	
2. 내 앞을 걸어가시는 아주머니의 주머니에서 5천원 지폐 한 장이 떨어졌다. A. 주워서 드린다 B. 내가 갖는다	A. 주워드린다 : 양심 +1 아주머니께서 고맙다고 활짝 웃으시며 인사하셨다. 그러고는 아이스크림을 사 먹으라며 내게 천 원을 주셨다. 용돈 +1000원	B. 내가 갖는다 : 용돈 +5000원, 양심 -3
3. 인형 뽑기 게임을 하기 위해 지폐를 잔돈으로 바꾸었다. 지폐교환기가 고장이 났는지 500원 동전이 6개나 더 나왔다. 나의 선택은? A. 난 3000원만 바꾸려고 했으니까 나머지 돈은 내 것이 아니다. 기계 위에 올려두다 B. 내가 갖는다	A. 기계 위에 둔다 : 양심 +3 B. 내가 갖는다 : 양심-2, 용돈+3000원 그런데 나머지 3000원도 게임하느라 다 썼다. 용돈 -3000원	
4. 부모님께서 설거지를 하면 용돈으로 2천원을 주신다고 하셨다. 설거지를 끝낸 뒤 용돈을 받으러 갔는데, 엇? 5천원을 주셨다. 나의 선택은? A. 2천원을 주신다고 했는데 5천원을 주신 이유를 여쭤본다. B. 말씀드리면 2천원만 받게 될지도 모르니 모른 체 한다.	A. 5천원을 주신 이유를 묻는다: 양심 +2 부모님이 깜빡하셨다며 2천원을 주시려다 솔직하게 말한 점이 기특하다고 3천원을 더 주셨다. 용돈 +5000원	B. 내가 갖는다 : 양심-2, 용돈+5000원 그런데 다음 날 부모님이 용돈을 잘못 주신 것 같다며 3000원을 다시 가져가셨다. 용돈 -3000원
5. 친구가 내게 3천원을 줄테니 숙제를 대신 해 달라고 부탁했다. 나는 수학을 잘하기 때문에 10분이면 부탁 받은 숙제를 끝낼 수 있을 것 같다. 나의 선택은? A. 숙제를 대신 해 줄 수는 없다. 거절한다. B. 마침 사고 싶은 물건이 3천원이다. 이번만 숙제를 대신 해 준다	A. 기부금을 낸다 : 양심 +2, 용돈 -3000원 B. 떡볶이를 산다 : 용돈 -3000원	

6. 어려운 친구들을 돕는다고 기부금을 모으는 행사를 하고 있다. 원래 오늘은 떡볶이를 사 먹으려고 했는데.. 나의 선택은? A. 떡볶이 대신 기부금을 낸다. B. 기부금을 내지 않고 떡볶이를 사 먹는다.	A. 기부금을 낸다 : 양심 +2, 용돈 -3000원 B. 떡볶이를 산다 : 용돈 -3000원	
7. OO이가 다른 친구 XX의 가방에서 무언가를 몰래 꺼내는 모습을 봤다. OO이는 내게 5천원을 줄테니 그 친구에게 말하지 말라고 했다. 나의 선택은? A. 물건이 없어져서 찾고 있는 XX이의 모습을 모른 척 한다. B. OO이의 돈을 받지 않고 다시 물건을 XX이의 가방에 넣어두라고 말한다.	A. 모른 척 한다 : 양심 -4, 용돈 +5000원 B. 거절한다 : 양심 +4	
8. 친구가 내게 4천원을 줄테니 네가 가지고 있는 게임 캐릭터(혹은 포토카드, 띠부씰 등)를 달라고 했다. 그런데 선생님께서 친구와 게임 캐릭터를 사고 팔지 말라고 하셨다. 나의 선택은? A. 돈을 받고 판다. B. 선생님의 말씀을 기억하고 팔지 않는다.	A. 판다 : 양심 -2, 용돈 +4000원 B. 거절한다 : 양심 +2	A. 판다 : 양심 -2, 용돈 +4000원 앗! 그런데 선생님이 이 사실을 알게 되셔서 받은 돈을 돌려주었다. 용돈-4000원

* 게임 결과 공유 및 소감 나누기

* 교실에서 관련한 게임을 해보면 다양한 결과가 나온다. 솔직하게 게임에 임하라고 했기 때문에 무조건 도덕적인 답만을 선택하지 않는 모습이었다.

* 양심이 월등히 높은 친구들도 있었고, 용돈이 많은 친구들도 있었다. 결과를 통해 자신이 무엇을 더 중요하게 생각하는 사람인지 생각해 보도록 한다.

• 눈 한 번만 감으면 더 많은 용돈을 얻을 수 있는 기회가 왔을 때 느낌이 어땠어요? 유혹에 흔들리지 않았나요? [양심이 조

금 깎여도 용돈을 받고 싶다는 생각이 들었어요, 유혹에 넘어갈 뻔했어요, 게임이 아니라 진짜였다면 더 힘들었을 것 같아요, 등]

- 용돈이 많아지면 갖고 싶은 물건도, 하고 싶은 게임도 많이 할 수 있는데 그러지 않았던 이유는 무엇인가요? [그래도 제 양심이 깎이는 게 싫었어요, 좀 고민되기도 했지만 나쁜 일이라 안 했어요, 등]
- 결과를 통해 느껴지는 바는 무엇인가요? 나는 무엇을 더 중요하게 생각하는 사람인가요? [게임도 이렇게 고민이 되는데 실제로 이런 일을 겪으면 더 고민이 될 것 같다고 생각했어요, 둘 중 하나를 선택하는 게 어렵다는 생각이 들었어요, 그래도 양심을 잘 지켜야겠다고 생각했어요, 등]

[활동 3] 가치 비교 활동하기

> ☞ 활동 유의점: 유튜브 영상을 수업에 활용할 경우 저작권법에 따라 주의해야 할 사항이 있다. 교육 목적(비영리적이고 공익적인 경우)으로 저작물을 사용하는 것은 공정 이용 범위에 해당하여 수업 시간에 학습 자료로 사용할 수 있다. 그러나 영상을 다운로드 및 배포하거나 수정하는 것은 저작권 침해에 해당될 수 있으므로 유의해야 한다.

■ 도덕과 돈의 가치 비교 활동하기

- 게임에서 도덕적인 행동을 했더니 그러지 않을 때도 있었지

만, 용돈을 조금씩 손해 보는 상황이 많았어요. 혹은 도덕적인 선택을 하지 않은 사람보다 더 적은 액수를 가져가기도 했었고요. 우리가 어른이 되면 이와 같은 상황이 훨씬 더 많아지고 둘 중에 하나를 선택해야 하는 순간도 더 자주 찾아온답니다.

- 그럴 때 여러분은 어떤 선택을 해야 할까요? 어떤 선택을 할 것 같은가요? [저는 도덕적인 선택을 할 것 같아요, 왜냐하면 도덕적인 사람이 되는 게 더 중요한 것 같기 때문이에요, 나중에라도 좋은 일이 생길 수 있어요, 등], [만약 진짜로 제가 손해를 보게 되는 일이 생기면 억울할 것 같아요, 다른 사람들은 그렇게 행동하지 않는데 나 혼자 도덕적으로 행동하면 왠지 바보가 된 느낌이 들 것 같아요, 등]
- 추가 발문: 내가 도덕적인 행동을 했지만 아무도 몰라줄 때는 어떨 것 같아요? [그럼 더 고민이 될 것 같아요, 등], 도덕적인 행동을 했을 때 손해가 아주아주 크다면 나는 그 선택을 할 수 있을까요? [큰 문제가 아니면 도덕적인 선택을 할 것 같은데 손해가 너무 크면 고민이 될 것 같아요, 등]

* 전 재산 400억을 학교에 기부한 김** · 양** 부부의 영상[375]감상
* 형편이 어려운 환자들을 물심양면으로 돕고 진료한 장기려 박

375 행정안전부, 2021.06.30., 전 재산 400억을 학교에 기부한 김영석 · 양영애 부부의 실화 이야기, 유튜브. https://www.youtube.com/watch?v=B-b4UH8R63Ko&t=38s

사[376]의 영상 감상

- 두 영상을 보니 어떤 느낌이 드나요? [너무 감동적이에요, 슬프기도 했어요, 저도 훌륭한 사람이 되어야겠다고 생각했어요, 다른 사람을 도와주고 싶어요, 등]
- 영상에 나온 분들은 어째서 자신의 이익을 포기하고 다른 사람을 위해 헌신하고 큰 금액을 기부할 수 있었을까요? [다른 사람을 돕는 게 행복하고 보람차다고 느끼는 것 같아요, 다른 사람을 자기 자신보다 중요하게 생각한 것 같아요, 영상에 나온 어른들은 마음이 아주 착하기 때문이에요, 등]

■ '돈'과 '도덕' 비교하기

- 우리는 왜 손해를 보는 상황이 다가와도 도덕적인 행동을 해야 할까요? 쉽게 대답하기 어렵죠? 모둠별로 토의 시간을 주겠습니다. '우리는 왜! 손해를 보는 상황이 다가와도 도덕적인 행동을 해야 할까요?' 친구들과 머리를 맞대고 고민해 보도록 합시다. 토의가 끝난 후에는 결과를 정리해서 발표해 주세요.

* 모둠별 토론 시간 제공 10분
* 토론 결과 발표

- 여러분의 토론을 들으니 이렇게 정리할 수 있겠네요.

---

376 tvN, 2018.11.16., [#알쓸신잡3] 유시민이 말하는 '바보 의사' 장기려 박사의 이야기, 유튜브. https://www.youtube.com/watch?v=M0RE2zYqF8w&t=56s

〈칠판〉

도덕	돈
올바른 일은 계속 남는다. 내 마음과 관련된다. 다른 사람에게도 도움이 된다. 모두의 마음을 더 풍성하게 해 준다.	사라진다, 또 벌 수 있다. 마음 바깥의 것과 관련된다. 늘 다른 사람에게 도움이 되는 것은 아니다. 싸움이 날 수도 있다.

- '도덕'은 주로 '내 마음'에 관계된 일이라면 '돈'은 '내 마음 바깥'의 일을 도와주는 역할을 하네요.
- '돈'은 사라지지만 '도덕'은 올바른 일로 계속 남는다는 점도 인상 깊습니다. '도덕'이 계속해서 이어지는 경우는 어떤 것이 있을까요? [누군가 도움을 받으면 그 사람도 다른 사람을 돕게 될 것 같아요, 좋은 일을 한 사람을 보면 감동을 받아서 따라 하고 싶어요, 책을 통해서 다음 자손들이 읽는 경우도 있어요, 등]

* '전문의가 된 이태석 신부님의 제자들'[377] 관련 영상 감상

- 제자들이 전문의가 되어 고국으로 돌아가려는 이유는 무엇이죠? [그 나라의 환경을 더 좋게 만들어 주려고요, 자기 나라

377 MBCNEWS, 2020.02.08., '남수단 슈바이처' 이태석 신부 떠났지만 … '의사'된 제자(2020.02.08./뉴스데스크/MBC), 유튜브. https://www.youtube.com/watch?v=-H8OWP_p_BE

사람들에게 봉사하고 싶어서요, 등]

• 이태석 신부님의 가르침이 제자들에게 어떤 영향을 주었나요? [봉사와 희생의 가치를 깨닫게 해 주셨어요, 다른 사람을 돕는 일이 중요하다는 걸 알게 해주신 것 같아요, 등]

• 여러분이 이 영상을 보고 얻게 된 교훈이나 느낀 점은 무엇인가요? [봉사하는 모습이 멋지다고 생각했어요, 다른 사람을 위해 행동해야겠다고 생각했어요, 등]

• 또 질문할게요. '내 마음'과 '돈' 중에 '나 자신'과 더 가까운 것은 무엇일까요? [내 마음이요.]

• '내 마음'은 무엇으로 아름답게 만들 수 있나요? 돈을 주고 내 마음을 아름답게 가꿀 수 있을까요? [마음은 착한 행동으로 아름답게 될 것 같아요, 돈으로는 마음을 아름답게 할 수 없어요, 내가 좋은 생각을 해야 마음이 아름다워질 것 같아요, 돈으로는 마음을 바꿀 수 없어요, 등]

• '내 마음'을 아름답게 가꾸는 일은 곧 나 자신이 아름답고 훌륭한 사람이 되는 일이죠. 우리가 앞서 배웠던 네 가지 착한 마음의 씨앗은 '양심'을 잘 지키고 다른 사람을 배려하는 일을 통해 자라납니다. 율곡 선생님은 이 씨앗 때문에 인간이 인간답게 살 수 있고 무엇보다 고귀한 존재라고 생각했습니다.

• 만약 '내 마음'보다 '돈'을 먼저 생각한다면 어떻게 될까요? [돈만 생각하면 ○○이처럼 건강을 잃어요, 다른 사람들이 싫어

해요, 마음이 착해지지 못할 것 같아요, 등]

• 맞아요, 여러분의 말처럼 '내 마음'의 양심이 말하는 소리를 무시하고 '돈' 혹은 나에게 당장 이익이 되는 일들을 선택한다면, 마음은 점차 시들어가고 본래의 아름다운 모습을 피워낼 수 없을 것입니다.

■ 도덕적인 행동을 해야 하는 이유

• 올바른 행동을 선택하다가 방금 했던 게임처럼 돈을 손해 보거나 상황이 불편해지는 경우가 있다 하더라도, 우리는 왜 계속 도덕적인 행동을 해야 할까요? 따라 읽어 보겠습니다. [나는 누구보다 소중한 사람이기 때문입니다.]

(화면 예시)

'나'는 누구보다 소중한 사람이기 때문입니다.

• 물건과 서비스를 교환하기 위한 수단인 돈 혹은 다른 것들은 누구보다 소중한 사람인 '나'를 아름답고 훌륭하게 가꾸어 줄 수 없습니다. 돈이나 물건을 '내 마음'과 맞바꾸고 싶지도 않을 테고요. '나'를 아름답게 가꾸는 일은 올바른 일을 따라가고 성실한 마음을 갖는 데 있습니다.

[마무리]

■ ○× 퀴즈(*활동지 배부)

- 마무리도 돈에 관한 ○× 퀴즈를 풀어볼게요. 지금까지 눈을 초롱초롱 뜨고 배웠기 때문에 아주 쉽게 풀 수 있을 거예요. 다 풀고 선생님과 같이 확인해 봅시다.

『격몽요결』	5. 거가(居家) : 더 중요한 것은 무엇일까요?	이름:

◎ 도덕과 돈(재물)에 관한 OX퀴즈입니다. 맞으면 O, 틀리면 X를 해주세요.

1) 돈은 사람들끼리 물건과 서비스를 교환하는 수단입니다. (　　)
2) 돈이 많은 사람들은 모두 나쁜 사람들입니다. (　　)
3) 돈은 우리 생활에 꼭 필요하지만 가장 소중한 것은 아닙니다. (　　)
4) 우리 선조들은 돈과 재물을 불필요하고 나쁜 것이라고 생각했습니다. (　　)
5) 우리가 손해를 감수하더라도 올바른 일을 선택하는 것은 자신을 소중하게 여기기 때문입니다. (　　)
6) 돈은 소중하지 않기 때문에 아낌없이 사용하고 낭비해도 됩니다. (　　)
7) 도덕적인 행동은 사라지지 않고 여러 사람에게 좋은 영향을 줍니다. (　　)
8) 네 가지 아름다운 마음의 씨앗을 키우기 위해서는 많은 옷과 물건을 사서 겉모습을 꾸미는 것이 좋습니다. (　　)

- 활동지 답안: 1) ○, 2) ×, 3) ○, 4) ×, 5) ○, 6) ×, 7) ○, 8) ×
- 돈이 많은 사람들은 모두 나쁜 사람들일까요? [아니요.]
- 그 이유는 무엇이죠? 오늘 배운 내용을 떠올려서 발표해 주세요. [돈을 많이 모아서 기부하는 사람도 있고, 학교를 지어주는 사람들도 있어요, 돈은 나쁜 것도 좋은 것도 아니기 때문이에요, 등]
- 동화책에서 부자를 나쁘게 표현한 것은 이야기를 흥미롭게 만들기 위해서 과장한 경우가 많아요. 돈이 많고 적음과 상관없이 착한 마음을 가지고 착한 행동을 하는 것이 중요하다는 사

실을 기억하세요.

- 우리 선조들은 돈과 재물을 불필요하고 나쁜 것이라고 생각했을까요? [아니요.]
- 그럼 무엇을 경계(조심)한 것일까요? [욕심을 부리는 거요, 돈만 생각하는 것이요, 등]

[평가 예시] (1) 자기평가, 동료평가

〈자기 평가〉 *나는 얼마나 토의에 잘 참여했나요? 오늘 나의 활동을 돌아보고 평가해 주세요.(잘함: 3점, 보통: 2점, 노력 필요: 1점)		〈동료 평가〉 *모둠 친구가 토의에 잘 참여했는지 평가해 주세요.(잘함: 3점, 보통: 2점, 노력 필요: 1점)	
1. 주제와 상관없는 이야기를 하지 않았나요?		1. 주제와 상관없는 이야기를 하지 않았나요?	
2. 다른 친구의 의견을 끝까지 경청했나요?		2. 다른 친구의 의견을 끝까지 경청했나요?	
3. 나의 생각을 분명하게 전달했나요?		3. 나의 생각을 분명하게 전달했나요?	
4. 토의 시간 동안 친구와 장난을 치거나 떠들지는 않았나요?		4. 토의 시간 동안 친구와 장난을 치거나 떠들지는 않았나요?	
점수 합계		점수 합계	
오늘 토의에서 가장 잘한 점을 써 주세요.		친구가 오늘 토의에서 가장 잘한 점	

[평가 예시] (2)

◎ 우리는 오늘 도덕과 돈(물질)의 차이를 토의했습니다. 둘의 차이점을 정리해 주세요.

도덕	돈(물질)

◎ **우리는 또 헌신적인 위인의 삶을 시청했습니다. 도덕적인 삶을 산 위인들의 모습을 보고 느낀 점, 깨달은 점, 앞으로의 다짐 등을 적어주세요.**

평가 관점	평가 기준	평가 방법
도덕과 돈(물질)의 차이점을 2가지 이상 서술할 수 있으며, 헌신적인 위인의 삶을 통해 도덕적인 삶의 가치를 깨닫고 자신만의 언어로 표현할 수 있다.	매우 잘함	논술형 평가
도덕과 돈(물질)의 차이점을 간단히 서술할 수 있으며, 헌신적인 위인의 삶을 통해 도덕적인 삶의 가치를 깨닫고 자신만의 언어로 표현할 수 있다.	잘함	
헌신적인 위인의 삶을 통해 도덕적인 삶의 가치를 깨닫고 자신만의 언어로 표현할 수 있다.	보통	
도덕과 돈(물질)의 차이점을 제대로 서술하지 못한고, 헌신적인 위인의 삶을 통해 자신의 느낀 점을 적절히 표현하지 못한다.	노력 요함	

◑ 15차시: 예의 바른 생활 태도[接人]

학습 목표	예절이란 공경과 배려의 표현임을 이해하고 예의 바른 생활 태도를 기를 수 있다.	
내용 요소	• 선조들은 왜 '예'를 강조했을까?: 예의 의미와 역할 • 어른들과 또래 친구들을 대할 때 가져야 할 바른 태도와 마음가짐은 무엇일까?: 공경 · 배려 · 겸손 • 다양한 상황에서 어른들과 친구를 대할 때의 올바른 예절 찾기 • 친구를 사랑하고 아끼는 마음 표현하기 • 예의 바른 태도	
성취기준	[4도02-02] 친구 사이의 배려에 대한 올바른 이해를 바탕으로 일상생활에서 배려에 기반한 도덕적 관계를 맺을 수 있는 방안을 탐색한다. [4도02-04新] 예절이란 상대방에 대한 공경과 배려의 표시임을 알고 예의 바른 생활을 통해 타인과 조화와 협동을 이룬다.	
수업 환경	시간: 40분	준비물: PPT 자료, 활동지

[도입]

◎ **동기유발**

■ '사물잠(四勿箴)' 알아보기

• 여러분, 우리 선조들은 '예'를 무척 중요하게 생각했습니다. 율곡 선생님도 『격몽요결』에서 '예'를 잘 지켜야 한다고 여러 번 강조하고 계세요. 화면을 볼까요?

非禮勿視, 非禮勿聽,
비 례 물 시 비 례 물 청
非禮勿言, 非禮勿動.
비 례 물 언 비 례 물 동
『격몽요결』 제3장

(화면 예시)

- 어려운 한자가 나왔네요. 그렇지만 선생님이 한자 밑에 음을 달아놨으니 그대로 읽어보면 됩니다. 따라 해보겠습니다.
- 비례물시, 비례물청, 비례물언, 비례물동. [비례물시, 비례물청, 비례물언, 비례물동.]
- 어떤 뜻일까요? 혹시 이 중 아는 한자가 있을까요? *학년에 따라 '非', '言' 정도의 한자는 알고 있는 경우가 많다. [앞에 非가 있는 걸로 보아서 '아니다'라는 뜻이 들어있는 것 같아요, 言이 있는 걸 보니 말과 관련이 있는 것 같아요, 등]
- 모두 잘 추측해 주었습니다. 정확한 뜻을 확인해 봅시다.

예가 아니면 보지 말고,
예가 아니면 듣지 말고,
예가 아니면 말하지 말고,
예가 아니면 움직이지 말라.

『격몽요결』 제3장

(화면 예시)

- 다 같이 따라 해볼게요. 예가 아니면 보지 말고, 예가 아니면 듣지 말고, 예가 아니면 말하지 말고, 예가 아니면 움직이지 말라. [예가 아니면 보지 말고, 예가 아니면 듣지 말고, 예가

아니면 말하지 말고, 예가 아니면 움직이지 말라.]

- 무엇 무엇을 하지 말라고 하나요? [예가 아니면 보지 말고, 듣지 말고, 말하지도 말고, 움직이지 말래요.] 여러분 여기 나와 있는 대로 해볼까요? 보지 말아야 하니 눈을 감고요, 듣지 말아야 하니 손으로 귀를 막아봅시다, 말하지 않아야 하니 입을 꼭 다물어 볼게요, 마지막으로 몸을 움직이지 않도록 팔, 다리, 머리, 어깨 등등이 밧줄에 꽁꽁 묶여 있다고 상상해 볼게요. 여러분은 지금 어떤 모습이 되었죠? 눈을 살포시 뜨고 화면을 볼게요. 방금 전의 내 모습이 화면의 모습과 비슷한가요?

(화면 예시)

- 이런 모습으로 어떤 일을 할 수 있을까요? [아니요, 아무것도 못 해요, 등]
- 그럼 율곡 선생님과 우리의 많은 선조들이 "예가 아니면 보지도, 듣지도, 말하지도, 움직이도 말라"고 하신 말은 무슨 뜻일까요? [예가 아니면 어떤 것도 하지 말라는 뜻 같아요, 예에

맞추어 행동하라는 것이요, 예절이 무척 중요하다는 뜻 같아요, 등]

- 잘 생각했어요. 여러분이 이해한 것처럼 율곡 선생님과 많은 선조들은 우리가 세상을 살아갈 때 '예'에 맞추어 행동하고 생각하고 말하길 원했어요.
- 오늘은 율곡 선생님과 과거 많은 선조들이 왜 '예'를 이렇게나 강조했는지, '예'가 도대체 무슨 의미였길래 이렇게나 중요하게 생각한 것인지 알아보겠습니다. 그리고 우리가 지켜야 하는 바른 예절에 대해서도 알아볼게요.

[학습 문제 확인]

예절이란 공경과 배려의 표현임을 이해하고 예의 바른 생활 태도를 길러봅시다.

[학습활동 안내]

1. '예'의 의미와 역할 이해하기 2. 우리가 지켜야 할 예절 알아보기 3. 예의 바른 태도 연습하기

[활동 1] '예'의 의미와 역할 이해하기

■ 선조들이 '예'를 이해한 관점 알아보기[378]

☞ 수업 참고 자료: 예(禮)는 본디 자신의 조상신에게 제사를 지내는 종교적 의식 행위였으나, 시간이 흐르며 정치적 규범과 질서의 의미도 함께 갖게 되었다. 고전에 등장하는 예를 분석해 보면 크게 도덕법칙, 종교·사회적 의식(儀式), 정치 질서, 자연 질서라는 몇 가지 함의를 갖는다. '자연 질서'로서의 예는 낮과 밤의 변화, 사계절의 순환 등 천지의 운행 법칙이다. '도덕법칙'으로서의 예는 인간을 인간으로 만드는 요소로 『격몽요결』에서 다루는 가르침이 여기에 속한다. '정치 질서'로서의 예는 일종의 법률로서 사회를 운영하는 규칙으로 기능했다. 본 수업에서는 '도덕 법칙'으로서의 예와 '정치 질서'로서의 예를 다루고자 한다.

이처럼 다양한 의미를 지닌 '예'는 단순히 행동 규범에 그치지 않고, 한 사회의 사상, 문화, 그리고 정치를 지탱하는 핵심 요소로 작용했음을 알 수 있다.[373]

☞ 활동 유의점: 이번 활동을 통해 학생들은 선조들이 생각했던 '예'가 단순한 예의범절을 넘어 사회 규칙, 배려, 질서, 관습, 처벌을 포함했다는 점을 배운다. 다만 이러한 내용은 학생들에게 다소 어렵거나 낯설게 느껴질 수 있다. 따라서 수업을 진행하는 교사는 학급 상황에 맞추어 활동지의 난이도를 조절해야 한다. 또한 학생들이 '예'의 다양한 용례를 정확히 이해하지 못해도 이를 강요할 필요는 없다. 이 활동의 목표는 학생들이 '예'가 단순히 행동 규칙이 아니라 선조들의 삶에 매우 중요한 의미를 가지고 있었다는 사실과 배려와 공경의 마음을 표현하는 수단이었음을 깨닫게 하는 데 있다. 따라서 이해가 어려운 학생들도 수업에 지속적으로 참여할 수 있도록 격려하며 활동의 목표(선조들에게 '예'는 다양한 의미를 지니고 있었고 또 그만큼 중요한 요소였다는 점)를 강조해서 전달하는 것이 좋다.

- 선조들의 '예'는 무척 다양한 의미와 역할을 가지고 있었어요.

---

378 김병환, 『김병환 교수의 동양윤리사상 강의』, 34~38쪽 참고.

우리가 몰랐던 '예'의 여러 모습에는 어떤 것들이 있는지 살펴보겠습니다.

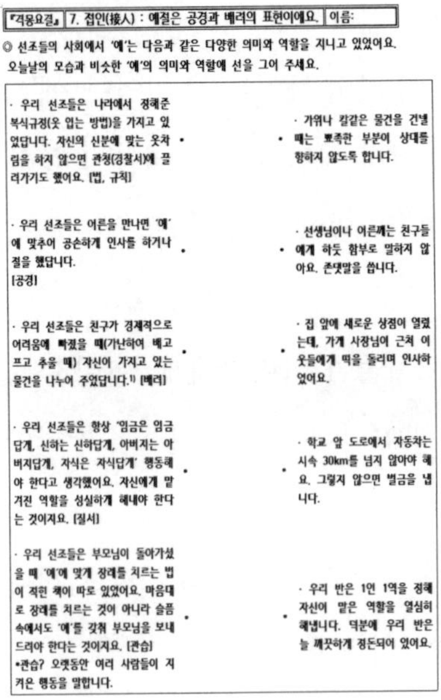

『격몽요결』 7. 접인(接人) : 예절은 공경과 배려의 표현이에요. 이름:

◎ 선조들의 사회에서 '예'는 다음과 같은 다양한 의미와 역할을 지니고 있었어요. 오늘날의 모습과 비슷한 '예'의 의미와 역할에 선을 그어 주세요.

· 우리 선조들은 나라에서 정해준 복식규정(옷 입는 방법)을 가지고 있었답니다. 자신의 신분에 맞는 옷차림을 하지 않으면 관청(경찰서)에 끌려가기도 했어요. [법, 규칙]	· 가위나 칼같은 물건을 건넬 때는 뾰족한 부분이 상대를 향하지 않도록 합니다.
· 우리 선조들은 어른을 만나면 '예'에 맞추어 공손하게 인사를 하거나 절을 했답니다. [공경]	· 선생님이나 어른께는 친구들에게 하듯 함부로 말하지 않아요. 존댓말을 씁니다.
· 우리 선조들은 친구가 경제적으로 어려움에 빠졌을 때(가난하여 배고프고 추울 때) 자신이 가지고 있는 물건을 나누어 주었답니다.[1] [배려]	· 집 앞에 새로운 상점이 열렸는데, 가게 사장님이 근처 이웃들에게 떡을 돌리며 인사하였어요.
· 우리 선조들은 항상 '임금은 임금답게, 신하는 신하답게, 아버지는 아버지답게, 자식은 자식답게' 행동해야 한다고 생각했어요. 자신에게 맡겨진 역할을 성실하게 해내야 한다는 것이지요. [질서]	· 학교 앞 도로에서 자동차는 시속 30km를 넘지 않아야 해요. 그렇지 않으면 벌금을 냅니다.
· 우리 선조들은 부모님이 돌아가셨을 때 '예'에 맞게 장례를 치르는 법이 적힌 책이 따로 있었어요. 마음대로 장례를 치르는 것이 아니라 슬픔 속에서도 '예'를 갖춰 부모님을 보내드려야 한다는 것이지요. [관습] •관습? 오랫동안 여러 사람들이 지켜온 행동을 말합니다.	· 우리 반은 1인 1역을 정해 자신이 맡은 역할을 열심히 해냅니다. 덕분에 우리 반은 늘 깨끗하게 정돈되어 있어요.

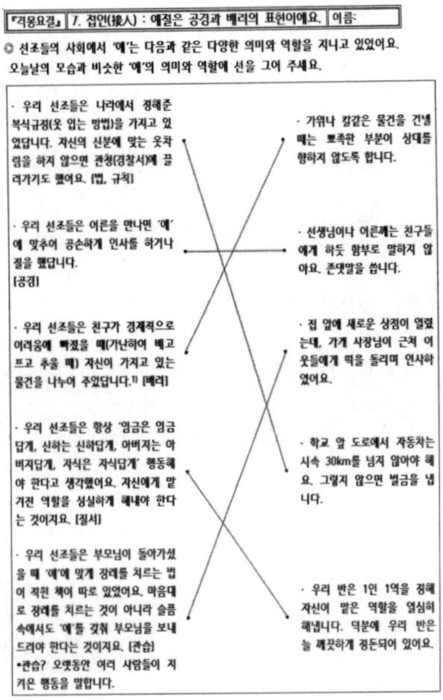

『격몽요결』 7. 접인(接人) : 예절은 공경과 배려의 표현이에요. 이름:

◎ 선조들의 사회에서 '예'는 다음과 같은 다양한 의미와 역할을 지니고 있었어요. 오늘날의 모습과 비슷한 '예'의 의미와 역할에 선을 그어 주세요.

· 우리 선조들은 나라에서 정해준 복식규정(옷 입는 방법)을 가지고 있었답니다. 자신의 신분에 맞는 옷차림을 하지 않으면 관청(경찰서)에 끌려가기도 했어요. [법, 규칙]	· 가위나 칼같은 물건을 건넬 때는 뾰족한 부분이 상대를 향하지 않도록 합니다.
· 우리 선조들은 어른을 만나면 '예'에 맞추어 공손하게 인사를 하거나 절을 했답니다. [공경]	· 선생님이나 어른께는 친구들에게 하듯 함부로 말하지 않아요. 존댓말을 씁니다.
· 우리 선조들은 친구가 경제적으로 어려움에 빠졌을 때(가난하여 배고프고 추울 때) 자신이 가지고 있는 물건을 나누어 주었답니다.[1] [배려]	· 집 앞에 새로운 상점이 열렸는데, 가게 사장님이 근처 이웃들에게 떡을 돌리며 인사하였어요.
· 우리 선조들은 항상 '임금은 임금답게, 신하는 신하답게, 아버지는 아버지답게, 자식은 자식답게' 행동해야 한다고 생각했어요. 자신에게 맡겨진 역할을 성실하게 해내야 한다는 것이지요. [질서]	· 학교 앞 도로에서 자동차는 시속 30km를 넘지 않아야 해요. 그렇지 않으면 벌금을 냅니다.
· 우리 선조들은 부모님이 돌아가셨을 때 '예'에 맞게 장례를 치르는 법이 적힌 책이 따로 있었어요. 마음대로 장례를 치르는 것이 아니라 슬픔 속에서도 '예'를 갖춰 부모님을 보내드려야 한다는 것이지요. [관습] •관습? 오랫동안 여러 사람들이 지켜온 행동을 말합니다.	· 우리 반은 1인 1역을 정해 자신이 맡은 역할을 열심히 해냅니다. 덕분에 우리 반은 늘 깨끗하게 정돈되어 있어요.

(활동지 배부)[379]

- 선조들이 생각했던 '예'에는 우리가 알고 있던 것보다 훨씬 더 많은 의미가 담겨 있네요.
- 활동지에 적힌 순서대로 살펴봅시다. 첫 번째, 지키지 않으면 처벌을 받는 '무엇'이었죠? [법, 규칙이요.]
- 두 번째, 웃어른이나 선생님, 사회의 훌륭한 분들을 '무엇'하는

379 1-2학년은 해당 내용을 파악하기 어려울 수 있으므로 '공경'과 '배려' 부분만 남기고 미리 선을 이어서 제공하는 것이 좋다.

마음이기도 했어요. [공경이요.]

- 또, 내 친구를 사랑하는 마음, 가족을 생각하는 마음이기도 했습니다. 이 마음은 무엇일까요? [배려요.]
- 네 좋습니다. 이번에는 여러분이 거의 들어본 적 없었던 '예'의 의미를 말해볼게요. '예'는 그 시대 사람들에게 '역할'을 정해주기도 했어요. 아버지는 아버지다워야 하고, 아들은 아들다워야 했죠.
- 만약 역할이 정해지지 않아서 아들이 아버지에게 "아버지야, 공부해라~"라고 한다면 어떨까요? [이상해요, 불효자가 많아져요, 등]
- 신하가 임금에게 "너는 나에게 충성하도록 해라~"라고 한다면요? [나라가 망할 것 같아요, 일이 하나도 되지 않을 것 같아요, 등]
- 만약 우리 반 친구들 모두가 선생님이 되어 수업을 하겠다고 나선다면요? [수업을 할 수 없어요, 교실이 시끄러워져요, 등]
- 맞아요, 예를 통해서 사람들에게 각자가 맡은 역할이 정해지지 않으면 그 사회의 '이것'이 무너져 버려요. '이것'은 무엇일까요? 힌트는 'ㅈㅅ'입니다. [질서요.]
- 또 이사를 오면 주변 사람들에게 떡을 돌린다거나, 식사 자리에서 어른이 숟가락을 드시기 전까지 기다리는 일도 모두 '예'에 포함되었어요. 이것을 무엇이라 할까요? [관습이요.]

• 네, '예'는 이렇게 다양한 의미와 역할을 가졌기 때문에 선조들에게 무척 중요하게 여겨졌어요.

• 단어 퀴즈를 하나 내볼게요. 어려운 단어이지만 도전해 보세요.

> – 우리가 어떤 행동을 하거나, 결심을 하거나, 옳고 그르다를 정할 때 'ㄱㅈ'이 필요해요.
> – 여러분은 학교에 8시 55분까지 등교해야 해요. 여러분은 이 시간에 맞추어 일어나고 책가방을 메고 집에서 나와요. 이것이 바로 'ㄱㅈ'이에요.
> – 여러분이 수학 공부를 매일 하려고 마음먹었다면, 하루에 문제집 몇 장을 풀거야! 라는 계획을 세우죠? 이 문제집 몇 장이 바로 여러분이 공부를 제대로 마쳤다는 'ㄱㅈ'이 돼요.

• '기준'이라는 단어가 낯설면서도 익숙하죠? 어디서 들어봤지요?
수학 시간에 '분류 기준'[380]이라는 단어가 나왔을 거예요. 우리는 바퀴 수를 '기준'으로 자동차를 분류하기도 했고, 다리 수를 '기준'으로 동물을 분류해 보기도 했습니다.

• 만약 학교의 등교 시간을 9시 30분이라고 정한다면 9시 10분

---

380 교육부(2022), 앞의 책, 215쪽. 수학과 1-2학년 '과정 · 기능' 영역에 '여러 가지 사물과 도형을 기준에 따라 분류하기' 항목이 서술되어 있다. 또한 1cm, 1m와 같은 표준 단위를 학습하기 때문에 '기준'에 관한 이해에 어려움은 없을 것으로 보인다.

에 도착한 친구는 지각이 아닐 거예요. 그렇지만 우리 반의 등교 시간은 8시 55분이기 때문에 9시 10분에 오면 지각이 되지요? [네]

- 기준은 이렇게 어떤 행동을 할 수 있게도 혹은 하지 않을 수 있게도 해줍니다. 그래서 어떤 일이 '옳다, 그르다'를 판단할 수 있게 해주는 역할을 하지요.
- 우리 선조들에게 '예'는 이렇게 '어떤 행동을 해야지!' 하고 결심하고 판단하게 해주고, '아, 이 행동은 옳지 못한 것이었어! 부끄러워!'라고 반성도 하게 해주는 '기준'으로서의 역할을 했답니다.

■ '예'에 담긴 내면적 가치의 중요성 이해하기

- 옛날 선조들은 '예'인지 '예'가 아닌지에 비추어 행동했습니다.
- 우리 반은 '몸'과 '마음'이 연결되어 있다는 사실을 잘 알고 있죠? [네.]
- 선생님을 보고 공손하게 인사하는 행동에는 어떤 마음이 담겨 있을까요? [선생님을 공경하는 마음이요, 반가운 마음이요, 등], 친구의 무거운 짐을 나눠서 들어주는 행동에는 어떤 마음이 담겨 있죠? [친구를 도와주고 싶은 마음이요, 친구를 사랑하는 마음이요, 등]
- 맞아요, '예'는 이렇게 우리의 마음을 겉으로 드러내 준답니

다. 그렇기 때문에 '예'를 잘 지키는 것은 상대방을 향한 내 마음을 전달하는 일이기도 해요.

- 우리가 '예'를 갖춘 사람이 되려면 무엇부터 해야 할까요? 율곡 선생님은 이렇게 말씀하셨어요.

몸 가짐을 바르게 하고,
얼굴 빛을 온화하게 하고,
말씨를 순하게 하는 것이,
'예'를 지키는 시작이다.

-율곡 이이 『성학집요』 (화면 예시)[381]

- 같이 읽어보겠습니다. [몸가짐을 바르게 하고, 얼굴빛을 온화하게 하고, 말씨를 순하게 하는 것이 '예'를 지키는 시작이다.]
- '몸가짐과 얼굴빛, 말씨를 순하게 하는' 사람의 마음은 어떨 것이라 짐작할 수 있죠? [바르고 착하다고 생각할 것 같아요, 등]
- 맞아요. 마음이 불량한 사람이 '몸가짐과 얼굴빛, 말씨를 순하게' 할 수 있을까요? [아니요.]
- 그렇다면 율곡 선생님이 몸가짐과 얼굴빛, 말씨를 순하게 하는 일을 '예'의 시작이라고 말씀하신 이유를 알 수 있겠네요? 무엇일까요? [착한 마음을 가져야 하기 때문이에요, '예'를 시작할 때는 마음이 중요하기 때문이에요, 등][382]

---

381 『栗全』 卷21 「聖學輯要」 禮義之始, 在於正容體, 齊顔色, 順辭令.

382 답이 안 나오는 경우: 힌트를 통해 학생들 스스로 결론에 도달할 수 있게 한

• 맞아요, 우리가 선조들처럼 복잡한 예법은 알지 못하더라도 몸과 얼굴과 언어를 가다듬는 일은 할 수 있겠죠? [네]

• '예'는 정해진 규칙을 잘 따르는 일만큼이나 그 안에 담긴 마음을 표현하는 것이 중요하거든요.(활동지 정리)

◎ 다음 빈 칸에 알맞은 단어를 써 봅시다.

→ 우리 선조들에게 예(禮)란, 행동을 결정하고, 판단을 내리고, 옳고 그름을 가려주는 [   ] 이었습니다. → 우리도 가족과 어른, 친구들을 대할 때 예(禮)를 지켜야 합니다. 그 이유는, 예(禮)를 통해 나의 [   ] 을 표현할 수 있기 때문입니다.

• 활동지 답안: 기준, 마음

다. "'ㅁㅇ'이 중요하기 때문입니다. 무엇일까요?"

[활동 2] 우리가 지켜야 할 예절 알아보기

■ 어른, 가족, 친구를 대할 때 지켜야 할 예절 알아보기

• 우리 반 친구들은 이미 알고 있는 '예절'이 많아요. 그렇지만 미처 내가 몰랐던 '예절'이 있을지도 모르니 우리가 지켜야 할 중요한 예절을 체크해 보도록 해요.

『격몽요결』	6. 접인(接人) : 예절은 공경과 배려의 표현이예요.	이름:

◎ 다음은 우리가 지켜야 하는 예절들입니다. 예절에 맞는 행동에는 O표를, 그렇지 않은 행동은 '->'에 어떻게 고쳐야 할지 써 주세요.

<학교에서>

1. 교실에 등교하면 선생님께 인사를 드린다. (　　)
->
2. 쉬는 시간에 복도에서 소리를 지르며 뛰어다닌다. (　　)
->
3. 도서관에서 빌린 책은 소중히 읽고 제 때 반납한다. (　　)
->
4. 선생님께 하고 싶은 말은 언제든지 해도 된다. (　　)
->
5. 점심시간에 밥을 입에 넣고 옆 친구와 크게 말을 한다. (　　)
->

<가정에서>

1. 식사 시에는 어른이 먼저 수저를 드신 뒤 밥을 먹는다. (　　)
->
2. 부모님이나 어른이 밖에서 들어오셔도 방에서 하던 일을 계속한다. (　　)
->
3. 집에 어른이 방문하시면 현관문까지 나가 공손히 인사를 드린다. (　　)
->
4. 밥을 먹은 뒤 내가 먹은 그릇과 수저를 그 자리에 둔다. (　　)
->
5. 부모님은 나를 사랑하시기 때문에 예의를 지키지 않고 함부로 해도 된다. (　　)
->

<친구를 대할 때>

1. 친구가 싫어하는 별명을 부르거나 행동을 하지 않는다. (　　)
->
2. 놀이를 할 때 정해진 규칙을 잘 따른다. (　　)
->
3. 선생님께 혼날까봐 나의 잘못을 친구의 탓으로 돌리고 비난한다. (　　)
->
4. 친구의 물건을 나의 물건처럼 허락없이 만지거나 사용해도 된다. (　　)
->
5. 친구와 다툼이 생겨도 화를 내기보다 나의 행동을 돌아보고 대화로 해결한다. (　　)
->

활동지 예시 답안

〈학교에서〉
1.(O) 2.(X, 뛰지 않고 천천히 걸으며 큰 소리로 말하지 않는다.) 3.(O)
4.(X, 선생님께 질문을 해도 되는지 먼저 여쭈어본다.) 5.(X, 조용히 식사를 한다.)

〈가정에서〉
1.(O) 2.(X, 하던 일을 멈추고 나가 공손히 인사한다.) 3.(O)
4.(X, 자신이 먹은 그릇과 수저를 싱크대에 둔다.)
5.(X, 부모님을 사랑하는 마음을 예의를 갖춰 표현한다.)

〈친구를 대할 때〉
1.(O) 2.(O) 3.(X, 나의 잘못을 인정하고 사과한다.)
4.(X, 물건을 만지기 전에 친구에게 허락을 구한다.) 5.(O)

- 평소에 내가 미처 신경 쓰지 못했던 행동에는 어떤 것들이 있나요? [쉬는 시간에 복도에서 소리를 지르며 뛰어다녔어요, 밥을 먹으면서 친구와 크게 떠든 적이 있어요, 등]
- 이런 행동들은 왜 예를 벗어난 것일까요? [다른 사람에게 피해를 줄 수 있기 때문이에요, 친구를 생각하는 행동이 아니에요, 등]
- 이런 행동을 고치기 위해 나는 앞으로 어떤 노력을 할 수 있을까요? [뛰고 싶어도 참고 복도를 조용히 걷는 연습을 할 거예요, 아홉 가지 바른 몸가짐을 매일 연습해요, 집중하는 연습도 매일 해요, 등]

■ 올바른 예절 확인하며 보드게임 하기(보드게임 활동지 2인 1장 배부, 말 2개, 4면 주사위 권장)

- 이번에는 우리가 배운 예절을 게임을 통해 다시 한번 익히는 시간을 갖겠습니다. 각 칸마다 예의 바른 행동과 그렇지 않은 행동이 적혀 있습니다. 가위바위보를 통해 먼저 시작하는 사람을 정하세요. 주사위를 굴린 뒤 나온 수만큼 말을 이동하면 됩니다. 도착한 지점의 안내를 따라주세요.

『격몽요결』	5. 접인(接人) : 예절은 공경과 배려의 표현이예요.	이름:

◎ 보드게임을 통해 어른과 친구를 대할 때 필요한 예절을 알아보아요.

출발	복도에서 모르는 선생님을 마주쳐서 인사 없이 그냥 지나쳤어요. <한 칸 뒤로>		궁금한 게 있었는데 어른들끼리 말씀하는 중이어서 대화가 끝날 때까지 기다렸습니다. <주사위 한 번 더!>	선생님께서 심부름을 시키셨는데 "제가 왜요?"라고 대꾸했어요. <두 번 쉬기>	길을 걷다 친구의 부모님을 만나 공손하게 인사했습니다. <한 칸 앞으로>
	오랜만에 할아버지, 할머니를 뵈러 가려고 옷을 단정하게 입었어요. <한 칸 앞으로>	아버지가 말씀하시는데 딴청을 부렸어요. <한 칸 뒤로>		친구가 떨어진 연필을 대신 주워줘서 고맙다고 인사했어요. <한 칸 앞으로>	내 방에 누워 퇴근하고 오신 아버지께 인사했어요. <세 칸 뒤로>
친구와 약속 장소에서 만나기로 했는데 귀찮아서 아무 연락 없이 나가지 않았어요. <한 번 쉬기>					
집에 방문한 손님이 가실 때 현관문 앞까지 나가서 공손히 인사했어요. <두 칸 앞으로>	가족 식사 시간에 너무 배가 고파 어른이 드시기도 전에 먼저 밥을 먹기 시작했어요. <뒤로 세 칸>		교실에 등교한 뒤 선생님께 인사를 드렸어요. <매일 그렇게 하세요!>	부모님께 말씀드리지 않고 친구와 놀러 나갔어요. <처음으로>	**도착**

(활동지 예시)

[활동 3] 예의 바른 태도 연습하기

☞ 활동 유의점: 이 활동은 저학년일수록 참여도가 높다. 그러나 소극적인 학생들이 많거나 학년이 올라갈수록 적극적으로 활동하지 않는 경향이 나타난다. 따라서 교사는 학급 상황에 맞추어 유연하게 수업을 진행해야 한다. 예를 들어 먼저 시범을 보여줌으로써 활동을 재미있게 진행하고 학생들의 긴장을 완화할 수 있다. 또한 'Pass the ball' 게임이나 '출석번호 제비뽑기'를 활용하여 약간의 강제성을 부여하되 적절한 유머가 가미된 수업을 구상할 수도 있다.

■ 예의 바른 태도 놀이하기

• 우리 반 친구들이 예의 바른 태도를 기르기 위해 재미있는 놀이를 통해 연습해 보도록 하겠습니다.

〈놀이 규칙〉

1. 책상을 뒤로 밀어 놀이 공간을 확보한다.
2. 두 사람씩 짝을 지어 선다.
3. 배경음악에 맞추어 신나게 춤을 춘다.
4. 배경음악이 멈추고 상황을 설명하는 화면이 나오면 두 사람은 관련 상황에 예의 바른 태도로 역할극을 한다.
5. 다시 배경음악이 나오면 신나게 춤을 춘다.(반복)

길을 걷다 이웃집 어른을 만났다.	집에서 누워있는데 부모님이 들어오셨다.	친구에게 전화했는데 모르는 사람이 받았다.

운동장에서 뛰다가 친구와 부딪쳤다.	복도에서 잘 모르는 선생님을 마주쳤다.	등교길에 우리 반 친구를 만났다.

[마무리]

■ 내용 정리

- 우리 선조들에게 '예'는 행동의 '무엇'이 되었다고 했지요? [기준이요.]
- 우리가 '예'를 지켜야 하는 까닭은 무엇일까요? [예를 지키지 않으면 다른 사람에게 피해를 입혀요, 사람들의 사이가 나빠져요, 질서가 지켜지지 않아요, 마음을 전달할 수 없어요, 등]

■ 과제 제공

- 다음 시간까지 여러분은 자신의 장래 희망이 무엇인지 생각하고, 어떤 일을 하는지 조사해 오세요. 또, 그 직업이 되기 위해 무엇을 해야 하는지 구체적으로 생각해 오면 좋겠습니다.

[평가 예시](1) 역할극

평가 관점	평가 기준	평가 방법
제시된 상황에 알맞은 예절을 5개 이상 알고 역할극에 적극적으로 참여하였다.	매우 잘함	관찰 평가
제시된 상황에 알맞은 예절을 3~4개 알고 역할극에 참여하였다.	잘함	
제시된 상황에 알맞은 예절을 1~2개 알고 역할극에 참여하였다.	보통	
제시된 상황에 알맞은 예절을 모르고 역할극에 소극적인 태도로 참여하였다.	노력 요함	

[평가 예시](2) 동료 평가

〈동료 평가〉 내 이름: 친구의 이름: *나의 짝꿍이 오늘 수업에 얼마나 잘 참여했는지 평가해 주세요. (매우 잘함:◎, 잘함:○, 보통:△, 노력 필요:✓)	
1. 보드게임을 할 때 규칙을 잘 지켰나요?	
2. 상황에 알맞은 예절을 잘 알고 있나요?	
3. 역할극을 할 때 지나치게 장난을 치거나 떠들지는 않았나요?	
짝꿍이 오늘 수업에서 가장 잘한 점	
아쉬운 점, 고쳤으면 하는 점	
짝꿍을 향한 응원의 한 마디!	

◑ 16-17차시: 꿈을 이룬 뒤의 나[處世]

학습 목표	꿈을 이룬 뒤의 나의 모습을 상상하고 도덕적인 사람이 되고자 하는 마음을 세울 수 있다.	
내용 요소	• 내가 꿈꾸는 직업은 무엇인가? • 나의 꿈을 이루기 위해 무엇이 필요할까? • 꿈을 이룬 뒤 나는 어떤 사람이 될까?: 誠 • 내가 꿈꾸는 직업 표현하기 • 꿈을 이루고 난 뒤의 '자신' 생각하기 • 성실한 자세와 협동의 태도 • 도덕적인 사람이 되고자 하는 의지	
성취기준	[2바02-01] 공동체[378]에서 내가 할 수 있는 일을 찾아보고 실천한다. [4도02-02] 친구 사이의 배려에 대한 올바른 이해를 바탕으로 일상생활에서 배려에 기반한 도덕적 관계를 맺을 수 있는 방안을 탐색한다. [4도01-03] 성실한 생활의 모범 사례를 탐색하고 시간 관리를 위한 생활을 계획하여 지속적인 자기 성장을 모색한다.	
수업 환경	시간: 80분	준비물: '아바타 놀이' 화면 자료, 활동지, 실물화상기, 마인드맵 활동지

[도입]

◎ 동기 유발

■ 마음속 네 가지 착한 씨앗 복습하기

• 우리는 모두 마음속 네 가지 착한 씨앗을 가지고 있다고 배웠

383 교육부(2022), 위의 책, 54쪽. [2바02-01]에서 '공동체'의 범위는 나와 관련이 있거나 내가 참여하는 공동체이다.

습니다.

- 어떤 것이 있었는지 기억하나요? [사랑하는 마음, 잘못을 부끄럽게 여기고 미워하는 마음, 옳고 그름을 구별할 줄 아는 마음, 다른 사람에게 양보하는 겸손한 마음이요.]
- 아주 잘 알고 있네요. 이 네 가지 씨앗 덕분에 우리는 누구나 노력만 하면 훌륭한 마음을 가진 사람이 될 수 있다고 배웠습니다.
- 네 가지 씨앗이 시들거나 병들었을 때는 어떤 문제가 있었던 거죠? 씨앗 자체에 문제가 있었던가요? 아니면 씨앗을 잘 가꾸지 못한 탓인가요? [씨앗을 잘 가꾸지 못해서 병이 든 것입니다, 씨앗의 문제는 아니에요, 등]

■ 가상의 상황 상상하기

학생들은 가상의 캐릭터 '나잘난'이 도덕적 갈등 상황에 처했을 때, 이상적인 행동과 그렇지 않은 행동 중 하나를 선택하는 역할을 맡는다. 학생들에게는 이상적인 행동을 선택하지 않았을 때 큰 손해를 입을 수 있는 '비밀 정보'를 제공한다. 그러나 처음부터 이상적 행동은 선택되지 않도록 설정되어 있다. 캐릭터 '나잘난'이 '마음속 네 가지 착한 씨앗'을 돌보지 않았기 때문이다. 이를 통해, 학생들은 '나잘난'의 비도덕적 행동이 가져올 결과를 경험하고, 도덕적 씨앗을 키우는 일의 중요성을 깨달을 수 있다.

- 지금부터 '아바타 놀이'를 시작할게요. 여러분 '아바타'가 무엇인지 들어봤죠? [영화에서 봤어요, 처음 들어봤어요, 등]

• '아바타'는 인터넷이나 가상 현실에서 자신의 역할을 대신하는 캐릭터예요.
• 오늘 우리 반 친구들이 맡게 될 '아바타'의 이름은 '나잘난'입니다. 자신이 '나잘난' 씨가 됐다고 생각하고 '나잘난' 씨의 행동을 선택하면 됩니다. 화면을 볼게요.

구독자 1억 명, 업로드 영상 평균 조회수 1억 회를 기록하는 엄청나게 유명한 유튜브 스타인 '나잘난' 씨. 이제 대한민국에서 이 '나잘난' 씨를 모르는 사람이 없을 정도이다.

그러나 '나잘난' 씨는 안타깝게도 '마음속 네 가지 착한 씨앗'을 제대로 돌보지 못했다. '나잘난' 씨의 마음은 그림과 같이 힘을 잃고 쓰러진 씨앗만이 남았다. '나잘난' 씨의 마음은 으스스하고 추웠다.

'나잘난' 씨의 팬들은 하루에도 수십, 수백 통의 편지를 보냈다. 오늘도 수북히 많은 편지와 선물이 나잘난 씨 집 앞에 가득하다

자, 이제 여러분은 '나잘난' 씨의 행동을 선택해 주세요. 선택하기 전에 필요한 정보를 드릴게요. 나잘난 씨는 이 정보를 모르고 여러분만 알고 있어요. 그것은 바로 '나잘난' 씨가 사는 아파트에도 '나잘난' 씨의 팬들이 많다는 사실이지요. '나잘난' 씨가 어디를 가든지 '나잘난' 씨의 행동을 바라보는 팬들이 있었어요.

A. 편지를 읽는다.
B. 모두 모아서 쓰레기장에 버린다.

(A는 처음부터 클릭이 안 되게 설정되어 있다.) 앗, 여러분, A는 선택이 안 되네요. '겸손한 씨앗'이 시든 '나잘난' 씨에게 팬들의 사랑이 와닿지 않나봐요. "어쩔 수 없이" B를 선택하겠습니다.

편지를 모두 모아서 쓰레기장에 버린 나잘난 씨. 그 모습을 바라보는 팬들의 시선을 알아차리지 못한다.

나잘난 씨는 어느 날 모 회사로부터 전화를 받는다. "으헤헤.. 나잘난 씨. 우리 회사 제품을 홍보해 주세요. 광고라고 말하지 말고 매일 사용하는 제품인 척 해주시면 제가 … 돈을 드리겠습니다."

여러분, 다시 '나잘난' 씨의 행동을 선택해 주세요. 이 선택에도 여러분만 아는 중요한 사실이 있어요. 이 회사의 제품은 효과도 없고 심지어 몸에 나쁜 영향을 끼친다는 것이에요. 무엇을 선택할 건가요?

A. 돈을 받고 거짓 홍보를 한다.
B. 거절한다.

(B는 처음부터 클릭이 안 되게 설정되어 있다.) 앗, 여러분, B는 선택이 안 되네요. '잘못을 부끄러워하고 미워하는 씨앗'이 시든 '나잘난' 씨는 거짓말을 해도 양심의 소리를 듣지 못하는군요. "어쩔 수 없이" A를 선택하겠습니다.

어느 날 ○○보육원에서 '나잘난' 씨에게 봉사 요청이 들어왔습니다. "안녕하세요 나잘난 씨, ○○보육원입니다. 우리 ○○보육원 어린이들이 나잘난 씨를 무척 좋아합니다. 시간이 나신다면 저희 보육원에 방문해 주세요. ○○보육원 어린이들에게 행복하고 즐거운 시간을 선물해 주신다면 감사하겠습니다."

자 이제 다시 선택의 순간이 다가왔네요. 이번에도 선택하기 전에 중요한 팁을 드리겠습니다. 나잘난 씨도 어린 시절 보육원에서 지냈던 시간이 있었다는 사실입니다. 자, 무엇을 선택할 건가요?

A. ○○보육원에 봉사를 하러 간다.
B. 거절한다.

(A는 처음부터 클릭이 안 되게 설정되어 있다.) 앗, 여러분, A는 선택이 안 되네요. '사랑하는 마음의 씨앗'이 시든 '나잘난' 씨는 다른 사람을 불쌍하게 여기는 양심의 소리를 듣지 못하는군요. "어쩔 수 없이" A를 선택하겠습니다.

- '아바타' 놀이를 하는 동안 어떤 느낌을 받았나요? '아바타'가 내 마음대로 움직였나요? [아니요, 마음대로 움직이지 않았어요, 선택할 수 있는 게 없었어요, 답답했어요, 등]
- 왜 여러분이 원하는 대로 선택할 수 없었을까요? ['나잘난' 씨가 마음속 착한 네 가지 씨앗을 잘 키우지 않았기 때문이에요, 씨앗들이 시들어 버려서 좋은 행동은 선택할 수 없었어요, 등]
- 이후의 '나잘난' 씨는 어떻게 되었을까요? [나쁜 행동의 대가를 받을 것 같아요, 구독자들이 사라지고 유튜브도 계속할 수 없을 것 같아요, 사람들에게 비난받을 것 같아요, 등]
- '나잘난' 씨에게 조언을 한다면 무엇을 말해주고 싶나요? [마음속 씨앗을 잘 돌봐야 한다고요, 마음을 착하게 먹으라고 전해주고 싶어요, 겸손한 마음을 가지라고요, 등]
- '나잘난' 씨는 꿈을 이루었지만 그렇게 멋진 사람은 되지 못한 것 같네요? 나의 모습은 어떨까요? 오늘은 꿈을 이룬 뒤의 나 자신을 상상해 보는 시간을 갖도록 하겠습니다.

[학습 문제 확인]

꿈을 이룬 뒤의 나의 모습을 상상하고 도덕적인 사람이 되고자 하는 마음을 세워 봅시다.

[학습활동 안내]

1. 미래의 '나' 상상하기 2. 꿈을 이룬 뒤 자신의 '마음' 상상하기

[활동 1] 미래의 '나' 상상하기

■ 미래의 내 직업과 마음 상상하기

- 지난 시간에 선생님이 자신의 장래 희망에 대해 조사해 오라고 한 숙제 기억하나요? [네.]
- 여러분은 어떤 사람이 되고 싶나요? 여러분의 인생에는 어떤 목표가 있나요?
- 이런 질문을 받는다면 친구들은 대개 자신의 장래 희망, 즉 직업에 대해 대답하고는 합니다. 혹은 '부자가 되고 싶다'거나 '돈 많은 백수'처럼 자신이 외적으로 소유할 수 있는 물건에 대해 말하고는 하지요.
- 그러나 친구들이 아직 말하지 않은 것이 있습니다. 그게 무엇일까요?
- 우리는 미래의 나 자신을 상상할 때 어른이 된 나의 '마음', 즉, 앞 시간에 배웠던 '착한 네 가지 씨앗'이 얼마나 자랐을지에 대해서 거의 생각해 보지 않는 것 같아요.
- 예를 들어, 선생님이 하고 싶은 친구에게 "선생님이 되고 난 후의 내 모습은 어떨 것 같아?"하고 묻는다면, "학교에서 아이

들을 가르칠 것 같아요"라고 대답하는 경우가 많아요.

- 그렇지만 우리는 미래의 어른이 된 나 자신을 떠올릴 때 어떤 '마음'을 가진 어른이 되었을지에 대해서도 생각해 보아야 해요.
- 내 마음은 선생님이 아니죠? 유튜버도 아니고요? 돈 많은 백수도 아닐 것입니다.

어른이 된 '나'를 떠올릴 때는,

1. 이루고 싶은 꿈 (직업)

2. 가꾸고 싶은 마음 (인품)

두 가지를 생각해야 합니다. (화면 예시)

- 따라 하겠습니다. 어른이 된 '나'를 떠올릴 때는, 첫째 이루고 싶은 꿈, 둘째 가꾸고 싶은 마음 두 가지를 생각해야 합니다. [어른이 된 '나'를 떠올릴 때는, 첫째, 이루고 싶은 꿈, 둘째, 가꾸고 싶은 마음 두 가지를 생각해야 합니다.]
- 우선 자신이 커서 어떤 일을 하는 사람이 되고 싶은지, 미래의 내 모습을 그림으로 표현해 주세요.

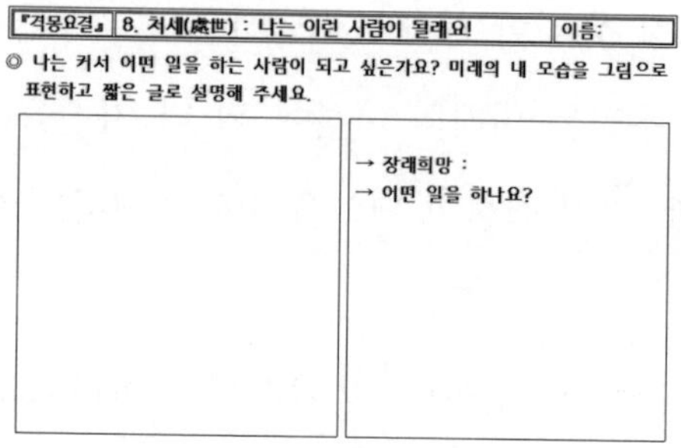

『격몽요결』	8. 처세(處世) : 나는 이런 사람이 될래요!	이름:

◎ 나는 커서 어떤 일을 하는 사람이 되고 싶은가요? 미래의 내 모습을 그림으로 표현하고 짧은 글로 설명해 주세요.

→ 장래희망 :
→ 어떤 일을 하나요?

*활동지 발표, 실물화상기 이용 권장

[활동 2]: 꿈을 이룬 뒤 자신의 '마음' 상상하기

- 아이돌이 되고 싶은 친구도 있고, 트로트 가수가 되고 싶은 친구도 있고, 선생님, 의사, 검사가 되고 싶은 친구들도 있네요. 여러분이 되고 싶은 직업이 다양하다는 것을 느꼈습니다.

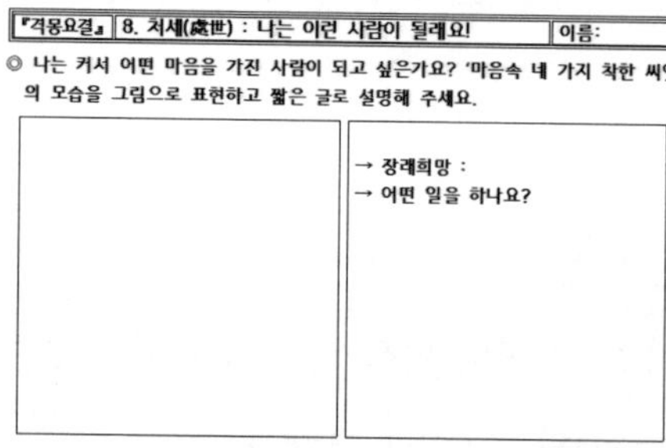

『격몽요결』	8. 처세(處世) : 나는 이런 사람이 될래요!	이름:

◎ 나는 커서 어떤 마음을 가진 사람이 되고 싶은가요? '마음속 네 가지 착한 씨앗'의 모습을 그림으로 표현하고 짧은 글로 설명해 주세요.

→ 장래희망 :
→ 어떤 일을 하나요?

(활동지 예시)

- 이번에는 자신이 되고 싶은 직업을 갖게 된 이후의 내 모습을 상상해 봅시다. 방금 그린 활동지를 참고해서 상상의 나래

를 펼쳐주세요. 나는 그 일을 어떤 '마음'으로 하고 있을까요? [전 의사가 되고 난 후 환자들을 정성껏 돌보는 마음을 가지고 병원에서 일을 할 것입니다, 전 유튜버가 되어서 어린 아이들에게 좋은 영향력을 끼치는 마음을 가진 사람이 되고 싶습니다, 등]

• 자세히 들어보니 여러분들이 갖고 싶은 마음은 우리 마음속 네 가지 씨앗이 무럭무럭 자라서 열매를 맺은 모습이네요. 그러기 위해서는 어떻게 해야 할까요? 퀴즈입니다. 1번과 2번 중 어느 것이 정답일까요? [1번이요.]

> 1. 어려서부터 마음의 씨앗이 내는 목소리에 귀를 기울이고, 네 가지 착한 씨앗들이 무럭무럭 자라도록 노력한다.
>
> 2. 내가 되고 싶은 꿈을 이루는 것이 먼저니까 네 가지 씨앗들은 잠시 제쳐둔다. 꿈을 이룬 뒤 보살펴 주면 된다.

(화면 예시)

• 네, 맞았어요. 왜 1번이라고 생각했나요? [씨앗이 자라는 시간이 많이 걸려서요, 제때 돌보지 않으면 씨앗이 시들어 버릴 것 같아요, 등]

• 우리가 지금부터 마음속 네 가지 씨앗을 돌보지 않는다면 어른이 된 후에는 그 씨앗들이 자라는 데 더 많은 시간과 노력이 필요할 것입니다.

• 지금부터 양심이 내는 소리를 듣지 않으면 어른이 되어서는 씨앗들의 소리가 많이 작아지게 될지도 몰라요. 씨앗이 자라서 나무가 되기까지 아주 오랜 시간이 걸리기 때문이죠.

[활동 3] 진실한 마음[誠] 갖기

誠 성 **言 + 成**

(화면 예시)

• 혹시 화면에 나온 한자를 읽을 줄 아는 친구? 네, '성'입니다. 이 한자는 말[言]을 이룬다[成]는 뜻을 가지고 있습니다. '말을 이룬다'는 것은 어떤 의미일까요? [자기가 한 말을 실제로 하는 것이요, 약속을 지키는 일이요, 거짓말을 하지 않는 것이요, 등]

• 네, 맞습니다. '말을 이룬다'는 것은 자기가 한 말을 실천하는 일이기도 하고, 약속을 지키는 일이기도 하고, 거짓말을 하지 않는다는 뜻이기도 합니다. 이것을 한 문장으로 말하면 '자신을 속이지 않음'이라고 표현할 수 있어요.

자기를 속이지 않음 **[毋自欺]**

(화면 예시)

• 이것을 선조들은 어려운 말로 '무자기'라고 표현하기도 했고요.

여러분은 '자기를 속이지 않음'의 뜻만 잘 기억해도 좋습니다.

- 자기를 속이지 않는다는 것은 내 마음속 양심의 목소리를 듣고도 못 듣는 척한다는 것일까요? [아니요.]
- 선생님이 안 볼 때 학급 규칙을 지키지 않고 내 마음대로 행동한다는 것일까요? [아니요.]
- 아무도 안 볼 때 쓰레기를 길가에 버리는 일일까요? [아니요.]
- 네, 맞습니다. '자기를 속이지 않는다'는 말은 마음속 네 가지 착한 씨앗의 목소리에 귀를 기울이는 일입니다.
- 율곡 선생님은 이 성, 즉 정성됨의 마음을 완전히 가진 사람을 '성인(聖人)', 다시 말해 '아주아주 훌륭한 사람'이라고 불렀답니다.
- 여러분 또한 늘 '정성됨'의 마음을 잊지 않는 것이 중요하겠죠?
- 다 같이 손가락을 들고 '誠'을 따라 써 볼게요. 마음을 깨끗하고 정직하게 청소하는 중이라고 생각하면서 따라 써 보겠습니다.

[마무리]

■ 『격몽요결』 공부 마무리

- 지금까지 『격몽요결』을 배우면서 새로 알게 된 내용이나 스스로가 변했다고 느낀 점이 있다면 발표해 봅시다.
- 발표 후 기억나는 점을 자유롭게 표현하도록 마인드맵 그리기

활동을 진행한다. 다 완성된 후에는 한두 문장으로 자신이 어떠한 사람이 될 것인지 다짐을 적도록 한다.

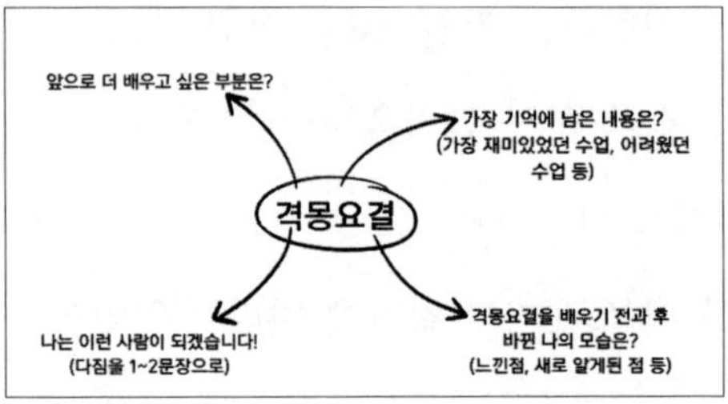

[384]

[평가 예시] (1)[385]

안녕하세요, 학부모님. 이번 학기에 진행된 '격몽요결' 수업은 자녀들이 고전 문헌의 가르침을 통해 스스로를 돌아보고 일상에서 실천할 수 있는 덕목을 몸에 익히는 데 중점을 두고 진행되었습니다. 수업이 마무리된 시점에서 학부모님께서 느끼신 자녀의 변화와 소감을 듣고자 합니다. 자녀의 성장과 교육에 더욱 도움이 될 수 있도록 학부모님의 소중한 의견을 반영하고자 합니다. 아래 내용을 참고하시어 피드백을 작성해 주시면 감사하겠습니다. * 학부모님의 솔직한 의견이 학생의 평가에 부정적인 영향을 미치지 않습니다. 부담 없이 자유롭게 작성해 주시면 감사하겠습니다.	
수업이 진행되는 동안 자녀의 행동, 태도, 언어나 생활 습관에서 긍정적으로 변화된 점이 있다면 적어주세요.	

384 마인드맵이 익숙하지 않은 저학년 학생들은 예시처럼 교사가 질문을 미리 만들어 제공하는 것도 좋다. 활동지는 교실에 전시하여 입지의 순간을 잊지 않도록 한다.

385 온라인 조사의 형태나 출력물을 통해 제공한다.

수업 내용이나 방식에서 아쉬웠던 점이 있다면 말씀해 주세요.	
수업에 대해 추가로 하시고 싶은 말씀이 있다면 자유롭게 적어주세요.	

[평가 예시] (2)

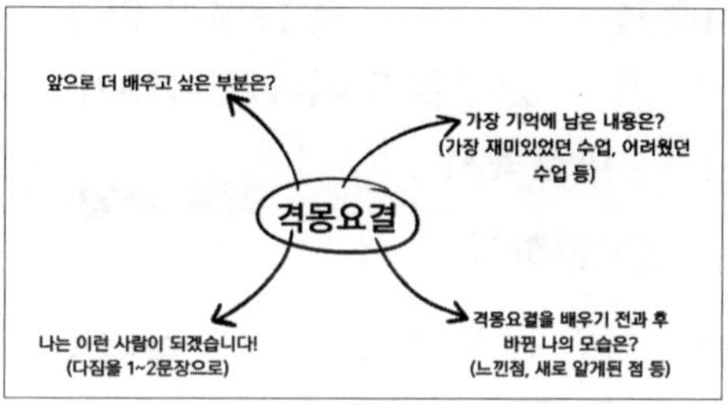

평가 관점	평가 기준	평가 방법
수업에서 다룬 핵심 내용을 3가지 작성하고 마인드맵 작성 활동에 성실하고 적극적인 자세로 참여함.	매우 잘함	논술형 평가
수업에서 다룬 핵심 내용을 2가지 작성하고 마인드맵 작성 활동에 성실하고 적극적인 자세로 참여함.	잘함	
수업에서 다룬 핵심 내용을 1가지 작성하고 마인드맵 작성 활동에 참여함.	보통	
수업에서 다룬 핵심 내용을 작성하지 못하며 마인드맵 작성 활동에 소극적인 태도로 참여함.	노력 요함	

◑ 부록[수업 자료]

『격몽요결』	1. 머리말(序): 공부의 진정한 의미를 알아요.	이름:

◎ 아래는 ○○이가 하루 동안 했던 활동입니다. 공부 울타리를 그려주세요.

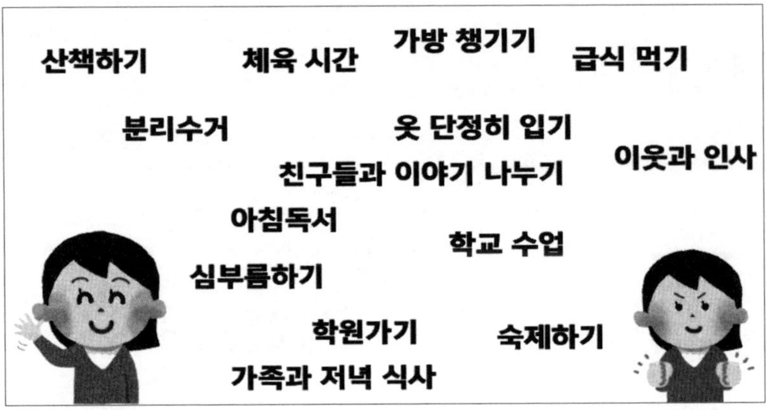

◎ 아래의 예시를 참고하여 나만의 공부 사전을 만들어 봅시다.

공부란 일상에서 올바르게 생활하는 일이다.

공부란 내가 성장해 나가는 일이다.

공부란

공부란

『격몽요결』	2. 입지(立志): 공부를 위한 뜻을 세워요.	이름:

◎ 땅속에 네 가지 씨앗이 심겨 있습니다. 이 땅속은 내 마음이에요.
마음속 착한 네 가지 씨앗이 잘 자란 모습을 상상해서 그려주세요.

『격몽요결』	3. 혁구습(革舊習): 잘못된 습관을 고쳐요.	이름:

◎ ○○이의 '내 마음 진단서와 처방전'입니다.

○○이의 진단	○○이의 처방
• 부모님의 말씀을 잔소리라고 듣기 싫어했다. • 유튜브와 게임이 재밌어서 계속 보다가 학원에 가지 못했다. • 학급 규칙 중 쉽고 편한 것만 골라서 지켰다. • 어른들께 공손하게 인사하지 않았다. • 차분하게 앉아서 숙제하지 않고 계속 노래를 부르며 돌아다녔다.	

◎ 처방받은 '내 마음 맞춤 영양제' 붙이기(칸이 모자라면 표 밑에 붙이세요.)

◎ 영양제가 필요한 상황과 종류를 써 봅시다.

상황	숙제할 때				
영양제 종류	차분한 마음, 집중하기				

◎ 한 주간 달라진 마음과 행동, 생각, 느낌은 무엇인가요?

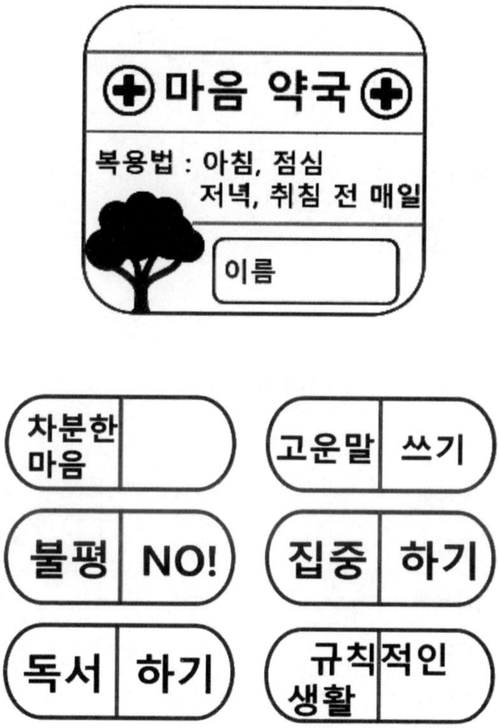

『격몽요결』	4. 지신(持身): 몸과 마음을 바르게 해요.	이름:

◎ 아홉 가지 바른 몸가짐[九容]에 대해 알아봅시다.

❖ 알맞은 곳에 번호를 붙여봅시다.

①	足容重	발의 모습	무겁게
②	手容恭	손의 모습	공손하게
③	目容端	눈의 모습	단정하게
④	口容止	입의 모습	꼭 다물고
⑤	聲容靜	목소리는	고요하게
⑥	頭容直	머리는	곧게
⑦	氣容肅	숨쉬는 모습	조용하게
⑧	立容德	서 있는 모습	덕스럽게
⑨	色容莊	얼굴빛은	밝고 초롱초롱

◎ 다음의 상황을 보고 특별히 주의해야 할 몸가짐을 번호로 모두 써주세요.

급식 시간	①, ④, ⑤
도서관에서	⑥,
쉬는 시간 복도에서	
선생님이 말씀 중일 때	
친구를 바라볼 때	
다른 사람이 발표할 때	
수업 시간 교실에서	
어른을 만났을 때	

◎ 방과 후나 가정에서 특별히 주의해야 할 몸가짐과 상황을 떠올려 보세요.

『격몽요결』	4. 지신(持身): 몸과 마음을 바르게 해요.	이름:

◎ 한 주 동안 아홉 가지 바른 몸가짐을 지키고 체크해 봅시다.

	발의 모습	손의 모습	눈과 얼굴빛	입과 목소리	고요한 호흡	머리는 곧게	바르게 서기
월(月)							
화(火)							
수(水)							
목(木)							
금(金)							
토(土)							
일(日)							

〈매우 잘함: ◎, 잘함: ○, 보통: △, 노력하자: ✔〉

◎ 아홉 가지 바른 몸가짐을 지키고 난 후 달라진 점이나 느낌, 생각을 써주세요.

『격몽요결』	4. 지신(持身): 신중하게 말해요.	이름:

◎ 다음은 말과 관련된 여러 가지 상황입니다. '신중하게 말하기'와 어울리는 상황이면 O, 그렇지 않으면 X 해주세요.

1. (수업 시간 교실) 선생님: 주말 잘 보냈나요? 주말에 있었던 일을 한 사람씩 발표해 주세요. 철수: 저는 놀이공원을 다녀왔어요. 사람이 많았지만 즐거웠어요. 선생님: 또 다른 사람은요? 영수: 전 주말에 캠핑에 다녀왔어요. 텐트를 치려고 못을 박... 철수: (영수의 말을 끊고) 거기서 츄러스를 사 먹었는데 진짜 맛있었어요.	2. (수업 시간 교실) 선생님: 영희가 칠판에 나와서 문제를 열심히 풀었는데 살짝 실수한 부분이 있네요. 동희: 야 김영희 넌 그것도 틀리냐?
3. (엘리베이터 안) 엘리베이터에 같이 탄 아저씨를 보고, "아저씨는 왜 대머리가 됐어요?"	4. (심청전) 심청의 아버지는 물에 빠진 자신을 구해준 어느 절의 스님과 대화를 나누었습니다. 스님은 눈이 보이지 않는 심청의 아버지에게 "공양미 삼백 석을 절에 시주하면 당신의 눈이 뜨이게 될 것이요."라고 말했습니다. "네? 그게 정말입니까? 며칠 내로 공양미 삼백 석을 마련하여 시주하겠습니다." 심청의 아버지는 눈을 뜰 수 있다는 스님의 말을 듣자마자 즉시 쌀 삼백 석을 절에 시주하겠다고 약속했습니다. 그러나 심청이의 집은 당장 내일 먹을 쌀도 부족한 상황이었지요.

5. (아침 자습 시간) 옆 반 선생님: 오늘 여러분 담임선생님께서 일이 생겨 조금 늦게 도착하신다고 합니다. 자리에 앉아 자습하도록 할게요. 기현: (짝꿍인 민혁이에게) 민혁아 담임 선생님 께서 늦으시다니... 무슨 일이실까? 민혁: 담임선생님께서 출근하시다가 큰 교통사고가 나셔서 병원에 실려 가셨어. 기현: 정말이야? 민혁: 그렇다니까~ 옆 반에 현우 있지? 현우네 누나가 들었대. 기현: 네가 직접 본 건 아니고? 민혁: 응? 으응... 직접 본 건 아니고 들은 거야.	6. (방과 후 놀이터) 기현: 형원아, 민혁이랑 놀지마. 형원: 왜? 기현: 민혁이는 맨날 거짓말만 해. 형원: 진짜? 기현: 게다가 공부도 못하고 체육도 못해. 잘하는 건 하나도 없으면서 맨날 잘난 척만 하고 다녀.

『격몽요결』	4. 지신(持身): 신중하게 말해요.	이름:

◎ 신중하게 말하지 못하면 어떤 문제가 일어날까요? 물음에 답해주세요.

1. (수업 시간 교실) 선생님: 주말 잘 보냈나요? 주말에 있었던 일을 한 사람씩 발표해 주세요. 철수: 저는 놀이공원을 다녀왔어요. 사람이 많았지만 즐거웠어요. 선생님: 또 다른 사람은요? 영수: 전 주말에 캠핑에 다녀왔어요. 텐트를 치려고 못을 박... 철수: (영수의 말을 끊고) 거기서 츄러스를 사 먹었는데 진짜 맛있었어요.	다른 사람의 말을 끊고 자신이 하고 싶은 말만 하고 있어요. 어떤 문제가 생길까요? →
2. (수업 시간 교실) 선생님: 영희가 칠판에 나와서 문제를 열심히 풀었는데 살짝 실수한 부분이 있네요. 동희: 야 김영희 넌 그것도 틀리냐?	큰 목소리로 친구의 실수를 여러 사람 앞에서 비난하고 있어요. 어떤 문제가 생길까요? →
3. (엘리베이터 안) 엘리베이터에 같이 탄 아저씨를 보고, "아저씨는 왜 대머리가 됐어요?"	다른 사람의 생김새에 대해 함부로 말하고 있어요. 어떤 문제가 생길까요? →

4 . (심청전) 심청의 아버지는 물에 빠진 자신을 구해 준 어느 절의 스님과 대화를 나누었습니다. 스님은 눈이 보이지 않는 심청의 아버지에게 "공양미 삼백 석을 절에 시주하면 당신의 눈이 뜨이게 될 것이요."라고 말했습니다. "네? 그게 정말입니까? 며칠 내로 공양미 삼백 석을 마련하여 시주하겠습니다." 심청의 아버지는 눈을 뜰 수 있다는 스님의 말을 듣자마자 즉시 쌀 삼백 석을 절에 시주하겠다고 약속했습니다. 그러나 심청이의 집은 당장 내일 먹을 쌀도 부족한 상황이었지요.	자신이 할 수 없는 일인데도 깊이 고민하지 않고 약속했어요. 어떤 문제가 생길까요? →
5. (아침 자습 시간) 옆 반 선생님: 오늘 여러분 담임선생님께서 일이 생겨 조금 늦게 도착하신다고 합니다. 자리에 앉아 자습하도록 할게요. 기현: (짝꿍인 민혁이에게) 민혁아 담임선생님께서 늦으시다니... 무슨 일이실까? 민혁: 담임선생님께서 출근하시다가 큰 교통사고가 나셔서 병원에 실려 가셨어. 기현: 정말이야? 민혁: 그렇다니까~ 옆 반에 현우 있지? 현우네 누나가 들었대. 기현: 네가 직접 본 건 아니고? 민혁: 응? 으응... 직접 본 건 아니고 들은 거야.	사실인지 아닌지 확인해 보지 않고 말을 전달했어요. 어떤 문제가 생길까요? →
6. (방과 후 놀이터) 기현: 형원아, 민혁이랑 놀지마. 형원: 왜? 기현: 민혁이는 맨날 거짓말만 해. 형원: 진짜? 기현: 게다가 공부도 못하고 체육도 못해. 잘하는 건 하나도 없으면서 맨날 잘난 척만 하고 다녀.	다른 사람에게 친구를 험담하고 있어요. 어떤 문제가 생길까요? →

「격몽요결」	4. 지신(持身): 신중하게 말해요.	이름:

◎ 신중하게 말하는 방법에는 어떤 것들이 있을까요?

모둠원과 함께 토의해 봅시다.

(　　)모둠 (　　)모둠	신중하게 말하기 위한 방법에는 어떤 것들이 있을까?			
	아이디어 A	아이디어 B	아이디어 C	아이디어 D
이름:				

『격몽요결』	5. 독서(讀書): 지식을 익혀야 하는 이유를 알아보아요.	이름:

◎ 율곡 선생님의 이야기를 듣고 물음에 답해주세요.

안녕하세요, 여러분. 율곡입니다.
공부를 하는 여러분은 언제나 훌륭한 사람이 되겠다는 마음을 잃어버려서는 안 됩니다. 훌륭한 사람이란 올바른 일을 하는 사람이지요.
그런데 이 올바른 일을 하기 위해서는 "무엇이" 올바른 일인지 "먼저" 아는 과정이 필요합니다. 그래서 저는 제 학생들에게 책을 통해 새로운 지식을 얻어 '앎'이 많아져야 한다고 말하고 한답니다.

♠ 우리가 올바른 일을 하기 위해서 먼저 해야 할 일은 무엇인가요?

◎ 생활하면서 '새로운 배움'을 활용했던 경험을 떠올려 봅시다.

예) 덧셈, 뺄셈을 배워서 물건의 가격을 계산할 수 있습니다. 학교 가는 길에 있는 '행복주민센터'가 어떤 곳이고 무슨 일을 하는지 배웠습니다.

『격몽요결』	6. 사친(事親): 나를 길러주신 분께 효도해요.	이름:

◎ 다음은 옛날 선조들이 했던 효도의 목록입니다.
이 중 나도 할 수 있다고 생각하는 방법에 동그라미 치세요.

	옛날 선조들이 했던 효도의 방법	나도 할 수 있어요!
1.	어떤 일이나 행동을 할 때 부모님께 허락을 구한다.	
2.	아침에 일어나 부모님께 안부 인사를 드린다.	
3.	저녁에 부모님의 이부자리를 정돈해 드린다.	
4.	언제나 부모님을 웃는 얼굴로 공손히 대한다.	
5.	집을 나가고 들어올 때 인사를 드린다.	
6.	맛있고 좋은 음식은 부모님께 드린다.	
7.	집안일을 도와드린다.	
8.	부모님이 편찮으시면 정성스럽게 병간호해 드린다.	
9.	부모님이 앉거나 누웠던 곳에 앉거나 눕지 않는다.	
10.	부모님이 잘못한 경우에는 부드럽고 따뜻한 얼굴로 공손하게 사실을 말씀드린다.	
11.	한순간도 부모님을 잊지 않고 지낸다.	
12.	몸가짐과 말을 공손하게 한다.	

『격몽요결』	6. 사친(事親): 나를 길러주신 분께 효도해요.	이름:

◎ 우리 선조들은 '사랑하는 마음'의 씨앗을 기르기 위해 가장 중요한 방법은 '부모님께 효도하는 것'이라 말했습니다. 그 이유는 무엇일까요?

◎ '효도'에 관한 ○× 퀴즈입니다. 문제를 잘 읽고 맞으면 ○, 틀리면 × 해 주세요.

1) '효도'를 할 때는 부모님의 마음을 어떠한지 살피고 잘 헤아려야 한다. ……………………………………………………………………………………( )
2) '효도'를 할 때는 부모님을 사랑하는 마음보다 맛있는 음식을 드리는 것이 더 중요하다. ……………………………………………( )
3) '효도'는 우리 부모님만 사랑하고 친구의 부모님은 사랑하지 않는 것이다. ……………………………………………………………………………………( )
4) '효도'를 잘하면 우리 가족만 사랑하게 된다. ………………………( )
5) 자신의 마음과 몸을 소중히 하고 건강하게 생활하는 것도 '효도'이다. ……………………………………………………………………………………( )

* 헤아리다: 상대의 마음을 조심스럽게 살피고 짐작해 보는 일.

◎ 나만의 '효도' 가치 사전 만들기

효도란,

『격몽요결』	6. 사친(事親): 나를 길러주신 분께 효도해요.	이름:

◎ 부모님께서 내게 해주시는 일들을 새롭게 보는 연습을 해 보아요.
일주일간 부모님을 잘 관찰해서 내가 그간 당연하게 느꼈던 일들을
부모님께서는 어떻게 관리하고 계셨는지 찾아보겠습니다.

날짜 요일	○월 ○일 ○요일				
나의 관찰	아버지께서 화장실 변기를 닦는 모습				
느낀 점	늘 깨끗한 화장실은 부모님께서 꾸준히 청소하고 계셨던 것이라는 사실을 알게 되었다.				

『격몽요결』	7. 거가(居家): 더 중요한 것은 무엇일까요?	이름:

◎ 도덕과 돈(재물)에 관한 ○× 퀴즈입니다. 맞으면 ○, 틀리면 ×를 해주세요.

1) 돈은 사람들끼리 물건과 서비스를 교환하는 수단입니다.( )
2) 돈이 많은 사람들은 모두 나쁜 사람들입니다.( )
3) 돈은 우리 생활에 꼭 필요하지만 가장 소중한 것은 아닙니다.( )
4) 우리 선조들은 돈은 불필요하고 나쁜 것이라고 생각했습니다.( )
5) 우리가 손해를 감수하더라도 올바른 일을 선택하는 것은 자신을 소중하게 여기기 때문입니다.( )
6) 돈은 소중하지 않기 때문에 아낌없이 사용하고 낭비해도 됩니다.( )
7) 도덕적인 행동은 사라지지 않고 여러 사람에게 좋은 영향을 줍니다.( )
8) 네 가지 아름다운 마음의 씨앗을 키우기 위해서는 많은 옷과 물건을 사서 겉모습을 꾸미는 것이 좋습니다.( )

『격몽요결』	8. 접인(接人): 예절은 공경과 배려의 표현이에요.	이름:

◎ 선조들의 사회에서 '예'는 다음과 같은 다양한 의미와 역할을 지니고 있었어요.
오늘날의 모습과 비슷한 '예'의 의미와 역할에 선을 그어 주세요.[386]

• 우리 선조들은 나라에서 정해 준 복식 규정(옷 입는 방법)을 가지고 있었답니다. 자신의 신분에 맞는 옷차림을 하지 않으면 관청(경찰서)에 끌려가기도 했어요. [법, 규칙]	•	•	• 가위나 칼 같은 물건을 건넬 때는 뾰족한 부분이 상대를 향하지 않도록 합니다.
• 우리 선조들은 어른을 만나면 '예'에 맞추어 공손하게 인사를 하거나 절을 했답니다. [공경]	•	•	• 선생님이나 어른께는 친구들에게 하듯 함부로 말하지 않아요. 존댓말을 씁니다.
• 우리 선조들은 친구가 경제적으로 어려움에 빠졌을 때(가난하여 배고프고 추울 때) 자신이 가지고 있는 물건을 나누어 주었답니다.19 [배려]	•	•	• 집 앞에 새로운 상점이 열렸는데, 가게 사장님이 근처 이웃들에게 떡을 돌리며 인사하였어요.

386 하나의 문제 안에 예의 여러 의미가 담겨있는 측면이 있어, 학생들이 문제 풀이에 혼동할 경우를 대비해 교사는 다음과 같이 첨언할 수 있다. "하나의 문제 안에 예의 여러 의미들이 섞여 있다고 느낄 수도 있어요. 예를 들어, '가위나 칼을 건넬 때 뾰족한 부분이 상대를 향하지 않도록 한다'는 문구는 배려의 요소도 있지만 공경의 의미도 담겨 있어요. 그렇지만 이 활동에서는 각 예시에서 가장 두드러지게 드러나는 예의 의미를 찾아보려고 합니다. 활동지를 읽을 때, 모든 내용을 고려하되 무엇이 가장 중심이 되는지 생각하며 판단해 보세요."

• 우리 선조들은 항상 '임금은 임금답게, 신하는 신하답게, 아버지는 아버지답게, 자식은 자식답게' 행동해야 한다고 생각했어요. 자신에게 맡겨진 역할을 성실하게 해내야 한다는 것이지요. [질서] •	• • 학교 앞 도로에서 자동차는 시속 30km를 넘지 않아야 해요. 그렇지 않으면 벌금을 냅니다.
• 우리 선조들은 부모님이 돌아가셨을 때 '예'에 맞게 장례를 치르는 법이 적힌 책이 따로 있었어요. 마음대로 장례를 치르는 것이 아니라 슬픔 속에서도 '예'를 갖춰 부모님을 보내드려야 한다는 것이지요. [관습] * 관습? 오랫동안 여러 사람들이 지켜온 행동을 말합니다. •	• • 우리 반은 1인 1역을 정해 자신이 맡은 역할을 열심히 해냅니다. 덕분에 우리 반은 늘 깨끗하게 정돈되어 있어요.

『격몽요결』	8. 접인(接人): 예절은 공경과 배려의 표현이에요.	이름:

◎ 다음은 우리가 지켜야 하는 예절들입니다. 예절에 맞는 행동에는 O표를, 그렇지 않은 행동은 ' →'에 어떻게 고쳐야 할지 써 주세요.

〈학교에서〉

1. 교실에 등교하면 선생님께 인사를 드린다.(　　)
   →
2. 쉬는 시간에 복도에서 소리를 지르며 뛰어다닌다.(　　)
   →
3. 도서관에서 빌린 책은 소중히 읽고 제때 반납한다.(　　)
   →
4. 선생님께 하고 싶은 말은 언제든지 해도 된다.(　　)
   →
5. 점심시간에 밥을 입에 넣고 옆 친구와 크게 말을 한다.(　　)
   →

〈가정에서〉

1. 식사 시에는 어른이 먼저 수저를 드신 뒤 밥을 먹는다.(　　)
   →
2. 부모님이나 어른이 밖에서 들어오셔도 방에서 하던 일을 계속한다.(　　)
   →
3. 집에 어른이 방문하시면 현관문까지 나가 공손히 인사를 드린다.(　　)
   →
4. 밥을 먹은 뒤 내가 먹은 그릇과 수저를 그 자리에 둔다.(　　)
   →
5. 부모님은 나를 사랑하시기 때문에 예의를 지키지 않고 함부로 한다.(　　)
   →

〈친구를 대할 때〉

1. 친구가 싫어하는 별명을 부르거나 행동을 하지 않는다.(   )
→

2. 놀이를 할 때 정해진 규칙을 잘 따른다.(   )
→

3. 선생님께 혼날까 봐 나의 잘못을 친구의 탓으로 돌리고 비난한다.(   )
→

4. 친구의 물건을 나의 물건처럼 허락 없이 만지거나 사용한다.(   )
→

5. 친구와 다툼이 생겨도 화를 내기보다 나의 행동을 돌아보고 대화로 해결한다.(   )
→

◎ 다음 빈칸에 알맞은 단어를 써 봅시다.

→ 우리 선조들에게 예(禮)란, 행동을 결정하고, 판단을 내리고, 옳고 그름을 가려주는 [   ] 이었습니다.
→ 우리도 가족과 어른, 친구들을 대할 때 예(禮)를 지켜야 합니다. 그 이유는, 예(禮)를 통해 나의 [   ] 을 표현할 수 있기 때문입니다.

『격몽요결』	8. 접인(接人): 예절은 공경과 배려의 표현이에요.	이름:

◎ 보드게임을 통해 어른과 친구를 대할 때 필요한 예절을 알아보아요.

출발	복도에서 모르는 선생님을 마주쳐서 인사 없이 그냥 지나쳤어요. 〈한 칸 뒤로〉		궁금한 게 있었는데 어른들끼리 말씀하는 중이어서 대화가 끝날 때까지 기다렸습니다. 〈주사위 한 번 더!〉	선생님께서 심부름을 시키셨는데 "제가 왜요?"라고 대꾸했어요. 〈두 번 쉬기〉	길을 걷다 친구의 부모님을 만나 공손하게 인사했습니다. 〈한 칸 앞으로〉
	오랜만에 할아버지, 할머니를 뵈러 가려고 옷을 단정하게 입었어요. 〈한 칸 앞으로〉	아버지가 말씀하시는데 딴청을 부렸어요. 〈한 칸 뒤로〉		친구가 떨어진 연필을 대신 주워줘서 고맙다고 인사했어요. 〈한 칸 앞으로〉	내 방에 누워 퇴근하고 오신 아버지께 인사했어요. 〈세 칸 뒤로〉
친구와 약속 장소에서 만나기로 했는데 귀찮아서 아무 연락 없이 나가지 않았어요. 〈한 번 쉬기〉					
집에 방문한 손님이 가실 때 현관문 앞까지 나가서 공손히 인사했어요. 〈두 칸 앞으로〉	가족 식사 시간에 너무 배가 고파 어른이 드시기도 전에 먼저 밥을 먹기 시작했어요. 〈뒤로 세 칸〉		교실에 등교한 뒤 선생님께 인사를 드렸어요. 〈매일 그렇게 하세요!〉	부모님께 말씀드리지 않고 친구와 놀러 나갔어요. 〈처음으로〉	도착

『격몽요결』	9. 처세(處世): 나는 이런 사람이 될래요!	이름:

◎ 나는 커서 어떤 일을 하는 사람이 되고 싶은가요? 미래의 내 모습을 그림으로 표현하고 짧은 글로 설명해 주세요.

☞ 장래희망

☞ 어떤 일을 하나요?

◎ 나는 커서 어떤 마음을 가진 사람이 되고 싶은가요? 그때의 내 "마음속 네 가지 착한 씨앗"의 모습을 그림으로 표현하고 글로 설명해 주세요.

『격몽요결』	9. 처세(處世): 나는 이런 사람이 될래요!	이름:

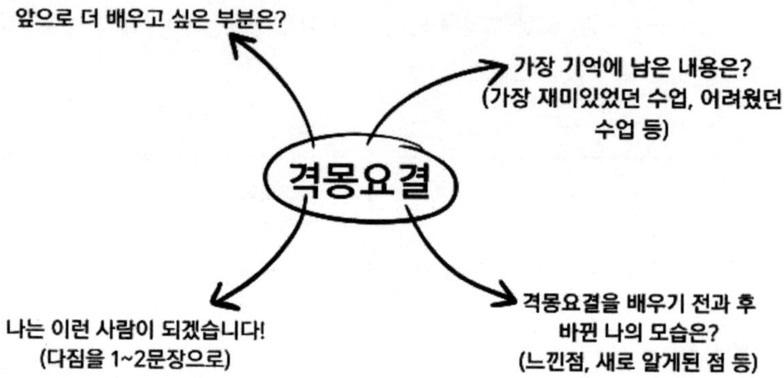

찾아보기

ㄱ

ㄷ

ㄹ

ㅁ

| 저자 소개 |

김 병 환 대표저자 paulkim77@snu.ac.kr

서울대학교 윤리교육과 교수, 현재 한국공자학회 명예 회장, 北京소재 國際儒教聯合(International Confucian Association) 상임이사이다. 대표 저서로『한국윤리사상』(새문사, 2024),『신유학윤리사상 강의』(휴먼북스, 2021),『공자와 한 시간』(한올, 2020),『동양윤리사상 강의』(새문사, 2020),『생명공학과 유가윤리사상』(새문사, 2017),『공리주의 유가: 주희에 대한 진량의 도전』(교육과학사, 2017),『불씨잡변: 조선의 기획자 정도전의 사상혁명』(아카넷, 2014),『동양문화 다시 읽기』(교육과학사, 2014),『주희의 사유 세계: 주자학의 패권』(교육과학사, 2010) 등이 있으며, 공저로「동북아시아 공생철학: 생태생명주의」『동북아시아의 정신문명과 지구 · 평화 공생체』(경인문화사, 2024),「동양 시민론: 동양의 시민 · 시민사회 · 시민교육」『시민교육 탐구』(춘천교대출판부, 2022),「피로사회, 어떻게 살 것인가?」『미래사회에 대비하는 회복 탄력성』(춘천교대출판부, 2019) 등과 다수의 논문이 있다.

이 송 희 교신저자 ssongssong87@snu.ac.kr

시흥 검바위초등학교 교사, 경인교육대학교를 졸업하고 서울대학교 윤리교육과를 졸업(석사)하고, 현재 동 대학원 박사과정에 있다. 대학원 과정에서 조선 성리학을 공부하면서 서구 중심의 '근대성' 담론이 가진 구조적 문제를 깨닫고 '동양시민론'을 연구하고 있으며, 서울대 동양윤리 팀에서 진행하고 있는 죽음 교육 연구에도 관심을 가지고 참여하고 있다. 동양철학의 현대적 응용과 적용 문제를 계속 연구할 계획이다.

이 슬 희 교신저자 leesyeulhee@naver.com

서울 우이초등학교 교사, 서울교육대학교를 졸업하고 서울대학교 윤리교육에서 박사학위를 받았다. 중국 송(宋) 대 성리학과 조선 성리학에 관심을 가져왔고, 현재 리기론 · 심성론 · 수양론을 현대적으로 활용하는 방안을 연구 중이다. 공저로『유가 명상의 이론과 교육방법』(교육과학사, 2022), 논문으로「정호(程顥) 심성론의 3층 구조 및 선악관 상각(商推)」『공자학 43』(한국공자학회),「따돌림의 발생 구조와 해결 방안 고찰」『초등도덕교육 69』(한국초등도덕교육학회),「하이데거와 불교의 죽음관」『공자학 35』(한국공자학회) 등이 있다.

율곡 『격몽요결』의 도덕교육론

2024년 12월 20일 1판 1쇄 인쇄
2024년 12월 27일 1판 1쇄 발행

저　자: 김병환 · 이송희 · 이슬희
발행인: 한정주
발행처: 교육과학사

경기도 파주시 광인사길 71
전화:(031) 955-6956~8 팩스:(031) 955-6037
Home-page: www.kyoyookbook.co.kr
E-mail: kyoyookbook@daum.net
등록: 1970년 5월 18일 제2-73호

정가 29,000원

ISBN 978-89-254-2014-1

Printed in Korea.